Beteiligungsrechte des Betriebsrats
bei der Einführung und Durchführung
flexibler Arbeitszeitmodelle

Europäische Hochschulschriften
Publications Universitaires Européennes
European University Studies

Reihe II
Rechtswissenschaft

Série II Series II
Droit
Law

Bd./Vol. 3238

PETER LANG
Frankfurt am Main · Berlin · Bern · Bruxelles · New York · Oxford · Wien

Melanie Tuchbreiter

Beteiligungsrechte des Betriebsrats bei der Einführung und Durchführung flexibler Arbeitszeitmodelle

PETER LANG
Europäischer Verlag der Wissenschaften

Die Deutsche Bibliothek - CIP-Einheitsaufnahme

Tuchbreiter, Melanie:

Beteiligungsrechte des Betriebsrats bei der Einführung und Durchführung flexibler Arbeitszeitmodelle / Melanie Tuchbreiter. - Frankfurt am Main ; Berlin ; Bern ; Bruxelles ; New York ; Oxford ; Wien : Lang, 2001
(Europäische Hochschulschriften : Reihe 2, Rechtswissenschaft ; Bd. 3238)
Zugl.: Regensburg, Univ., Diss., 2001
ISBN 3-631-38135-2

D 355
ISSN 0531-7312
ISBN 3-631-38135-2

www.peterlang.de

Meinen Eltern

"Non exiguum temporis habemus,

sed multum perdidimus" ***(Seneca)***

Vorwort

Die vorliegende Arbeit wurde im Sommersemester 2001 von der Juristischen Fakultät der Universität Regensburg als Dissertation angenommen.
Mein herzlicher Dank gilt in erster Linie Herrn Prof. Dr. Reinhard Richardi für seine Anregungen, seine Gesprächsbereitschaft und die Unterstützung während meiner Zeit als wissenschaftliche Mitarbeiterin an seinem Lehrstuhl für Arbeits- und Sozialrecht, Bürgerliches Recht und Handelsrecht. Außerdem danke ich Herrn Prof. Dr. Ingo Koller für die Erstellung des Zweitgutachtens.
Meinen Eltern danke ich für den unermüdlichen moralischen und finanziellen Beistand in Ausbildung und Leben, meinem Ehemann Stephan für die Geduld und die allzeit aufbauenden Worte. Herrn Ulf Kortstock danke ich für die Hilfe bei der Erstellung des druckreifen Manuskripts, Frau Marion Schütz für das Lesen des Korrekturdruckes und Herrn Dr. Georg Annuß für die wertvollen Ratschläge, die mir den Einstieg in die Arbeit erleichtert haben.

Regensburg, im Mai 2001 Melanie Tuchbreiter

Inhaltsverzeichnis

Abkürzungsverzeichnis

a.A.	anderer Ansicht
a.a.O.	am angegebenen Ort
ABlEG	Amtsblatt der Europäischen Gemeinschaften
Abs.	Absatz
a.E.	am Ende
AFRG	Gesetz zur Reform der Arbeitsförderung (Arbeitsförderungs-Reformgesetz – AFRG)
AiB	Arbeitsrecht im Betrieb (Zeitschrift)
AP	Arbeitsrechtliche Praxis, Nachschlagewerk des Bundesarbeitsgerichts
ArbGG	Arbeitsgerichtsgesetz
ArbRBeschFG	Arbeitsrechtliches Gesetz zur Förderung von Wachstum und Beschäftigung (Arbeitsrechtliches Beschäftigungsförderungsgesetz 1985)
ArbZG	Arbeitszeitgesetz
AR-Blattei	Arbeitsrechts-Blattei, Handbuch für die Praxis
ASP	Maastrichter Abkommen zur Sozialpolitik
Art.	Artikel
AtG	Altersteilzeitgesetz
AuA	Arbeit und Arbeitsrecht (Zeitschrift)
Aufl.	Auflage
AÜG	Arbeitnehmerüberlassungsgesetz
AuR	Arbeit und Recht, Zeitschrift für die Arbeitsrechtspraxis
Az.	Aktenzeichen
AZO	Arbeitszeitordnung
BAG	Bundesarbeitsgericht
BAGE	Entscheidungen des Bundesarbeitsgerichts (amtliche Sammlung)
BB	Betriebs-Berater (Zeitschrift)
Bd.	Band
Beil.	Beilage
BeschFG	Gesetz über arbeitsrechtliche Vorschriften zur Beschäftigungsförderung (Art. 1 Beschäftigungsförderungsgesetz 1985)
BetrAVG	Gesetz zur Verbesserung der betrieblichen Altersversorgung

BetrR	Der Betriebsrat (Mitteilungen für die Betriebsräte der IG Chemie – Papier- Keramik)
BetrVG	Betriebsverfassungsgesetz
BGB	Bürgerliches Gesetzbuch
BGBl.	Bundesgesetzblatt
Bl.	Blatt
BR-Drucks.	Drucksache des Deutschen Bundesrates
BT-Drucks.	Drucksache des Deutschen Bundestages
BuW	Betrieb und Wirtschaft (Zeitschrift)
bzw.	beziehungsweise
CEEP	Europäischer Zentralverband der öffentlichen Wirtschaft.
DB	Der Betrieb (Zeitschrift)
ders.	derselbe
DGB	Deutsche Gewerkschaftsbund
d.h.	das heißt
Diss.	Dissertation
DJT	Deutscher Juristentag
Bearbeiter, DKK-BetrVG	Däubler, Kittner, Klebe (Hrsg.), Betriebsverfassungsgesetz, Kommentar für die Praxis, 7. Aufl., 2000
E	Entscheidungssammlung
EFZG	Entgeltfortzahlungsgesetz
EG	Europäische Gemeinschaften(en)
EGB	Europäischer Gewerkschaftsbund
Einl.	Einleitung
EuGH	Europäischer Gerichtshof
e.V.	eingetragener Verein
EWG	Europäische Wirtschaftsgemeinschaft
EzA	Entscheidungssammlung zum Arbeitsrecht, Hrsg. Eugen Stahlhacke
f., ff.	folgend(e)
Fitting	Betriebsverfassungsgesetz, Handkommentar begründet von Karl Fitting, 20. Auflage, 2000
Fn.	Fußnote
FS	Festschrift
GG	Grundgesetz für die Bundesrepublik Deutschland

GK	Gemeinschaftskommentar
Bearbeiter, GK-BetrVG	Gemeinschaftskommentar zum Betriebsverfassungsgesetz, 6. Auflage, Bd. 2, 1998
GS	Großer Senat
Hrsg.; hrsg.	Herausgeber; herausgegeben
Bearbeiter, HSG-BetrVG	Kommentar zum Betriebsverfassungsgesetz, 5. Auflage, 1997
i. F.	in der Fassung
IG	Industriegewerkschaft
i. V.	in Verbindung
Kap.	Kapitel
KAPOVAZ	Kapazitätsorientierte variable Arbeitszeit
KSchG	Kündigungsschutzgesetz
LAG	Landesarbeitsgericht
LAGE	Entscheidungen der Landesarbeitsgerichte (hrsg. Eugen Stahlhacke)
lit.	litera (Buchstabe)
MünchArbR/*Bearbeiter*	Münchener Handbuch zum Arbeitsrecht, Hrsg. Reinhard Richardi und Otfried Wlotzke, 3 Bände, München 2000
MünchKomm./*Bearbeiter*	Münchener Kommentar zum Bürgerlichen Gesetzbuch, Hrsg.
zum BGB	Kurt Rebmann und Franz-Jürgen Säcker, 3. Aufl., München 1993 ff.
m.w.N.	mit weiteren Nachweisen
n.F.	neue Fassung
NJW	Neue Juristische Wochenschrift
Nr.	Nummer
NV	nicht veröffentlicht
NZA	Neue Zeitschrift für Arbeitsrecht
ÖTV	Gewerkschaft öffentliche Dienste, Transporte und Verkehr
PersF	Personalführung (Zeitschrift)
RdA	Recht der Arbeit (Zeitschrift)
RL	Richtlinie
Rn.	Randnummer
Rspr.	Rechtsprechung

RV-TzA	Rahmenvereinbarung der europäischen Sozialpartner über Teilzeitarbeit zur RL 97/81/EG vom 15.12.1997
s.	siehe
S.	Seite
SAE	Sammlung arbeitsrechtlicher Entscheidungen
SGB	Sozialgesetzbuch
s.o.	siehe oben
sog.	sogenannt
TV ATZ	Tarifvertrag Altersteilzeit
TVG	Tarifvertragsgesetz i.F. vom 25.8.1969
TzA	Teilzeitarbeit
TZBfG	Gesetz über Teilzeitarbeit und befristete Arbeitsverträge
UNICE	Union der Industrie- und Arbeitgeberverbände Europas
v.	von
vgl.	vergleiche
z.B.	zum Beispiel
ZfA	Zeitschrift für Arbeitsrecht
ZfPR	Zeitschrift für Personalvertretungsrecht
ZTR	Zeitschrift für Tarif-, Arbeits- und Sozialrecht des öffentlichen Dienstes

1. Kapitel: Einführung

„Zeit" ist eines der Schlagworte unserer Tage. Schon *Seneca*[1] hat sich mit dem Faktor „Zeit" beschäftigt und aufgezeigt, daß man sorgsam und sparsam mit ihr umgehen sollte: Nach ihm haben wir nicht etwa wenig Zeit, sondern viel Zeit, die wir lediglich nicht nützen. Im Wirtschafts- und Arbeitsleben gewann die Zeit mit dem Auftreten von Diskussionen um das Thema „flexible Arbeitszeitmodelle" an Bedeutung, weil man sich von flexiblen Arbeitszeiten erhoffte, menschliche Arbeitszeit einsparen und die Betriebszeiten besser nutzen zu können. Weiter sollte flexible Arbeitszeit den Arbeitnehmern die Möglichkeit verschaffen, ihre Freizeit mehr nach ihren Bedürfnissen gestalten zu können.

A. Aktualität des Themas

Das Thema der „Arbeitszeitflexibilisierung" und damit der Problematik flexibler Arbeitszeitmodelle war, ist und bleibt auch heute aktuell, da mit den Instrumenten der Arbeitszeitflexibilisierung vorwiegend drei sozialpolitische Ziele verfolgt und erreicht werden können: Eines davon ist der Abbau der Arbeitslosigkeit, da Teilzeitarbeit und andere Formen flexibler, verkürzter Arbeitszeit als Weg angesehen werden, die vorhandene Arbeit besser auf die Arbeitsuchenden zu verteilen. Zudem kann die Flexibilisierung der Arbeitszeit zu einer Optimierung der Betriebszeiten führen, da flexible Arbeitszeit dazu dienen kann, die Betriebsanlagen mit möglichst wenig Unterbrechungen zu nutzen. Zugleich können Schwankungen des Arbeitskräftebedarfs aufgefangen werden. Schließlich tragen Teilzeitarbeit und die Formen verkürzter, flexibler Arbeitszeit dem Streben vieler Arbeitnehmer nach einer ihren außerberuflichen Bedürfnissen angepaßten Arbeitszeit Rechnung[2].
Wegen dieser unterschiedlichen Zielsetzungen beschäftigt das Thema „Arbeitszeit und Beteiligungsrechte des Betriebsrates" die Tarif- und Betriebspolitik oft und wird meist auch kontrovers diskutiert[3]: So hat der Vizepräsident der Bundesarbeitsgemeinschaft der Mittel- und Großbetriebe des Einzelhandels[4] vom Bundeswirtschaftsminister gefordert, eine Mitbestimmung des Betriebsrates

[1] *Seneca*, De Brevitate Vitae, Kap. 1-3, 49 n. Chr.: "Non exiguum temporis habemus, sed multum perdidimus".

[2] Dies gilt heute noch genau so wie in den achtziger Jahren: *Löwisch*, Arbeits- und sozialrechtliche Hemmnisse einer weiteren Flexibilisierung der Arbeitszeit, RdA 1984, 197 (198).

[3] S. zu den verschiedenen Standpunkten: *Senne*, Flexible Arbeitszeiten und Mitbestimmung, BB 1996, 1609.

[4] Handelsblatt vom 30.8.1995, S. 3.

solle nur noch hinsichtlich der Lage, nicht aber hinsichtlich Anfang und Ende der Arbeitszeit erfolgen. Der DGB vertrat die Auffassung[5], eine weitere Flexibilisierung erfordere mehr Mitbestimmung für die Beschäftigten. Sie sei nur akzeptabel, wenn die Zeitsouveränität der Beschäftigten weiter gestärkt werde. Der mittelstandspolitische Sprecher der FDP-Bundestagsfraktion[6] wollte § 87 BetrVG generell auf ein Informationsrecht reduzieren.

Ziel dieser Arbeit ist es wegen dieser unterschiedlichen Auffassungen auch, bezüglich der Beteiligungsrechte des Betriebsrates bei Arbeitszeitfragen etwas mehr Transparenz zu schaffen.

B. Akzeptanz der Arbeitszeitflexibilisierung in der Praxis

Trotz der Möglichkeiten, die die Arbeitszeitflexibilisierung bieten kann, ist die Arbeitszeitgestaltung in vielen deutschen Unternehmen noch immer nicht auf modernem, international vergleichbarem Stand. Noch 1997 nutzten 20 % der deutschen Unternehmen die zur Verfügung gestellten Möglichkeiten zur Arbeitszeitflexibilisierung überhaupt nicht[7]. Dennoch wächst angesichts der sich rasch ändernden Markterfordernisse, der immer härteren Wettbewerbsbedingungen, des steigenden Kostendrucks und der verschärften Arbeitsmarktlage die Zahl der Unternehmen, die sich von den starren Arbeitszeiten abwenden, stetig. Im Jahre 1995 arbeiteten in der Bundesrepublik Deutschland nur noch etwa 19 % der insgesamt 32,2 Millionen abhängig Erwerbstätigen unter „Normal-Arbeitszeit-Bedingungen", in Westdeutschland sogar nur noch 17 %. 1987 betrug der Prozentsatz in Westdeutschland dagegen noch 27 %[8].

---

[5] Frankfurter Rundschau vom 1.9.1995, S. 4.

[6] Handelsblatt vom 2./3.2.1996, S. 4.

[7] *Heinze*, Flexible Arbeitszeitmodelle, NZA 1997, 681; vgl. zur Teilzeitbeschäftigung: *Werner*, Arbeitszeitverkürzung – eine internationale Übersicht, in: Institut für Arbeitsmarkt- und Berufsforschung (Hrsg.), Arbeitszeit und flexible Altersgrenze, 1986, S. 78, 92: Danach belief sich 1980 der Anteil der Teilzeitbeschäftigten in Deutschland auf 9,5 %, während er in Schweden 24,7 %, in Großbritannien 15,4 %, in Kanada 13,5 %, in den USA 13,0 % und in Japan 10 % betrug. Zurückzuführen ist dies vor allem auf einen geringeren Anteil männlicher Teilzeitbeschäftigter. Dieser betrug 1980 in Deutschland 0,9 %, dagegen in den USA 7,2 %, in Schweden 6,9 %, in Kanada 6,8 %, in Japan 5,2 % und in Großbritannien 1,3 %; s. auch: *Kilz/Reh*, Der Weg in die Teilzeitgesellschaft, 1997, S. 15; grundlegende Probleme, die die Teilzeitarbeit mit sich bringt, sind dargestellt bei: *Teriet*, Teilzeitarbeit – ein Problemaufriß, MittAB 1977, 311 ff.

[8] MünchArbR/*Anzinger*, § 218 Rn. 71; zur zunehmenden Akzeptanz bei flexibler Arbeitszeitgestaltung, insbesondere bei Teilzeit, s. *Fröhlich*, Teilzeitarbeit – ein wesentlicher Bestandteil der flexiblen Arbeitszeitgestaltung bei der Siemens AG, AuA 1998, 37 ff.

C. Rechtsprechung

Bei der flexiblen Arbeitszeit hat sich insbesondere die flexible Teilzeitarbeit von einer Randerscheinung zu einem relevanten Anteil des gesamtwirtschaftlichen Arbeitsvolumens entwickelt. Im gleichen Maße wurde die Rechtsprechung mit spezifischen Teilzeitproblemen befaßt. Wie in den meisten Gebieten des Arbeitsrechts konnte auch das Teilzeitrecht bisher nicht auf einem geschlossenen Gesetzeswerk aufbauen. Teilzeitbeschäftigte mußten - abgesehen vom Beschäftigungsförderungsgesetz 1985[9] - ihre Rechte in diversen Einzelgesetzen suchen. Das Gesetz über Teilzeitarbeit und befristete Arbeitsverträge (TzBfG) vom 21.12.2000 hat diesbezüglich keine Abhilfe geschaffen, weil es - außer der Regelung zum Anspruch auf Teilzeitarbeit (§ 8 TzBfG) - keine wesentlich neuen Regelungen zur Teilzeitarbeit enthält[10]. Die praktizierten flexiblen Arbeitszeitmodelle (in Vollzeit und Teilzeit) werden neben den Gesetzen stark durch die Rechtsprechung des Europäischen Gerichtshofs und die europäischen Rechtsgrundlagen geprägt.
Auch die deutsche Arbeitsgerichtsbarkeit befaßt sich mit Problemen der Teilzeitarbeit. So hatte das *BAG* in den letzten Jahren zahlreiche Fälle zur gleichberechtigten Teilzeitarbeit zu entscheiden[11]. Da von gleichberechtigter Teilzeitarbeit trotz der vorliegenden Urteile und der zu beachtenden gesetzlichen Regelungen (§§ 4, 5 TzBfG) noch immer nicht die Rede sein kann, bleiben weitere Entscheidungen des *BAG* abzuwarten. In diesem Zusammenhang zeigt sich ge-

---

9 BGBl. I S. 710, zuletzt geändert durch Gesetz vom 25.9.1996, BGBl. I S. 1476; abgelöst zum 1.1.2001 durch das TzBfG vom 21.12.2000, BGBl. I S. 1966.

10 BGBl. I S. 1966; *Kliemt*, Der neue Teilzeitanspruch, NZA 2001, 63 ff.

11 U.a.: *BAG* 13.10.1987 E 56, 197 = AP Nr. 24 zu § 87 BetrVG 1972 Arbeitszeit = NZA 1988, 251; *BAG* 20.6.1995 AP Nr. 1 zu § 1 TVG Tarifverträge Nährmittelindustrie = EzA § 2 BeschFG 1985 Nr. 41 = SAE 1997, 161 = NZA 1996, 597 (Mehrarbeitszuschläge für Teilzeitbeschäftigte); *BAG* 20.6.1995 E 80, 173 = AP Nr. 11 zu § 1 TVG Tarifverträge Chemie = EzA Art. 119 EWG-Vertrag Nr. 33 = NZA 1996, 600 (Mehrarbeitszuschläge für Teilzeitbeschäftigte); *BAG* 1.11.1995 AP Nr. 46 zu § 2 BeschFG 1985 = NZA 1996, 816 = NJW 1996, 2810 f. (Gleichbehandlung beim Arbeitsentgelt für Teilzeitnebentätigkeit) m. Anmerkung *Feldhoff*, AiB 1996, 627; *BAG* 30.1.1996, Az.: 3 AZR 275/94 NV (Überstundenzuschläge für Teilzeitbeschäftigte); *BAG* 12.6.1996 E 83, 168 = AP Nr. 4 zu § 611 BGB Werkstudent = EzA § 2 BeschFG 1985 Nr. 49 = NZA 1997, 191 (Gleichbehandlung studentischer Teilzeitkräfte); *BAG* 23.7.1996 AP Nr. 68 zu § 87 BetrVG 1972 Arbeitszeit = EzA § 87 BetrVG 1972 Arbeitszeit Nr. 56 = NZA 1997, 274 (Mitbestimmung des Betriebsrates bei vorübergehender Verlängerung der Arbeitszeit von Teilzeitbeschäftigten); *BAG* 21.4.1999 AP Nr. 72 zu § 2 BeschFG 1985 = EzA § 2 BeschFG 1985 Nr. 60 = NZA 1999, 939 (Gleichbehandlung teilzeit- und vollzeitbeschäftigter Lehrer); zur Entwicklung der Rechtsprechung: *Peifer*, Die Teilzeitbeschäftigung in der neueren Rechtsprechung des BAG, ZfA 1999, 271 (272).

rade auch die besondere Rolle des kollektiven Arbeitsrechts und der kollektiven Interessenvertreter in Betrieb und Unternehmen. Wichtiger als einzelne Schutzgesetze sind für viele flexibel Beschäftigte in der Praxis die Mitbestimmung der Betriebsräte und der Schutz durch Tarifverträge[12].

D. Interessenlage auf Arbeitgeber- und Arbeitnehmerseite

Innovationen in der Arbeitszeitlandschaft erhalten grundsätzlich von zwei Seiten Antrieb, da sie sowohl die Interessen der Arbeitgeber- als auch der Arbeitnehmerseite betreffen. Was früher eindeutig Sache der Sozialpartner war, ist daher mittlerweile zu einem persönlichen Anliegen der Beschäftigten geworden, da mit der Flexibilisierung der Arbeitszeit auch für sie erhebliche Vorteile einhergehen können.

I. Arbeitgeber

Immer mehr Betriebe Abschied von der starren Wochenarbeitszeit von etwa 40, 35 oder 20 Stunden. Flexible Arbeitszeitmodelle richten sich meist nach dem schwankenden Arbeitsanfall im Betrieb, aber auch nach den individuellen Zeitwünschen der Beschäftigten. Jedenfalls bieten flexible Arbeitszeitmodelle der Arbeitgeberseite die Möglichkeit, den zeitlichen Einsatz der Arbeitnehmer den betrieblichen Bedürfnissen anzupassen. Flexible Arbeitszeit kann daneben zu erhöhter Motivation unter den Mitarbeitern, zu geringeren Fehlzeiten und zu sinkenden Fluktuationsraten, verbunden mit besserer quantitativer und qualitativer Leistung, führen. Außerdem dient sie durch verstärkte Anpassung der Beschäftigung der einzelnen Arbeitnehmer an die betrieblichen Erfordernisse[13] und dementsprechend auch durch bessere Ausnutzung der in Anspruch genommenen Arbeitszeit der Vermeidung teurer Überstunden. Es wird möglich, die betrieblichen Produktionszeit - wie auch bei Schichtmodellen - über die regelmäßige tarifliche Arbeitszeit hinaus auszuweiten. Dies führt dazu, daß die Betriebsmittel effektiver ausgenutzt werden können und sich daher auch schneller amortisieren. Schließlich können kostenintensive Kündigungen und Sozialpläne oftmals vermieden werden. Nicht zuletzt kann es zu einer menschengerechteren Gestaltung des Betriebsablaufs kommen[14].

---

[12] *Buschmann/Dieball/Stevens-Bartol*, TZA, S. 23 f.

[13] *Meyer*, Kapazitätsorientierte Variable Arbeitszeit (KAPOVAZ), 1989, S. 29.

[14] *Heinze*, Flexible Arbeitszeitmodelle, NZA 1997, 681; *Fauth-Herkner/Wiebrock*, Blickpunkt Arbeitszeit, Flexible Modelle – Auswahl und erfolgreiche Umsetzung, AuA 1999, 148.

II. Arbeitnehmer

Die Beschäftigten sind es, die die flexiblen Arbeitszeitmodelle von der anderen Seite vorantreiben[15]. Heute stellt sich der Arbeitnehmer vornehmlich die Frage, wann er wo wie viel arbeitet. Die lebenslange, vollzeitliche Berufsbiographie von Männern und teilweise auch von Frauen wird durch wirtschaftliche und familiäre Gegebenheiten sowie aufgrund eigener Bedürfnisse zunehmend in Frage gestellt. Der Wunsch nach lebensgerechter Arbeitszeit, d.h. nach Möglichkeiten der Änderung der Arbeitszeit im Verlaufe der Erwerbsbiographie, gewinnt immer mehr an Bedeutung[16]. So wollen heute die meisten Frauen ihren Beruf nicht vollständig aufgeben, wenn sie Kinder bekommen. Eine Arbeit in Teilzeit könnte hier einer Frau (oder auch einem Mann) helfen, Kinder und Beruf miteinander zu vereinbaren.

E. Inhalt der vorliegenden Untersuchung

In der Metallindustrie ist für die Zeit ab dem 01.10.1995 die 35-Stunden-Woche vereinbart worden. Mit der 35-Stunden-Woche dürfte vorläufig ein Endpunkt in der Frage der Arbeitszeitverkürzung erreicht sein[17]. Damit gewinnt aber die Problematik der Flexibilisierung der Arbeitszeit als Chance zur weiteren Verbesserung der Arbeitsbedingungen sowie als Möglichkeit zum Abfedern der durch die Arbeitszeitverkürzung verursachten Kosten eine besondere Bedeutung[18].

---

[15] *Fauth-Herkner/Wiebrock*, Blickpunkt Arbeitszeit, Flexible Modelle – Auswahl und erfolgreiche Umsetzung, AuA 1999, 148.

[16] Daß der Wunsch nach einer Anpassung der Arbeitszeit an die individuellen Bedürfnisse vorhanden ist, wurde als Ergebnis im Rahmen des Verbundprojektes "Eingeschränkte Erwerbsarbeit von Frauen und Männern" ermittelt, das vom Bundesministerium für Jugend, Familie, Frauen und Gesundheit in Auftrag gegeben und gemeinsam von INFRATEST Sozialforschung und der Forschungsstelle Sozialökonomik der Arbeit der Freien Universität Berlin durchgeführt wurde, vgl. *Bielenski/Strümpel*, Eingeschränkte Erwerbsarbeit bei Frauen und Männern: Fakten – Wünsche – Realisierungschancen, 1988, S. 40 ff; s. auch *Kramer*, Unternehmenspolitik und Arbeitszeit, AuA 1999, 436 ff.; Gründe gegen eine Flexibilisierung der Arbeitszeit: *Projahn/Roesling*, Flexible Arbeitszeiten – Chancen für betriebliche Gestaltungsmöglichkeiten, in: FS für Dieter Stege, 1997, S. 130 (136 f.).

[17] *Linnenkohl/Rauschenberg*, Arbeitszeitflexibilisierung, 1996, S. 15; eine Darstellung der tarifpolitischen Ereignisse von 1994 nimmt *Bispinck* vor: Zwischen Beschäftigung und Tarifabsenkung – Eine Bilanz der Tarifpolitik in Westdeutschland im Jahre 1994, WSI-Mitteilungen 1995, 145 ff; zur Entwicklung der Arbeitszeit in den westlichen Industrieländern und der möglichen beschäftigungssichernden Wirkung von Arbeitszeitverkürzungen nimmt *Gerhard Bosch* Stellung: Das Ende von Arbeitszeitverkürzungen, WSI-Mitteilungen 1998, 435 ff.

[18] *Linnenkohl/Rauschenberg*, Arbeitszeitflexibilisierung, 1996, S. 15.

Anstoß für die vorliegende Arbeit ist daher auch die Diskussion um die Arbeitszeit, die seit einigen Jahren durch eine neue Dimension erweitert wird. War bis vor kurzem vor allem die wöchentliche Arbeitszeit Gegenstand des Aushandlungsprozesses zwischen den Sozialpartnern (als Beispiel sei die Zeit vor dem „Leber-Rüthers-Kompromiß" von 1984 genannt), so treten in letzter Zeit vermehrt auch Arbeitszeitstrukturen und die damit verbundene Flexibilisierung in den Vordergrund, da das „Flexibilisierungspotential" mit zunehmender Arbeitszeitverkürzung wächst[19]. Je flexibler ein Arbeitszeitmodell ist, desto kurzfristiger plant der Arbeitgeber die Arbeitseinsätze der Arbeitnehmer. Bei der Abrufarbeit muß dem Arbeitnehmer beispielsweise nur vier Tage vor dem jeweiligen Einsatz Mitteilung über die Lage der Arbeitszeit gemacht werden (§ 12 Abs. 2 TzBfG). Um so weniger dem Arbeitnehmer also die Möglichkeit bleibt, über seine Zeit frei zu disponieren, um so mehr bedürfen die Arbeitnehmer des Schutzes durch den Betriebsrat, der zum einen auf die Einhaltung der gesetzlichen Abruffristen achten und zum anderen mit dem Arbeitgeber über günstigere Arbeitsbedingungen verhandeln kann.
In dieser Untersuchung soll daher zunächst ein Bezug des Themas „Arbeitszeit" zum Betriebsverfassungsgesetz hergestellt werden (2. Kapitel). Außerdem wird die historische Entwicklung der Arbeitszeit dargestellt (3. Kapitel). Es folgt eine Herleitung der Begriffe „flexible Arbeitszeit" und „Arbeitszeitflexibilisierung" (3. Kapitel). Schließlich werden nach einer allgemeinen Darstellung der im Zusammenhang mit flexiblen Arbeitszeitmodellen einschlägigen Beteiligungsrechte des Betriebsrates (4. Kapitel) die betriebsverfassungsrechtlichen Probleme bei Einführung und Durchführung von Gleitzeit, von starren und flexiblen Teilzeitmodellen, von KAPOVAZ (Abrufarbeit), von Job-Sharing und von Jahresarbeitszeit- und Altersteilzeitverträgen herausgearbeitet (5. Kapitel).

[19] *Linnenkohl/Rauschenberg*, Arbeitszeitflexibilisierung, 1996, S. 19.

2. Kapitel: Arbeitszeit und Bezug zum Betriebsverfassungsgesetz

Für das Erfassen der Problematik der Arbeitszeitflexibilisierung bedarf es des Verständnisses der Begriffe „Betriebszeit" und „Arbeitszeit".

A. Der Begriff „Betriebszeit"

Betriebszeit ist die Zeit, in der Umsatz und Ertrag durch Nutzung der Betriebsmittel und Beschäftigung der Arbeitnehmer erwirtschaftet werden und in der gegebenenfalls die Ansprechbarkeit für Kunden gegeben ist[20].
Wenn in einem Betrieb eine flexible Arbeitszeitform praktiziert wird, kann die individuelle Arbeitszeit eines Arbeitnehmers von der Betriebszeit abweichen[21]. Die Abweichung der individuellen Arbeitszeit von der Betriebszeit ist aber nicht unbedingt nur Merkmal flexibler Arbeitszeiten. Eine Abweichung der individuellen Arbeitszeit von der Betriebszeit ist auch bei einem starren Schichtsystem gegeben, ohne daß es sich um ein flexibles Arbeitszeitmodell handelt.
Die Regelungsbefugnis bezüglich der Betriebszeit liegt grundsätzlich beim Arbeitgeber, der sich vorwiegend nach wirtschaftlichen Faktoren richtet. So ist der Betriebsrat zum Beispiel bei Kaufhäusern und Ladengeschäften nicht an der Entscheidung beteiligt, wie die Ladenschlußzeiten in den Grenzen des Ladenschlußgesetzes festgelegt werden. Er hat nur über die Verteilung der vereinbarten Arbeitszeit mitzubestimmen (§ 87 Abs. 1 Nr. 2 BetrVG). Der Betriebsrat kann dementsprechend beispielsweise bei der Frage mitbestimmen, inwieweit sich die Arbeitszeit mit der Betriebsnutzungszeit, der Ladenöffnungszeit, deckt. Vom Mitbestimmungsrecht des Betriebsrates ist aber entgegen der Ansicht des *BAG*[22] eine Arbeitszeitregelung, die die Ausschöpfung der gesetzlichen Ladenschlußzeiten unmöglich macht, nicht gedeckt[23].

---

20 MünchArbR/*Anzinger*, § 218 Rn. 63.

21 *Richardi*, BetrVG, § 87 Rn. 295; zum Verhältnis der Betriebszeit zur Arbeitszeit in Deutschland: *Reichold*, Rechtsprobleme der Einführung einer 32-Stunden-Woche durch Tarifvertrag oder Betriebsvereinbarung, ZfA 1998, 237 (239 f.).

22 *BAG* 13.10.1987 E 56, 197, 213 = AP Nr. 24 zu § 87 BetrVG = NZA 88, 251 und *BAG* 31.8.1982 E 40, 107, 121 = AP Nr. 8 zu § 87 BetrVG 1972 Arbeitszeit = NJW 1983, 953: Das *BAG* vertritt die Ansicht, daß die Lage der Arbeitszeit durch Arbeitgeber und Betriebsrat bzw. durch die Einigungsstelle so bestimmt werden kann, daß der Arbeitgeber die gesetzlichen Ladenschlußzeiten nicht ausschöpfen kann; so auch *Klebe*, DKK-BetrVG, § 87 Rn. 82.

23 Ausführlicher im 5. Kapitel unter D; s. *Richardi*, BetrVG, § 87 Rn. 351; so auch *Linnenkohl*, Rechtsfragen der Neugestaltung der Arbeitszeit, BB 1989, 2472 (2476).

B. Der Begriff „Arbeitszeit"

Der Begriff Arbeitszeit ist in juristischer Hinsicht ambivalent: Die Arbeitszeit bestimmt zum einen den Umfang der vertraglich geschuldeten Arbeitsleistung, zum anderen aber auch den Zeitpunkt der Leistungserbringung[24]. Die Leistungspflicht des Arbeitnehmers wird überwiegend nach Zeiteinheiten bemessen[25].

Das gilt auch für Leistungslohnsysteme. Auch bei Akkordarbeit bestimmt die nach Lage und Dauer festgelegte Arbeitszeit den Umfang der Leistungspflicht des Arbeitnehmers; lediglich die Vergütung erfolgt in diesem Fall nach dem erzielten Arbeitsergebnis.

Durch die Bestimmung der Lage der Arbeitszeit wird die Arbeitsleistung zur absoluten Fixschuld[26], da bei Nichtleistung der geschuldeten Arbeit meist eine Nachholbarkeit der konkret geschuldeten Arbeitsleistung ausscheidet[27]. Die zu einem späteren Zeitpunkt nachgeholte Arbeitsleistung ist mit der ursprünglich geschuldeten dann nicht mehr identisch, weil die Leistungszeit in der Regel wesentlicher Bestandteil der Arbeitspflicht ist. Der Arbeitszeitbegriff nach dem ArbZG und nach dem BetrVG sind - wie im Folgenden dargestellt - nicht deckungsgleich.

---

[24] *Reichold*, Mitbestimmung trotz Arbeitszeitsouveränität, Zur Anpassung des Betriebsverfassungsrechts an die Postmoderne, in: FS für Günther Wiese zum 70. Geburtstag, 1998, S. 409 (423); *Richardi*, BetrVG, § 87 Rn. 293 f.; Staudinger/*Richardi* (1999), § 611 Rn. 255; *Richardi*, Probleme des Arbeitsentgelts bei flexibler Arbeitszeit, in: Festschrift für Peter Ahrend, 1992, S. 263 (264); s. auch MünchArbR/*Blomeyer*, § 48 Rn. 101 ff., 139.

[25] MünchKomm/*Müller-Glöge*, § 611 Rn. 19.

[26] Staudinger/*Richardi* (1999), § 611 Rn. 336, 463: „...in der Regel ist die Leistungszeit wesentlicher Bestandteil der Arbeitspflicht; die Arbeit kann bei Versäumung im Rückwirkungszeitraum nicht mehr erbracht werden; sie ist insoweit unmöglich..."; *Richardi*, Kollektivvertragliche Arbeitszeitregelung – Fremdbestimmung durch Kollektivnorm oder Regelung der Arbeitsbedingungen für ein rechtsgeschäftliches Dienstleistungsversprechen, ZfA 1990, 211 (213 f.); *ders.*, Arbeitszeitflexibilisierung – kollektive Arbeitszeitregelung und individuelle Arbeitszeitsouveränität, in: FS für Franz Merz, 1992, S. 481 (483); *ders.*, Probleme des Arbeitsentgelts bei flexibler Arbeitszeit, in: FS für Peter Ahrend, 1992, S. 263 (264); MünchArbR/*Blomeyer*, § 57 Rn. 10 ff.: *Blomeyer* weist darauf hin, daß eine absolute Fixschuld bei flexibler Leistungszeit wohl nicht anzunehmen sei; s. dazu auch: MünchKomm/*Müller-Glöge*, § 611 Rn. 15: "In Arbeitsverhältnissen hat die Arbeitsleistung den Charakter einer Fixschuld. Es ist anhand des maßgebenden Arbeitsvertrages und der Betriebsvereinbarungen sowie Tarifverträge zu ermitteln, ob – wie herkömmlich – eine absolute Fixschuld vereinbart ist. Bei Vereinbarung einer flexiblen Arbeitszeitregelung ist an die entsprechende Anwendung des § 361 BGB für relative Fixschulden zu denken".

[27] So bereits *Fabricius*, Leistungsstörungen im Arbeitsverhältnis, 1970, S. 41, 98.

I. Arbeitszeit nach dem Arbeitszeitgesetz

Der Begriff der „Arbeitszeit" findet in § 2 Abs. 1 S. 1 des Arbeitszeitgesetzes von 1994[28] eine gesetzliche Regelung. Hiernach ist Arbeitszeit die „Zeit vom Beginn bis zum Ende der Arbeit ohne die Ruhepausen". Die Regelung stimmt mit § 2 Abs. 1 AZO 1938[29] wörtlich überein[30]. Gleichgewichtig neben dem Gesetzeszweck der Gewährleistung der Sicherheit und des Arbeitsschutzes der Arbeitnehmer bei der Arbeitszeitgestaltung steht der weitere allgemeine Gesetzeszweck der Verbesserung der Rahmenbedingungen für flexible Arbeitszeiten (§ 1 Nr. 1 ArbZG).

Zeiten der Vollzeit- und Teilzeitarbeit sowie der Arbeitsbereitschaft[31] sind Arbeitszeit. Zur Arbeitszeit rechnen hingegen beispielsweise nicht Zeiten des Bereitschaftsdienstes[32], der Rufbereitschaft[33] sowie Wegezeiten[34]. Ruhezeiten und Ruhepausen gelten ebenfalls nicht als Arbeitszeit[35]. Sie sind die im Voraus fest-

[28] BGBl. I S. 1170, zuletzt geändert durch Gesetz vom 9.6.1998 (BGBl. I S. 1242).

[29] RGBl. I S.447.

[30] S. hierzu z.B. *Zmarzlik/Anzinger*, ArbZG, 1995, § 2 Rn. 1; *Neumann/Biebl*, ArbZG, § 2 Rn. 4.

[31] Vgl. *Schaub*, Arbeitsrechtshandbuch, 2000, § 45 Rn. 56; ErfK/*Wank*, § 2 ArbZG Rn. 46; s. auch Staudinger/*Richardi* (1999), § 611 Rn. 340; *BAG* 10.6.1959 E 8, 25 = AP Nr. 5 zu § 7 AZO; *BAG* 24.1.1962 E 12, 199 = AP Nr. 8 zu § 7 AZO; zur Abgrenzung von Ruhezeiten und Arbeitsbereitschaft: *BAG* 23.11.1960 E 10, 191 = AP Nr. 6 zu § 12 AZO; *Zmarzlik/Anzinger*, ArbZG, 1995, § 2 Rn. 18: *Arbeitsbereitschaft* ist die Zeit wacher Achtsamkeit im Zustand der Entspannung; sie gehört zur Arbeitszeit; der Arbeitnehmer muß nicht seine volle, angespannte Tätigkeit entfalten, sondern an seiner Arbeitsstelle anwesend sein und jederzeit in den Arbeitsprozeß eingreifen können.

[32] Vgl. dazu *Schaub*, Arbeitsrechtshandbuch, 2000, § 45 Rn. 57; ErfK/*Wank*, § 2 ArbZG Rn. 50 ff.; Staudinger/*Richardi* (1999), § 611 Rn. 340; *BAG* 10.6.1959 E 8, 25 = AP Nr. 5 zu § 7 AZO; *Zmarzlik/Anzinger*, ArbZG, 1995, § 2 Rn. 16: *Bereitschaftsdienst* liegt vor, wenn der Arbeitnehmer sich an einer vom Arbeitgeber bestimmten Stelle innerhalb oder außerhalb des Betriebes aufzuhalten hat, um, sobald es notwendig ist, seine Arbeit aufzunehmen, ohne sich im Zustand wacher Achtsamkeit zu befinden.

[33] Vgl. *Schaub*, Arbeitsrechtshandbuch, 2000, § 45 Rn. 59; ErfK/*Wank*, § 2 ArbZG Rn. 50 ff.; *BAG* 21.12.1982 E 41, 200 = AP Nr. 9 zu § 87 BetrVG 1972 Arbeitszeit = EzA § 87 BetrVG 1972 Arbeitszeit Nr. 16 = SAE 1983, 321, 503; *BAG* 26.2.1958 E 5, 236 = AP Nr. 3 zu § 7 AZO; *Zmarzlik/Anzinger*, ArbZG, 1995, § 2 Rn. 16: *Rufbereitschaft* ist die Verpflichtung des Arbeitnehmers, sich an einem selbst bestimmten, aber dem Arbeitgeber anzugebenden Ort auf Abruf zur Arbeit bereitzuhalten.

[34] *Schaub*, Arbeitsrechtshandbuch, 2000, § 45 Rn. 60; *BAG* 8.12.1960 AP Nr. 1 zu § 611 BGB Wegezeit EzA § 611 BGB Nr. 3; *BAG* 26.8.1960 AP Nr. 2 zu § 611 BGB Wegezeit; *Zmarzlik/Anzinger*, ArbZG, 1995, § 2 Rn. 9: *Wegezeit* ist die Zeit, die der Arbeitnehmer braucht, um von seiner Wohnung zur Arbeitsstätte und wieder zurück zu gelangen.

[35] *BAG* 5.5.1988 E 58, 243 = AP Nr. 1 zu § 3 AZO Kr = EzA § 12 AZO Nr. 3 = NZA 1989, 138; *Gutzeit*, Die Mitbestimmung des Betriebsrats bei Fragen der Arbeitszeit, BB 1996, 106 (107); s. dazu auch MünchArbR/*Blomeyer*, § 48 Rn. 103 ff.

gelegten, ausdrücklich vereinbarten oder vom Arbeitnehmer selbst bestimmten Zeiten der Arbeitsunterbrechung, während derer der Arbeitnehmer von jeglicher Arbeitsleistung freigestellt ist[36].

Die Arbeitszeit als solche wird durch ihre zeitliche Lage, den sogenannten chronologischen Faktor, sowie durch ihre zeitliche Dauer, den sogenannten chronometrischen Faktor, bestimmt[37]. In einem Arbeitsverhältnis kann etwa eine wöchentliche Arbeitszeit von 35 Stunden vereinbart sein. Die Dauer der Arbeitszeit an den Werktagen kann hier beispielsweise gleichmäßig sieben Stunden betragen. Dennoch kann es sich um ein flexibles Arbeitszeitmodell handeln, wenn der Arbeitnehmer die Lage der Arbeitszeit variieren kann. Es kann vereinbart sein, daß die Arbeitszeit innerhalb der Grenzen des Arbeitszeitgesetzes zwischen 7.00 Uhr morgens und 18.00 Uhr abends zu leisten ist. Möglich ist - je nach arbeitsvertraglicher Vereinbarung - auch ein schwankendes tägliches Arbeitszeitvolumen. Nach alledem ist die Arbeitszeit eine die Arbeitnehmer und die Arbeitgeber gleichermaßen betreffende Determinante: Für den Arbeitgeber bestimmt sie das Verhältnis von wirtschaftlich nutzbarer Betriebszeit und unproduktiver Stillstandszeit[38]. Für den Arbeitnehmer legt die Arbeitszeit den Wechsel von fremdnütziger Anwesenheit am Arbeitsplatz und autonom gestalteter Freizeit fest. Daher dient ihm die Arbeitszeit in der Regel als Mittel zur Finanzierung der freien Zeit[39].

II. Arbeitszeit nach der Richtlinie 93/104/EG

In Art. 2 Nr. 1 der Richtlinie 93/104/EG des Rates über bestimmte Aspekte der Arbeitszeitgestaltung[40], die Mindestvorschriften für Sicherheit und Gesundheitsschutz bei der Arbeitszeitgestaltung enthält, wird Arbeitszeit als „jede Zeitspanne, während der der Arbeitnehmer gemäß den einzelstaatlichen Rechtsvorschriften und/oder Gepflogenheiten arbeitet, dem Arbeitgeber zur Verfügung steht und seine Tätigkeit ausübt oder Aufgaben wahrnimmt" definiert. Insoweit ergeben sich keine bedeutenden Unterschiede zum Arbeitszeitbegriff des Arbeitszeitgesetzes. Insbesondere rechnen auch nach dieser Vorschrift Zeiten des Bereitschaftsdienstes, der Rufbereitschaft, Wegezeiten und Ruhezeiten nicht zur

---

[36] *Schaub*, Arbeitsrechtshandbuch, 2000, § 45 Rn. 65.

[37] *Linnenkohl/Rauschenberg*, Arbeitszeitflexibilisierung, 1996, S. 18; *Bäcker*, Teilzeitarbeit und individuelle Arbeitszeitflexibilisierung, WSI-Mitteilungen 1981, 194 (195).

[38] *Bellgardt*, Flexible Arbeitszeitsysteme, 1987, S. 9.

[39] *Bellgardt*, Flexible Arbeitszeitsysteme, 1987, S. 9; *Arens*, Die Mitbestimmung bei der Lage der Arbeitszeit nach § 87 Abs. 1 Nr. 2 BetrVG, 1991, S. 1.

[40] Richtlinie 93/104/EG des Rates vom 23.11.1993 über bestimmte Aspekte der Arbeitszeitgestaltung, ABlEG 1993 Nr. L 307, S. 18 (Art. 2 Nr. 1).

Arbeitszeit. Denn auch Art. 2 Nr. 1 der Richtlinie setzt voraus, daß der Arbeitnehmer seine Tätigkeit ausübt oder Aufgaben wahrnimmt.

III. Betriebsverfassungsrechtlicher Arbeitszeitbegriff

Der Arbeitszeitbegriff nach dem Betriebsverfassungsgesetz ist von dem des Arbeitszeitgesetzes zu unterscheiden. Die Arbeitszeit im betriebsverfassungsrechtlichen Sinne bestimmt sich nach dem Zweck des die Arbeitszeit jeweils betreffenden Mitbestimmungsrechts. Sie ist weder mit dem Begriff der vergütungspflichtigen Arbeitszeit noch mit der Arbeitszeit im Sinne des öffentlichrechtlichen Arbeitszeitschutzes (ArbZG) identisch[41].

Es kann jedoch festgestellt werden, daß der Schutz der Gesundheit und Sicherheit der Arbeitnehmer und die Flexibilität der Arbeitszeit durch das ArbZG auch im Rahmen der Mitbestimmung nach § 87 Abs. 1 Nr. 2 und Nr. 3 BetrVG Beachtung finden. Denn das Mitbestimmungsrecht des Betriebsrates soll die Interessen der Arbeitnehmer an einer sinnvollen Arbeitszeiteinteilung und Freizeitgestaltung schützen[42]. In Anlehnung an § 2 Abs. 1 S. 1 ArbZG ist daher mit Arbeitszeit im betriebsverfassungsrechtlichen Sinne der Zeitraum gemeint, in dem die Arbeitnehmer ihre vertraglich geschuldete Arbeitsleistung erbringen[43]. Die Arbeitszeit legt den Maßstab für den Umfang der vertraglich geschuldeten Arbeitsleistung fest, für die als Gegenleistung Entgelt zu leisten ist, wobei das Arbeitszeitgesetz den Arbeitnehmer hierbei vor übermäßiger zeitlicher Inanspruchnahme durch den Arbeitgeber schützt. Zudem geben § 87 Abs. 1 Nr. 2 und Nr. 3 BetrVG dem Betriebsrat die Möglichkeit, die Interessen der Arbeitnehmer bei der Regelung der Lage und Dauer der täglichen Arbeitszeit wahrzunehmen[44].

---

41 *Richardi*, BetrVG, § 87 Rn. 293; *BAG* 21.12.1982 E 41, 200, 208 = AP Nr. 9 zu § 87 BetrVG 1972 Arbeitszeit = EzA § 87 BetrVG 1972 Arbeitszeit Nr. 16 = SAE 1983, 321; *BAG* 15.12.1992 E 72, 107, 113 = AP Nr. 7 zu § 14 AÜG = EzA § 14 AÜG Nr. 3 = SAE 1994, 109 = NZA 1993, 513; a.A. *Glaubitz*, HSG-BetrVG, § 87 Rn. 141: *Glaubitz* geht davon aus, daß der Arbeitszeitbegriff nach der Legaldefinition des ArbZG deckungsgleich ist mit dem betriebsverfassungsrechtlichen Arbeitszeitbegriff.

42 *Richardi*, BetrVG, § 87 Rn. 293.

43 MünchArbR/*Matthes*, § 334 Rn. 1; *Richardi*, BetrVG, § 87 Rn. 293; *Braunert*, Schranken der kollektivrechtlichen Regelung flexibler Arbeitsverträge, 1990, S. 23; *Gutzeit*, Die Mitbestimmung des Betriebsrats bei Fragen der Arbeitszeit, BB 1996, 106.

44 *Klebe*, DKK-BetrVG, § 87 Rn. 68.

C. Arbeitszeitvereinbarungen und deren Bezug zum Betriebsverfassungsgesetz

I. Ausgangslage und Bezug zum Betriebsverfassungsgesetz

Bei der Frage der Dauer und Lage der Arbeitszeit treffen Arbeitgeber- und Arbeitnehmerinteressen aufeinander: Der Arbeitnehmer möchte die Arbeitszeit so gestaltet sehen, daß ihm viel Zeit für die Nutzung des breiten Freizeitangebots bleibt. Der Arbeitgeber denkt eher an die Produktivität und Amortisierung der von ihm angeschafften Arbeitsmittel. Seinen Interessen entspricht es, wenn möglichst wenig Stillstandszeiten zu verzeichnen sind. Den unterschiedlichen Zielvorstellungen im Hinblick auf die Lage der Arbeitszeit kann am ehesten mit flexibel gestalteten Arbeitszeitmodellen nachgekommen werden. Die Einführung solcher Arbeitszeitmodelle erfolgt meist durch den Arbeitgeber. Eine effektive Arbeitszeitgestaltung, die eine Balance zwischen den Arbeitsvertragsparteien schaffen kann, erfordert daher die Abstimmung von Betriebszeit[45], Arbeitszeit[46] und Freizeit[47]. Dem Ausgleich der schwächeren Position der Arbeitnehmer als Anbieter der Arbeitskraft im Konflikt um die Verteilung der Arbeitszeit dient hier vor allem das Betriebsverfassungsgesetz 1972 (BetrVG), das dem Betriebsrat als Interessenvertretung der Arbeitnehmer bei der Einführung flexibler Arbeitszeitmodelle verschiedene Mitbestimmungs-, Unterrichtungs- und Beratungsrechte verleiht[48]. So ist zum Beispiel in § 87 Abs. 1 Nr. 2 BetrVG das zentrale Mitbestimmungsrecht des Betriebsrates bei Fragen der Lage der Arbeitszeit geregelt.

Auch die Rahmenvereinbarung über Teilzeitarbeit (RV-TzA) zur Richtlinie 97/81/EG vom 15.12.1997[49] beinhaltet in § 5 Nr. 3 lit. e RV-TzA eine Verpflichtung der Arbeitgeber zur Versorgung der vorhandenen Arbeitnehmervertretungsgremien mit „geeigneten Informationen über die Teilzeitarbeit im Unternehmen". Diese Regelung ist ein deutlicher Hinweis auf die wichtige Rolle,

---

[45] *Betriebszeit* ist die Zeit, in der Umsatz und Ertrag durch Nutzung der Betriebsmittel erwirtschaftet werden und in denen die Ansprechbarkeit für Kunden gegeben ist, s. MünchArbR/*Anzinger*, § 218 Rn. 63; s. 2. Kapitel A.

[46] *Arbeitszeit* der Mitarbeiter ist die Zeit, in der der Arbeitnehmer im Betrieb arbeitet und sein Einkommen verdient; s. zur gesetzlichen Definition nach dem ArbZG 1. Kapitel B.

[47] *Freizeit* ist die Zeit, in der der Beschäftigte nicht erwerbstätig ist.

[48] S. bzgl. der Diskussion um die Beteiligungsrechte des Betriebsrates auch 1. Kapitel unter A; zudem MünchArbR/*Matthes*, § 325 Rn. 1.

[49] Näheres hierzu im 5. Kapitel unter B. IV bei den Ausführungen zu den gesetzlichen Grundlagen der Teilzeitarbeit.

die der Betriebsrat bei der Einführung von (flexiblen) Teilzeitmodellen spielen kann. Einer Umsetzung der Bestimmung im deutschen Arbeitsrecht bedurfte es eigentlich nicht, da das Betriebsverfassungsgesetz bereits in den §§ 80 Abs. 2, 92 Abs. 1, 96 und 99 BetrVG ausreichende Informationspflichten des Arbeitgebers enthält. Dennoch wurde die Richtlinie in § 7 Abs. 3 TzBfG umgesetzt, der die Informationspflicht des Arbeitgebers in Teilzeitangelegenheiten gegenüber der Arbeitnehmervertretung enthält und ausdrücklich darauf hinweist, daß § 92 BetrVG hiervon unberührt bleiben soll.

II. Die Mitbestimmung des Betriebsrates in Arbeitszeitfragen nach § 87 Abs. 1 Nr. 2 BetrVG

Ein grundlegendes Mitbestimmungsrecht bezüglich der Arbeitszeit konstituiert § 87 Abs. 1 Nr. 2 BetrVG. Demnach hat der Betriebsrat, soweit eine gesetzliche oder tarifvertragliche Regelung nicht besteht, bezüglich des Beginns und des Endes der täglichen Arbeitszeit einschließlich der Pausen sowie der Verteilung der Arbeitszeit auf die einzelnen Wochentage ein Mitbestimmungsrecht.
Der Begriff der Arbeitszeit im Sinne des § 87 Abs. 1 Nr. 2 BetrVG bestimmt sich nach dem Zweck dieses Mitbestimmungsrechts. Zweck ist der Schutz der Interessen der Arbeitnehmer an einer sinnvollen Arbeitszeit- und Freizeiteinteilung bzw. –gestaltung und der Schutz vor einer Verlagerung des Betriebs- und Wirtschaftsrisikos auf den Arbeitnehmer durch eine einseitige Bestimmung der Leistungszeit[50]. In Anlehnung an § 2 Abs. 1 S. 1 ArbZG ist mit Arbeitszeit im Sinne des § 87 Abs. 1 Nr. 2 BetrVG der Zeitraum gemeint, in dem die Arbeitnehmer ihre vertraglich geschuldete Arbeitsleistung zu erbringen haben[51].

III. Weitere Berührungspunkte, die sich bei flexibler Arbeitszeit mit dem Betriebsverfassungsgesetz ergeben können

Neben dem Mitbestimmungsrecht nach § 87 Abs. 1 Nr. 2 BetrVG ergeben sich noch weitere Berührungspunkte mit dem Betriebsverfassungsgesetz: Der Betriebsrat kann vor Einführung neuer Arbeitszeitsysteme Beteiligungsrechte über sein Hilfsorgan Wirtschaftsausschuß in wirtschaftlichen Angelegenheiten nach § 106 BetrVG haben. Weiter kommen Unterrichtungs- und Beratungsrechte des Betriebsrates hinsichtlich Betriebsänderungen nach § 111 BetrVG, bezüglich

---

[50] *BAG* 15.12.1992 E 72, 107 = AP Nr. 7 zu § 14 AÜG = EzA § 14 AÜG Nr. 3 = SAE 1994, 109 = NZA 1993, 513; *Richardi*, BetrVG, § 87 Rn. 292.

[51] *Richardi*, BetrVG, § 87 Rn. 293; MünchArbR/ *Matthes*, § 334 Rn. 1; s. auch 2. Kapitel B. III.

der Gestaltung von Arbeitsplätzen, Arbeitsabläufen und Arbeitsumgebung nach § 90 BetrVG, bei der Personalplanung nach § 92 BetrVG und ein allgemeines Unterrichtungsrecht nach § 80 Abs. 2 BetrVG in Betracht.
Während der Einführung bzw. während des Praktizierens flexibler Arbeitszeitmodelle können sich Mitbestimmungsrechte des Betriebsrates bei personellen Einzelmaßnahmen im Sinne von § 99 BetrVG ergeben, falls das Arbeitszeitmodell zum Beispiel eine Versetzung oder Einstellung erfordert. Außerdem kann es zu einer Mitbestimmung nach § 102 BetrVG bei (Änderungs-)Kündigungen oder zu einer Mitbestimmung bei einer der in § 87 Abs. 1 BetrVG geregelten sozialen Angelegenheiten kommen.

3. Kapitel: Historische Entwicklung der Arbeitszeit, flexible Arbeitszeit und Arbeitszeitflexibilisierung

Um einen Überblick über die möglichen Formen flexibler Arbeitszeiten geben zu können, ist es erforderlich, die historische Entwicklung der Arbeitszeit und den Begriff „Arbeitszeitflexibilisierung" herauszuarbeiten.

A. Historische Entwicklung der Arbeitszeit

Mit Beginn des Industriezeitalters und ab dem Ende des Zweiten Weltkriegs veränderten sich jeweils mit der Wirtschaftslage auch die Strukturen der Arbeitszeit. Insgesamt kann festgestellt werden, daß die zu leistende Arbeitszeit sich - abgesehen von kurzen Unterbrechungen während der Weltkriege - kontinuierlich verringert hat.

I. Die Zeit bis zum Ende des Zweiten Weltkrieges

1. Vorindustrielle Zeit

In der vordindustriellen Zeit wurde in Europa die menschliche Arbeitszeit durch den naturgegebenen, von Sonnenauf- und -untergang bestimmten Tagesablauf geregelt; daher waren einschließlich kurzer Pausen Arbeitszeiten von 14 bis 16 Stunden pro Tag üblich[52]. Unterbrochen wurde die wöchentliche Arbeitszeit durch das christliche Gebot der Sonntagsruhe sowie durch im Zuge der Reformation immer weniger werdende kirchliche Feiertage und durch weltliche Feiertage.

2. Beginn des Industriezeitalters

Im Zuge der Industrialisierung kam es wegen einer möglichst umfassenden Ausnutzung der eingesetzten Maschinen und damit des investierten Kapitals zunächst zu einer drastischen Verlängerung der Arbeitszeit. Um 1800 wurden noch durchschnittlich ungefähr zehn bis zwölf Stunden pro Tag und etwa 60 bis 72 Stunden pro Woche gearbeitet. 1820 waren es bereits elf bis vierzehn Stunden täglich bzw. 66 bis 80 Stunden wöchentlich, 1830 bis 1860 sogar vierzehn bis sechzehn Stunden täglich und 80 bis 85 Stunden wöchentlich. Zwischen

---

52 *Schneider, M.*, Streit um Arbeitszeit, 1984, S. 21.

1860 und 1870 kam es erstmals zu einem Rückgang der Arbeitszeit auf täglich zwölf bis vierzehn und wöchentlich 78 Stunden[53].
Mit Beginn des Industriezeitalters erließ Großbritannien als erstes Land im Jahre 1802 gesetzliche Regelungen zur Arbeitszeit. Der „moral and health act" begrenzte die regelmäßige tägliche Arbeitszeit auf zwölf Stunden. Im Verlauf des 19. Jahrhunderts folgten auch in den anderen europäischen Ländern gesetzliche Regelungen der täglichen beziehungsweise wöchentlichen Arbeitszeit sowie Schutzbestimmungen für Kinder, Jugendliche und Frauen.
In Deutschland kam es zu gesetzlichen Regelungen über die Arbeitszeit, weil im Jahre 1828 Generalleutnant Horn über die Grausamkeit der Kinderarbeit berichtete, auf die auch der Mangel an jungem Nachschub aus Preußen für die Armee zurückzuführen sei[54]. Auch der christlich-konservative Fabrikant Schuchard gab Anstoß für eine gesetzliche Kinderschutzregelung. Sein Gesetzentwurf zur Begrenzung der Kinderarbeit wurde vom 5. Rheinischen Provinziallandtag im Juli 1837 angenommen und dem König als Petition vorgelegt[55]. Hierdurch geriet die preußische Staatsregierung in Zugzwang und es kam im „Regulativ über die Beschäftigung jugendlicher Arbeiter in Fabriken" vom 9. März 1839[56] zu einem Verbot der Arbeit von Kindern unter neun Jahren in Bergwerken und Fabriken. Die Arbeitszeit der Neun- bis Sechzehnjährigen wurde auf höchstens zehn Tagesstunden begrenzt.
Bis zum Ende des 19. Jahrhunderts hatte sich in Deutschland weitgehend ein zehnstündiger Arbeitstag durchgesetzt[57]. In der Folgezeit erließen auch die anderen Regierungen entsprechende Kinder- und Jugendschutzbestimmungen. Mit

---

[53] *Schneider*, Streit um Arbeitszeit, 1984, S. 22.

[54] *Schneider*, Streit um Arbeitszeit, 1984, S. 25; *Anton*, Geschichte der preußischen Fabrikgesetzgebung bis zu ihrer Aufnahme durch die Reichsgewerbeordnung, 1953, S. 50 f.; s. auch den Verweis auf die Ausführungen von Horn im Kabinettsordre von Friedrich Wilhelm III. am 12.5.1828 in: *Kaufhold*, 150 Jahre Arbeitsschutz in Deutschland: Das preußische Regulativ von 1839 und die weitere Entwicklung bis 1914, AuR 1989, 225 (227).

[55] *Anton*, Geschichte der preußischen Fabrikgesetzgebung bis zu ihrer Aufnahme durch die Reichsgewerbeordnung, 1953, S. 63 f.; s. zu den Bemühungen Schuchards auch: *Kaufhold*, 150 Jahre Arbeitsschutz in Deutschland: Das preußische Regulativ von 1839 und die weitere Entwicklung bis 1914, AuR 1989, 225 (228).

[56] Pr. GesSamml. S. 156; abgedruckt auch in: *Anton*, Geschichte der preußischen Fabrikgesetzgebung bis zu ihrer Aufnahme durch die Reichsgewerbeordnung, 1953, S. 74 f; *Kaufhold*, 150 Jahre Arbeitsschutz in Deutschland: Das preußische Regulativ von 1839 und die weitere Entwicklung bis 1914, AuR 1989, 225 (228); s. hierzu auch *Siebert, W.*, Die Deutsche Arbeitsverfassung, 1942, S. 11; MünchArbR/*Anzinger*, § 217 Rn. 26.

[57] *Kutscher/Hoff*, Betriebliche Arbeitszeitpolitik zwischen Arbeitszeitverkürzung und Arbeitszeitflexibilisierung, 1983; s. zur Entwicklung der Arbeitszeit auch *Lehnert*, Die Verkürzung der Wochenarbeitszeit, Jura 1985, 137.

der Gewerbeordnung des Norddeutschen Bundes wurden die preußischen Arbeitsschutzgesetze 1869 auf alle Bundesstaaten übertragen.
Auch in der zweiten Hälfte des 19. Jahrhunderts behielten die Unternehmer einen enormen Machtanspruch. Da sie nicht bereit waren, mit der Arbeitnehmerseite auf einem Boden der Gleichberechtigung zu verhandeln, wurde die Arbeitszeitfrage rasch zu einem zentralen Thema der politischen und gewerkschaftlichen Arbeiterbewegung. Am 16. Mai 1853 wurde das Gesetz betreffend einige Änderungen des Regulativs vom 9. März 1839 über die Beschäftigung jugendlicher Arbeiter in Fabriken[58] erlassen. Es beinhaltete ein Verbot der regelmäßigen Fabrikarbeit von Kindern unter 12 Jahren und legte den 6-Stunden-Tag für Kinder zwischen zwölf und vierzehn Jahren fest. Außerdem wurden Nachtarbeit und Pausen geregelt. Besonders wichtig war die Einführung einer fakultativen Fabrikinspektion als Organ der Staatsbehörden. Diese kann als Geburtsstunde der Gewerbeaufsicht betrachtet werden.
In den sechziger Jahren des 19. Jahrhunderts kam es zum Aufbau von nationalen Berufsgewerkschaften. Die Bemühungen der Arbeiterbewegungen, auf gesetzlichem Wege eine Senkung oder Begrenzung der Arbeitszeit durchzusetzen, waren nicht sehr erfolgreich. Dennoch ging die Arbeitszeit in der zweiten Hälfte des 19. Jahrhunderts zurück; es setzte sich sogar die Sonntagsruhe verstärkt durch[59]. Am 17. Juli 1871 wurde die Novelle der Gewerbeordnung des Reiches erlassen[60]. Hierdurch entstand für das ganze Reich eine einheitliche Rechtsgrundlage auf dem Gebiet des Arbeiterschutzes. Die Reichsgewerbeordnung aus dem Jahre 1871 wurde am 1. Juni 1891 durch das Arbeiterschutzgesetz („Lex Berlepsch") erneut novelliert[61]. Bedeutend an den neuen Regelungen war der Ausbau der Fabriken- zur Gewerbeinspektion unter Erweiterung ihrer sachlichen Zuständigkeit. Damit entstand ein Behördenapparat, der – ungeachtet seiner unterschiedlichen Ausgestaltung in den einzelnen Bundesstaaten – zumindest die Möglichkeit bot, die Vorschriften über den Arbeiterschutz wirksam zu kontrollieren[62].

58 Pr. GesSamml. S. 225; MünchArbR/*Anzinger*, § 217 Rn. 26.

59 *Schneider, M.*, Streit um Arbeitszeit, 1984, S. 37 f.

60 RGBl. S. 199; MünchArbR/*Anzinger*, § 217 Rn. 27.

61 RGBl. S. 261; MünchArbR/*Anzinger*, § 217 Rn. 28; *Kaufhold*, 150 Jahre Arbeitsschutz in Deutschland: Das preußische Regulativ von 1839 und die weitere Entwicklung bis 1914, AuR 1989, 225 (231).

62 *Kaufhold*, 150 Jahre Arbeitsschutz in Deutschland: Das preußische Regulativ von 1839 und die weitere Entwicklung bis 1914, AuR 1989, 225 (231).

3. Erster Weltkrieg

Das Ende des 19. Jahrhunderts war von verstärkter sozialpolitischer Betätigung der Arbeiterseite geprägt. Dennoch kam es bereits um 1912 zu einer Phase des sozialpolitischen Stillstands. Der Erste Weltkrieg schließlich unterbrach die stetige, wenn auch langsame Entwicklung zu immer weitergehender sozialer Gerechtigkeit[63]. Durch den Krieg kam es zu einer erheblichen Verjüngung der Arbeiterschaft. Die Arbeitsschutzbestimmungen für Arbeiter(innen) und Jugendliche wurden bei Kriegsbeginn durch das „Reichsgesetz betreffend Ausnahmen von Beschäftigungsbeschränkungen gewerblicher Arbeiter" vom 4. August 1914 aufgehoben.

Die Angaben zur Arbeitszeit im Ersten Weltkrieg sind eher dürftig, weil in dieser Zeit keine amtlichen Erhebungen durchgeführt worden sind. Dem Deutschen Metallarbeiter-Verband und Schätzungen zufolge ist die Arbeitszeit aber auf durchschnittlich zwölf Stunden, in Einzelfällen gar auf sechzehn Stunden gestiegen[64].

4. Stinnes-Legien-Abkommen

Die Erhöhung der Arbeitszeit während des Ersten Weltkrieges wurde nicht widerspruchslos hingenommen. Eine wichtige Etappe auf dem Weg zur Verkürzung der Arbeitszeit war das Stinnes-Legien-Abkommen[65] vom 18. November 1918. Infolge dieses Abkommens wurde am 4. Dezember 1918 die Zentralarbeitsgemeinschaft der industriellen und gewerblichen Arbeitgeber und Arbeitnehmer Deutschlands gegründet[66]. In Nr. 9 des Abkommens wurde das Höchstmaß der täglichen regelmäßigen Arbeitszeit für alle Betriebe auf acht Stunden festgesetzt, wobei Verdienstschmälerungen aus Anlaß der Verkürzung der Arbeitszeit nicht stattfinden durften.

---

63 *Schneider*, M., Streit um Arbeitszeit, 1984, S. 89 ff.

64 *Schneider*, M., Streit um Arbeitszeit, 1984, S. 92.

65 Abgedruckt u.a. in: *Feldmann*, Industrie und Gewerkschaften 1918-1924, 1985, S. 135 ff.; *Kaun*, Die Geschichte der Zentralarbeitsgemeinschaft der industriellen und gewerblichen Arbeitgeber und Arbeitnehmer Deutschlands, 1938; s. dazu auch: *Ramm*, Die Arbeitsverfassung der Weimarer Republik, in: In memoriam Sir Otto Kahn-Freund, 1980, S. 225 (230, 232); *Ramm* schreibt von der Magna Charta des Arbeitsrechts der Weimarer Republik.

66 Siehe hierzu: *Feldmann*, Industrie und Gewerkschaften 1918-1924, 1985; *Scharf*, Geschichte der Arbeitszeitverkürzung, 1987; *Siebert, R.*, Das Abkommen vom 15. November 1918 und die Zentral-Arbeitsgemeinschaft der industriellen und gewerblichen Arbeitgeber und Arbeitnehmer, Diss., 1932; *Borsig*, Industrie und Sozialpolitik, 1924.

5. Washingtoner Abkommen

Mit der Einführung des Acht-Stundentages war das Deutsche Reich der internationalen Entwicklung zum Teil vorausgeeilt. Durch den Versailler Vertrag vom 28. Juni 1919 wurde eine Internationale Arbeitsorganisation (IAO) errichtet, deren Beschlußorgan die Internationale Arbeitskonferenz war. Nach der vorübergehenden Verlängerung der Arbeitszeit während des Ersten Weltkrieges und ein Jahr nach dem Stinnes-Legien-Abkommen wurde auf internationaler Ebene am 28. November 1919 in Washington auf der ersten Konferenz der Internationalen Arbeitsorganisation in deren 24. Sitzung (ohne Teilnehmer aus Deutschland oder Österreich) die Einführung des Acht-Stundentages beziehungsweise der 48-Stundenwoche beschlossen[67]. Nach Artikel 19 des Abkommens[68] hätten seine Arbeitszeitregelungen bis zum 1.7.1921 in der Gesetzgebung der Mitgliedstaaten ihren Niederschlage finden müssen. Die Industriestaaten Mittel- und Westeuropas kamen der Ratifizierungsvereinbarung nur sehr zögerlich nach. Dies stellte vor allem für die deutschen Gewerkschaften ein Problem dar, da sie in einem von Carl Legien für die Gewerkschaften und von Ernst von Borsig für die Arbeitgeber unterzeichneten Schreiben an den Rat der Volksbeauftragten zugestanden hatten, daß die Vereinbarung des Novemberabkommens über die Arbeitszeitverkürzung nur dann dauernd durchgeführt werden könne, wenn der Achtstundentag für alle Kulturländer durch internationale Vereinbarung festgesetzt wird[69].

Die bis zum Jahre 1994 gültige Arbeitszeitordnung aus dem Jahre 1934[70], die im Jahre 1938[71] neu bekannt gemacht wurde und auf der das heutige Arbeitszeitgesetz vom 6.6.1994[72] aufbaut, griff die Empfehlungen dieser Konferenz hinsichtlich des Achtstundentages auf. Nach § 3 der Arbeitszeitordnung durfte die regelmäßige Arbeitszeit nicht die Dauer von acht Stunden überschreiten, wobei auch bei einer anderen Verteilung der Arbeitstage auf die Werktage die Grenze von 48 Stunden pro Woche eingehalten werden mußte (§ 4 AZO).

---

67 *Schneider, M.*, Streit um Arbeitszeit, 1984, S. 103; *Grabherr*, Das Washingtoner Arbeitszeitübereinkommen von 1919, Diss. 1991, S. 29 ff; den 82 Ja-Stimmen standen zwei Nein-Stimmen Kanadas und Norwegens sowie eine Stimmenthaltung gegenüber.

68 Abgedruckt in: *Grabherr*, Das Washingtoner Arbeitszeitabkommen von 1919, Diss. 1991, S. 446 ff.

69 *Schneider, M.*, Streit um Arbeitszeit, 1984, S. 103 f.

70 RGBl. I S. 83.

71 RGBl. I S. 447.

72 BGBl. I S. 1170.

6. Zweiter Weltkrieg

Mit dem 30. Januar 1933, dem Beginn der nationalsozialistischen Diktatur, änderten sich die Handlungsbedingungen der Arbeiterbewegung grundlegend. Es kam zur Zerschlagung der Gewerkschaften und zum Verbot der Arbeiterparteien.

Die AZO von 1938[73] beschränkte die Arbeitszeit auf 48 Stunden pro Woche. Der Jugendschutz wurde aus der AZO zugunsten eines Jugendschutzgesetzes, das die Arbeit für Kinder unter vierzehn Jahren verbot, ausgegliedert. In der Industrie, vor allem der Rüstungsindustrie, stieg wegen der wirtschaftlichen Erholung die Arbeitszeit von 41,5 Stunden im Jahre 1932 auf 47,9 Stunden im Jahre 1938. Wenige Monate nach der Verabschiedung der AZO wurden die Schutzbestimmungen und Arbeitszeitbegrenzungen durch die „Verordnung zur Abänderung und Ergänzung der Vorschriften auf dem Gebiet des Arbeitsrechts" vom 1. September 1939[74] vorläufig aufgehoben. Damit waren wieder Arbeitszeiten von bis zu zehn Stunden, in Ausnahmefällen auch länger, zugelassen. Im weiteren Verlauf des Krieges sank die Arbeitszeit jedoch wieder von 50,1 Stunden im Jahre 1941 auf 48,3 Stunden im Jahre 1944.

II. Die Zeit nach dem Ende des Zweiten Weltkrieges

Nach dem Ende des Zweiten Weltkrieges ging die Arbeitszeit auf 39,5 Stunden im Jahre 1946 zurück, stieg zwar Ende der vierziger Jahre wieder, blieb aber bis 1950 unterhalb der durch die AZO von 1938 gezogenen Grenze. In den Jahren vom Ende des Zweiten Weltkrieges bis in die siebziger Jahre hinein wurde die gesetzlich kodifizierte Arbeitszeit durch tarifliche Vereinbarungen immer weiter verkürzt, bis eine wöchentliche Arbeitszeit von 40 Stunden sich allgemein durchgesetzt hatte[75]. Gleichzeitig erfolgten schrittweise eine Verlängerung des Jahresurlaubs auf durchschnittlich 29 Arbeitstage[76] und eine Verkürzung der Lebensarbeitszeit durch die Einführung der flexiblen Altersgrenze ab dem 63. Lebensjahr. Bereits im Jahre 1967 wurde mit der erstmaligen Einführung der

---

[73] RGBl. I S. 447.

[74] RGBl. I S. 1683.

[75] *Schneider, M.*, Streit um Arbeitszeit, 1984, S. 156; bekannt hierzu aus "Metall" vom 25.4.1956 ist der Slogan: "40 Stunden – Samstags frei und Vati gehört mir!".

[76] *Glaubrecht/Wagner/Zander*, Arbeitszeit im Wandel – Neue Formen der Arbeitszeitgestaltung, 1988, S. 19.

gleitenden Arbeitszeit in der Messerschmidt-Bölkow-Blohm GmbH das Interesse für eine flexiblere Gestaltung der Arbeitszeit geweckt[77].

III. Die Zeit ab dem Leber-Rüthers-Kompromiß

Ziel der Gewerkschaftspolitik der achtziger Jahre war eine weitere Verkürzung der wöchentlichen Arbeitszeit auf 35 Stunden.

1. Leber-Rüthers-Kompromiß und Arbeitszeitdifferenzierung

Mit dem Abschluß des richtungsweisenden Tarifvertrages für die Metallindustrie im Jahr 1984 („Leber-Rüthers-Kompromiß") wurde - um einen beschäftigungspolitischen Beitrag zu leisen - die wöchentliche Arbeitszeit auf durchschnittlich 38,5 Stunden verkürzt. Neben dieser Begrenzung der Höchstgrenze der regelmäßigen Arbeitszeit wurde im Tarifvertrag ein bestimmtes Arbeitszeitvolumen für Vollzeitbeschäftigte festgelegt, das von Arbeitgeber und Betriebsrat durch Betriebsvereinbarung auf die Arbeitnehmer zu verteilen war. Dabei war es möglich, für die Arbeitnehmer innerhalb einer bestimmten Spanne eine verschieden lange regelmäßige Arbeitszeit festzulegen (Arbeitszeitdifferenzierung). Außerdem konnte die Arbeitszeit in der Woche so verteilt werden, daß die Betriebszeit nicht eingeschränkt wurde, sondern im Gegenteil zur Verbesserung der Kapitalnutzung erhöht werden konnte (Arbeitszeitflexibilisierung)[78].

2. Tarifkompromiß von 1990

Der Tarifkompromiß in der Metall- und Elektroindustrie von 1990 hat zu einer weiteren Arbeitszeitverkürzung geführt. Er hatte zum Ergebnis, daß die Wochenarbeitszeit zunächst auf 37 Stunden und ab dem 01. April 1993 auf 36 Stunden verkürzt wurde. Seit Oktober 1995 beträgt die Regelarbeitszeit in der Metallindustrie grundsätzlich 35 Stunden.
Das bisher bei der Arbeitszeitverkürzung vorgesehene Modell der Differenzierung und Flexibilisierung der Arbeitszeit wurde aufgegeben. Außerdem wurde die Verlagerung der Arbeitszeitregelung auf die Ebene der Betriebsvereinbarung zurückgenommen.
Jedoch bieten die Manteltarifverträge in der Metall- und Elektroindustrie den Unternehmen seit 1990 durch eine Öffnungsklausel ein völlig neuartiges In-

---

[77] *Glaubrecht/Wagner/Zander*, Arbeitszeit im Wandel – Neue Formen der Arbeitszeitgestaltung, 1988, S. 189; *Rauschenberg*, Flexibilisierung und Neugestaltung der Arbeitszeit, 1993, S. 29; *Hillert*, Rechtsfragen der gleitenden Arbeitszeit, BB 1970, 216.

[78] *Richardi*, Arbeitszeitverlängerung nach der Tarifvertragsregelung in der Metallindustrie, DB 1990, 1613.

strument für eine flexible Arbeitszeitgestaltung. Abweichend von der tariflichen Arbeitszeit kann für eine bestimmte Anzahl von Arbeitnehmern die individuelle regelmäßige wöchentliche Arbeitszeit durch den Abschluß entsprechender Einzelarbeitsverträge zwischen Arbeitgeber und Arbeitnehmer auf bis zu 40 Stunden ausgeweitet werden. Es kommt nicht mehr auf die Einhaltung eines bestimmten Stundendurchschnitts innerhalb des Betriebes an (so aber noch bei der differenzierten Wochenarbeitszeit), sondern darauf, daß nur für einen bestimmten Prozentsatz der Arbeitnehmer eine wöchentliche Arbeitszeit von bis zu 40 Stunden vereinbart werden kann (z.B. in Bayern 13 % der Arbeitnehmer des Betriebs, wobei die AT-Angestellten nicht inbegriffen sind)[79]. Dadurch wird auch eine faktische Rückkehr zur 40-Stunden-Woche vermieden. Da es sich bei einer solchen Vereinbarung über eine Verlängerung der Arbeitszeit um einen individuellen Vertrag über die Dauer der Arbeitszeit handelt, hat der Betriebsrat nach den gesetzlichen und tariflichen Regelungen keine Mitbestimmungsrechte bei der Auswahl der Arbeitnehmer oder hinsichtlich des Abschlusses und des Inhalts solcher Verträge. Das Mitbestimmungsrecht bezüglich der Lage und Verteilung der Arbeitszeit nach § 87 Abs. 1 Nr. 2 BetrVG wird hiervon nicht berührt. Außerdem ist der Betriebsrat viertel- oder halbjährlich je nach einschlägigem Tarifvertrag über bereits geschlossene Verträge zu informieren[80].
Durch die tariflichen Arbeitszeitverkürzungen sank die effektive jährliche Arbeitszeit je Beschäftigten in Westdeutschland seit Mitte der 80er Jahre bis 1997 um durchschnittlich 160 Stunden bzw. um 9,6 %[81].

---

[79] 13 %-Quote (keine Berücksichtigung der AT-Angestellten bei der Arbeitnehmerzahl des Betriebes): Hamburg, Schleswig-Holstein, Bremen, Nordwestliches Niedersachsen, Hessen, Rheinland-Rheinhessen, Pfalz, Saarland, Bayern, Berlin; 18 %-Quote (hier werden die AT-Angestellten zu den Arbeitnehmern des Betriebes gezählt): Nordrhein-Westfalen, Osnabrück, Niedersachsen, Nordwürttemberg-Nordbaden, Südwürttemberg-Hohenzollern, Südbaden; s. hierzu *Richardi*, Arbeitszeitverlängerung nach der Tarifvertragsregelung in der Metallindustrie, DB 1990, 1613; MünchArbR/*Anzinger*, § 218 Rn. 47; *Promberger*, Was wird aus der Arbeitszeit?, 1993, S. 20 ff.; zum Begriff der Arbeitszeitdifferenzierung: *Richardi*, Kollektivvertragliche Arbeitszeitregelung – Fremdbestimmung durch Kollektivnorm oder Regelung der Arbeitsbedingungen für ein rechtsgeschäftliches Dienstleistungsversprechen? -, ZfA 1990, 211 (213); *ders.*, Arbeitszeitflexibilisierung – kollektive Arbeitszeitregelung und individuelle Arbeitszeitsouveränität, in: FS für Franz Merz, 1992, S. 481 (488 f.); *Schlüter*, Die Grenzen der Tarifmacht bei der Regelung der Wochenarbeitszeit, in: FS für Walter Stree und Johannes Wessels, 1993, S. 1061; s. auch MünchArbR/*Blomeyer*, § 48 Rn. 124.

[80] *Hegner*, Erfolgsfaktor Zeit, 1995, S. 23; s. auch § 2 Nr. 1 Abs. 3 Unterabs. 7 MTV der gewerbl. Arbeitnehmer der bayerischen Metallindustrie vom 15.5.1990.

[81] *Seifert*, Arbeitszeitpolitik in Deutschland: auf der Suche nach neuen Wegen, WSI-Mitteilungen 1998, 579 (580).

B. Unterscheidung zwischen flexibler und starrer Arbeitszeit

I. Flexible Arbeitszeit

Arbeitszeit kann starr oder flexibel vereinbart sein. „Flexible" Arbeitszeit liegt vor, wenn bei der vereinbarten Arbeitszeit entweder der chronologische (Lage) oder der chronometrische Faktor (Dauer) oder beide permanent veränderbar sind[82]. Hierbei muß die Veränderung einseitig durch Arbeitgeber oder Arbeitnehmer oder durch beide Seiten möglich sein[83]. Flexible Arbeitszeit bedeutet folglich die Abkehr von auf bestimmte Dauer und Lage fixierten Standard-Arbeitszeitregelungen (zum Beispiel dem starren Schichtsystem), die unabhängig von Kapazitätsauslastung und Nachfrageschwankungen für den Arbeitgeber und unabhängig von individueller Arbeitsaufgabe und persönlicher Lebenssituation für jeden Arbeitnehmer gleich Geltung beanspruchen[84]. Dem Arbeitgeber und/oder dem Arbeitnehmer werden Dispositionsspielräume hinsichtlich Dauer und Verteilung der Arbeitszeit in bestimmten Bandbreiten eingeräumt[85]. Erstes Strukturmerkmal der flexiblen Arbeitszeitgestaltung ist daher die Abkoppelung der persönlichen Arbeitszeit des Einzelnen von der allgemeinen Betriebszeit[86]. Zweites Merkmal ist die asynchrone Anwesenheit. Die Arbeitszeiten innerhalb der Gesamtbelegschaft differieren und sind im Betriebszeitrahmen variabel. Ein drittes Merkmal ist das der Beweglichkeit. Es besteht die Möglichkeit des Reagierens auf sich ändernde betriebliche Entwicklungen durch optimale Personaleinsatzplanung unter Berücksichtigung der Zeitpräferenzen der Mitarbeiter[87].

II. Starre Arbeitszeit

Starre Arbeitszeit liegt vor, wenn die Arbeitszeit eines Arbeitnehmers bezüglich Lage und Dauer von vornherein unveränderbar bestimmt ist[88]. Bei starrer Teilzeit bleibt die Arbeitszeit mengenmäßig hinter der betriebsüblichen Arbeitszeit zurück, ist aber ebenfalls auf bestimmte Tage und Zeiten fixiert. So kann ein

---

82 *Kilz/Reh*, Der Weg in die Teilzeitgesellschaft, 1997, S. 27.

83 *Linnenkohl/Rauschenberg*, Arbeitszeitflexibilisierung, 1996, S. 18; *Kilz/Reh*, Der Weg in die Teilzeitgesellschaft, 1997, S. 25.

84 *Bellgardt*, Flexible Arbeitszeitsysteme 1987, S. 15.

85 *v. Hoyningen-Huene*, Die Einführung und Anwendung flexibler Arbeitszeiten im Betrieb, NZA 1985, 9 f.

86 S. hierzu *Bellgardt*, Flexible Arbeitszeitsysteme, 1987, S. 16 f.

87 *Bellgardt*, Flexible Arbeitszeitsysteme 1987, S. 17.

88 *Kilz/Reh*, Der Weg in die Teilzeitgesellschaft, 1997, S. 27.

Halbtagsbeschäftigter zum Beispiel immer vormittags oder immer am Nachmittag zu festen Zeiten beschäftigt werden. Es ist aber auch möglich, daß an einzelnen Tagen oder in bestimmten Wochen oder Monaten voll gearbeitet wird, an anderen dagegen die Arbeit ganz ausfällt (Blockteilzeitarbeit).
Bei der starren Arbeitszeit stellt sich das Berufsleben des durchschnittlichen Arbeitnehmers dementsprechend als eine Aneinanderreihung fester Regelungen dar: Die Arbeit beginnt zu einer bestimmten Zeit. In der Zeit zwischen Montag und Freitag wird eine festgelegte Stundenzahl gearbeitet. Samstag und Sonntag bilden meist das arbeitsfreie Wochenende. Die Merkmale dieses starren Systems sind Uniformität, Gleichzeitigkeit, Zwang zur Pünktlichkeit und Fremdsteuerung[89].

C. Der Begriff „Arbeitszeitflexibilisierung"

Der Begriff „Flexibilisierung der Arbeitszeit" wird – je nachdem, ob man eine semantische, wirtschaftliche oder juristische Einschätzung vornimmt – verschieden gedeutet.

I. „Flexibilisierung der Arbeitszeit" als wirtschaftliches „Schlagwort"

Nach Brockhaus[90] ist „Flexibilisierung der Arbeitszeit" ein wirtschaftliches „Schlagwort, welches vor allem in den Auseinandersetzungen um die Verkürzung der Arbeitszeit und deren jeweilige betriebliche Ausgestaltung entstanden ist". Es „bezeichnet alle Maßnahmen, mit denen eine größere Flexibilität sowohl von Arbeits- wie auch Betriebszeiten erzielt werden soll. Damit soll ein System (Betrieb) befähigt werden, auf gesamtwirtschaftliche Veränderungen (z.B. Absatzschwankungen, Fluktuation) im Sinne der angestrebten Unternehmensziele schnell, wirksam und kostengünstig reagieren zu können". Hierbei handelt es sich - aus juristischer und wirtschaftlicher Sicht - lediglich um den Versuch einer Begriffsdefinition. Die Definition bleibt zu allgemein, als daß sie zu einer einheitlichen Verwendung im Sprachgebrauch beitragen könnte.
Gablers Wirtschafts-Lexikon[91] definiert Arbeitszeitflexibilisierung als jede zeitlich befristete Veränderung der üblichen Lage und Dauer der Arbeitszeit mit dem Ziel, die Arbeitszeiten an Schwankungen der Kapazitätsauslastung anzu-

---

89 *Bellgardt*, Flexible Arbeitszeitsysteme, 1987, S. 13; *Hardt*, Probleme der Flexibilisierung der Arbeitszeit aus arbeitsrechtlicher Sicht, 1986, S. 7.
90 *Brockhaus*, Enzyklopädie, Bd. 7, Stichwort "Flexibilisierung der Arbeitszeit".
91 *Gabler*, Wirtschaftslexikon, Bd. 1 A-E, Stichwort Arbeitszeitflexibilisierung, 14. Auflage, Wiesbaden 1997.

passen, bei gleichzeitiger, weitgehender Berücksichtigung der individuellen Bedürfnisse der Mitarbeiter.
Diese Definition übersieht, daß ein flexibles Arbeitszeitmodell nicht immer gleichzeitig flexibel hinsichtlich Dauer und Lage sein muß. Die einfache Gleitzeit ist zum Beispiel nur hinsichtlich der Lage der Arbeitszeit flexibel. Außerdem muß eine Arbeitszeitflexibilisierung nicht zeitlich befristet sein.

II. „Flexibilisierung" im allgemeinen Sprachgebrauch

Unter Flexibilisierung der Arbeitszeit werden auch ganz allgemein alle Formen von Arbeitszeit verstanden, die von schematisch gleichen (auch gleichmäßig auf die Wochentage verteilten), starren oder auch als regelmäßig bezeichneten Arbeitszeiten abweichen[92]. Das Spektrum solcher Abweichungen umfaßt hierbei im wesentlichen Arbeitszeiten, deren Umfang (Länge) zwar gleich ist, deren Lage jedoch variieren kann, insbesondere Wechselschichten, gestaffelte Arbeitszeiten sowie Gleitzeitregelungen und kapazitätsorientierte Arbeitszeitregelungen.
Im Rahmen der Arbeitszeitdiskussion in der Praxis wird der Begriff der Arbeitszeitflexibilisierung dementsprechend vielfach nicht in einem technischen, sondern in einem umfassenderen Sinne verstanden. Insoweit werden hierunter alle neuen Formen der Arbeitszeit subsumiert, die von der traditionellen starren Arbeitszeit abweichen, wie beispielsweise die Teilzeit. Diese muß aber, obwohl sie eine Alternative zur starren Vollzeit darstellt, nicht unbedingt flexibel ausgestaltet sein[93]. Daher geht der allgemeine Sprachgebrauch von einer unpräzisen Begriffsinterpretation aus.

III. Semantische Herleitung des Begriffs „Flexibilisierung"

Der Begriff „Flexibilisierung" läßt sich auch semantisch herleiten. Er ist ein aus einem Verb gebildetes Substantiv[94]. Verbalsubstantive können lexikalisch-semantisch in zwei Varianten gedeutet werden: Sie bezeichnen den Vorgang bzw. das Geschehen selbst, aber auch das Resultat - das Ergebnis aus der Zu-

---

[92] *Roemheld*, Flexible Arbeitszeiten, Das Beispiel Opel, WiSt 1995, 641.
[93] *Linnenkohl/Rauschenberg*, Arbeitszeitflexibilisierung, 1996, S. 20; eine nach Sprachgebrauch, semantischer Bedeutung und juristisch-ökonomischer Interpretation unterscheidende Untersuchung des Begriffs "Arbeitszeitflexibilisierung" nimmt Linnenkohl vor: *Linnenkohl*, Begriff und Bedeutung der "Arbeitszeitflexibilisierung", BB 1985, 1920.
[94] *Rauschenberg*, Flexibilisierung und Neugestaltung der Arbeitszeit, 1993, S. 25; *Linnenkohl*, Begriff und Bedeutung der "Arbeitszeitflexibilisierung", BB 1985, 1920 (1921).

standsänderung - desselben. Daher ist eine klare Abgrenzung auch hiernach nicht möglich.

IV. Juristische Interpretation

Flexible Arbeitszeit ist innerhalb eines gesteckten Rahmens jederzeit abwandelbar (z.B. Gleitzeit). Flexibilisierte Arbeitszeit (unterschiedliche betriebliche Wochenarbeitszeiten ohne weitere Abänderbarkeit) ist bereits abgewandelt, daher aber nicht unbedingt weiter wandelbar[95]. Flexible Arbeitszeit im juristischen Sinne bedeutet, daß den Arbeitnehmern und den Arbeitgebern ein erhebliches Maß an Zeitsouveränität verliehen wird.
In der Vergangenheit wurde zwar bereits „Arbeitszeitflexibilisierung" praktiziert, indem Arbeitszeiten flexibilisiert wurden. Die bereits flexibilisierte Arbeitszeit konnte von den Arbeitnehmern jedoch meist nicht weiter abgewandelt werden. Flexible Arbeitszeit, die von den Arbeitnehmern noch abgewandelt werden kann (z.B. Gleitzeit, Vertrauensgleitzeit), setzt sich seit einigen Jahren immer mehr durch.
Ein juristisches Verständnis des Begriffs „Arbeitszeitflexibilisierung" stützt sich nach alledem vorwiegend auf die semantische Unterscheidung zwischen den Begriffen „flexible Arbeitszeit" und „Arbeitszeitflexibilisierung". Dies ist auch sachgerecht, weil auf diesem Weg eine einheitliches Begriffsverständnis am ehesten zu erwarten ist. Flexible Arbeitszeit ist daher jederzeit abwandelbare Arbeitszeit; Arbeitszeitflexibilisierung ist der Vorgang der Abwandlung von Arbeitszeiten; flexibilisierte Arbeitszeit ist bereits abgewandelte Arbeitszeit.

D. Arbeitszeitflexibilisierung in der Praxis und zu berücksichtigende Normen

Arbeitszeitverkürzung in Verbindung mit Arbeitszeitflexibilisierung stellte in den achtziger Jahren eine „Etappe in der Sozialgeschichte" dar[96].

I. Praktizierte Formen

Die ursprünglichen Modelle der Arbeitszeitflexibilisierung ließen glauben, nur die Lage und die Dauer der täglichen, wöchentlichen und monatlichen Arbeitszeit könne flexibel gestaltet werden. Betriebliche Notwendigkeiten und die

---

[95] *Linnenkohl*, Begriff und Bedeutung der "Arbeitszeitflexibilisierung", BB 1985, 1920 (1923).
[96] *Linnenkohl*, Begriff und Bedeutung der "Arbeitszeitflexibilisierung", BB 1985, 1920 in Anlehnung an Leber in einem Interview mit der "Zeit" vom 05.04.1985.

Wünsche der Werktätigen führten mit der Zeit dazu, daß man auch die Jahres- und Lebensarbeitszeit in den Flexibilisierungsspielraum einbezog. Eine relativ neue Entwicklung hierzu ist die Einführung der Altersteilzeit durch das Altersteilzeitgesetz (AtG) vom 23.7.1996[97].

Die praktizierten Modelle sind inzwischen sowohl bezüglich der zeitlichen Dimension als auch bezüglich des Ausmaßes und der Intensität der Flexibilisierung äußerst vielgestaltig geworden[98].

Arbeitszeitflexibilisierung kann zusammenfassend in drei Grundformen und den durch ihre Verknüpfung möglichen Mischformen praktiziert werden: Es besteht zum einen die Möglichkeit der flexiblen Bestimmung der Arbeitszeitlage durch den Arbeitgeber (Abrufarbeit), zum anderen kann die Arbeitszeitlage durch die Arbeitsvertragspartner zusammen festgelegt werden (Konsensprinzip beim Jahresarbeitszeitvertrag). Schließlich gibt es noch die Variante der flexiblen Bestimmung der Arbeitszeitlage durch die Arbeitnehmerseite (Zeitsouveränität bei Arbeitsplatzteilung und Gleitzeitarbeit ohne Kernzeit)[99].

Allen Formen ist gemeinsam, daß die Festlegung der Arbeitszeit im Einzelfall den billigen Ausgleich im Spannungsfeld zwischen betrieblichem Arbeitszeitbedarf und den außerberuflichen zeitlichen Bindungen bzw. Dispositionen des Arbeitnehmers anstreben muß. Für die einseitige Bestimmung der Arbeitszeitlage folgt dies aus § 315 Abs. 1 BGB[100].

II. Zu berücksichtigende Normen

Voraussetzung sämtlicher Modelle flexibler Arbeitszeitgestaltung ist die Beachtung der gesetzlichen Arbeitsschutzbestimmungen, insbesondere des Arbeitszeitgesetzes, das die Gesundheit und die Sonn- und Feiertagsruhe schützen, aber auch die Grundlage für die Verbesserung der Rahmenbedingungen flexibler Arbeitszeiten schaffen soll (§1 ArbZG[101]).

Des weiteren ist das Teilzeit- und Befristungsgesetz zu berücksichtigen, das die Arbeitszeitformen der Teilzeitarbeit (§ 2 TzBfG), die Anpassung der Arbeit an

---

97 BGBl. I S. 1078, zuletzt geändert durch Gesetz vom 27.6.2000 (BGBl. I S. 910).

98 *Hardt*, Probleme der Flexibilisierung der Arbeitszeit aus arbeitsrechtlicher Sicht, 1986, S. 7.

99 *Schüren*, Grundformen flexibler Arbeitszeitgestaltung und ihre Steuerungssysteme, in: FS für Wolfgang Gitter, S. 901 (910); MünchArbR/*Schüren*, § 161 Rn. 7 ff. und § 165 Rn. 15.

100 S. auch MünchArbR/*Schüren*, § 161 Rn. 10 a.E.

101 ArbZG vom 6.6.1994 (BGBl. I S. 1170), zuletzt geändert durch Art. 14 a des Gesetzes vom 9.6.1998 (BGBl. I S. 1242).

den Arbeitsanfall (§ 12 TzBfG) – die sogenannte kapazitätsorientierte variable Arbeitszeit (KAPOVAZ) –und die Arbeitsplatzteilung (§ 13 TzBfG) vorsieht[102]. Schließlich enthält das bereits genannte Altersteilzeitgesetz vom 23.7.1996[103] noch detaillierte Regelungen bezüglich eines gleitenden Übergangs in den Ruhestand.

[102] Vor dem 1.1.2001: Arbeitsrechtliches Beschäftigungsförderungsgesetz, BGBl. I S. 710, zuletzt geändert durch Gesetz vom 25.9.1996, BGBl. I S. 1476, aufgehoben durch das Gesetz über Teilzeitarbeit und befristete Arbeitsverträge; zum BeschFG s. auch: Regierungsentwurf mit Amtlicher Begründung abgedruckt in *Rosenfelder*, Das neue Beschäftigungsförderungsgesetz, 1985, IV, S. 149 ff; Zahlenmaterial zu den Auswirkungen des BeschFG bei: *Buschmann*, Empirische Erhebungen zum BeschFG, AuR 1986, 210; *Buschmann/Schwegler*, Fördert das Beschäftigungsförderungsgesetz die Beschäftigung?, BB 1986, 1355 ff.

[103] BGBl. I S. 1078, zuletzt geändert durch Gesetz vom 27.6.2000 (BGBl. I S. 910).

4. Kapitel: Beteiligungsrechte des Betriebsrates im Zusammenhang mit der Einführung und Durchführung von flexiblen Arbeitszeitmodellen

Bei der Einführung und Durchführung flexibler Arbeitszeiten ergeben sich, wie bereits erwähnt, zahlreiche Berührungspunkte mit dem Betriebsverfassungsgesetz[104]. Die Regelung der Arbeitszeitlage ist grundsätzlich Sache des Arbeitgebers. Er trägt auch das Risiko, die ihm geleistete Arbeit wirtschaftlich sinnvoll zu verwerten[105]. Eine langfristige Regelung der Arbeitszeit in flexiblen Systemen kann sich faktisch nur darauf beschränken, daß der Arbeitszeitgestaltung selbst ein Rahmen vorgegeben wird, der bedarfsbezogen und je nach dem praktizierten Arbeitszeitmodell auch unter Beteiligung der Mitarbeiter ausgefüllt wird. Für eine Mitbestimmung des Betriebsrates im konventionellen Sinne ist demgemäß nur die Rahmenregelung geeignet[106]. Durch die Beschränkung der Beteiligung des Betriebsrates auf die Rahmenregelung kommt es zugleich zu einer Beschränkung der Einflußmöglichkeiten des Betriebsrates auf die Arbeitszeitgestaltung[107]. Der Betriebsrat büßt gegenüber starren Arbeitszeitformen in gewissem Umfang an Rechtsetzungsmacht ein. Denn die praktisch relevanten, die Mitarbeiter unmittelbar tangierenden Arbeitszeitentscheidungen werden nur noch teilweise vom Arbeitgeber im Rahmen von langfristigen Regelungen getroffen. Die wesentlichen Arbeitszeitentscheidungen finden in flexiblen Systemen auf Abteilungsebene unter Mitwirkung des Arbeitnehmers statt (so vor allem beim Jahresarbeitsvertrag)[108].

Im folgenden soll zunächst allgemein dargestellt werden, welche Beteiligungsrechte des Betriebsrates bei der Einführung und Durchführung von Gleitzeit, Teilzeitarbeit, Job-Sharing, KAPOVAZ, Jahresarbeitszeit und Altersteilzeit grundsätzlich in Frage kommen. Die betriebsverfassungsrechtliche Problematik

---

[104] S. Ausführungen im 2. Kapitel C. II; eine Rechtsprechungsübersicht zu den Mitbestimmungsrechten des Betriebsrates bei Arbeitszeitfragen befindet sich bei: *Hinrichs*, Die Mitbestimmung des Betriebsrats in Arbeitszeitfragen, AiB 1995, 98 ff.; *Knauber-Bergs*, Mitbestimmung des Betriebsrats bei der Festsetzung der Arbeitszeit, AiB 1988, 151 ff.

[105] MünchArbR/*Schüren*, § 165 Rn. 1.

[106] U.a.: *Schüren*, Grundformen flexibler Arbeitszeitgestaltung und ihre Steuerungssysteme, in: FS für Wolfgang Gitter, S. 901 (908); *ders.*, MünchArbR, § 169 Rn. 2, 21; *Richardi*, Die Mitbestimmung des Betriebsrats bei flexibler Arbeitszeitgestaltung, NZA 1994, 593 (595).

[107] MünchArbR/*Schüren*, § 169 Rn. 3; *Reichold*, Zeitsouveränität im Arbeitsverhältnis: Strukturen und Konsequenzen, NZA 1998, 393 (399); *Heinze*, Flexible Arbeitszeitmodelle, NZA 1997, 681 (684).

[108] MünchArbR/*Schüren*, § 169 Rn. 3.

hinsichtlich der einzelnen Gestaltungsformen wird in einem gesonderten Kapitel behandelt.

A. Der Betriebsrat als Interessenvertretung der Arbeitnehmer

Aufgabe des Betriebsrates im weitesten Sinne ist die Vertretung der Interessen der Arbeitnehmer des Betriebes gegenüber dem Arbeitgeber[109]. Dabei ist der Betriebsrat auch verpflichtet, das Wohl des Betriebes zu beachten und mit dem Arbeitgeber vertrauensvoll zusammenzuarbeiten. Der Betriebsrat wird an den Entscheidungen und Maßnahmen des Arbeitgebers beteiligt, wobei seine Rechte von unterschiedlicher Intensität sind. Sie reichen von reinen Informationsrechten (§ 80 Abs. 2 BetrVG) über Überwachungs- und Anregungsrechte (§§ 80 Abs. 1, 90 Abs. 2 BetrVG), Anhörungsrechte (§ 102 BetrVG) und Beratungsrechte (§§ 90, 92, 96, 111 BetrVG) hin zu den Mitbestimmungsrechten. Die Mitbestimmungsrechte werden noch in erzwingbare und freiwillige Mitbestimmungsrechte (§§ 87, 88, 98 Abs. 1 und 3, 112 Abs. 4 BetrVG) sowie Vetorechte (§§ 94 Abs. 1, 95 Abs. 1 und 99 BetrVG) unterteilt[110].
Von Mitbestimmungsrechten wird gesprochen, wenn hinsichtlich der zu regelnden Angelegenheit zwischen Arbeitgeber und Betriebsrat ein Übereinkommen erzielt werden muß[111]. Dementsprechend liegt die Besonderheit der Mitbestimmung nicht in der Regelungsnotwendigkeit, sondern in der Einigungsnotwendigkeit. Im Unterschied zu den Mitwirkungsrechten kann der Betriebsrat bei den Mitbestimmungsrechten auf den Inhalt der zu vereinbarenden Regelung Einfluß nehmen. Zur Beilegung von Meinungsverschiedenheiten zwischen Arbeitgeber und Betriebsrat, Gesamtbetriebsrat oder Konzernbetriebsrat kommt die Anrufung einer Einigungsstelle in Betracht (§ 76 Abs. 1 BetrVG).
In Fällen, in denen das Gesetz die Regelung einer Angelegenheit zwingend dem Mitbestimmungsrecht des Betriebsrates unterwirft, ist beim Scheitern einer Einigung zwischen Arbeitgeber und Betriebsrat erforderlich, sowohl die Einrichtung einer Einigungsstelle als auch das Verfahren so auszugestalten, daß nicht durch das Handeln einer Seite eine Entscheidung der Einigungsstelle verhindert werden kann. Erzwingbare Mitbestimmung bedeutet demnach, daß der Betriebsrat, wenn es zu keiner Einigung mit dem Arbeitgeber kommt, die Entscheidung einer Einigungsstelle herbeiführen kann. Dies ist aber auch dem Arbeitgeber möglich. Fälle der erzwingbaren Mitbestimmung sind im Betriebsverfassungsgesetz ausdrücklich dadurch gekennzeichnet, daß im Falle des Schei-

[109] MünchArbR/*Matthes*, § 325 Rn. 1.
[110] MünchArbR/*Matthes*, § 327 Rn. 1.
[111] *Richardi*, BetrVG, § 87 Rn. 8; MünchArbR/*Matthes*, § 327 Rn. 18.

terns einer Einigung der Spruch der Einigungsstelle maßgeblich sein soll. In anderen Angelegenheiten, in denen eine Konfliktlösung durch einen Spruch der Einigungsstelle nicht vorgesehen ist, kommt lediglich eine freiwillige Mitbestimmung in Betracht.

B. Unterrichtungs- und Beratungsrechte des Betriebsrates

Es können sich bereits zeitlich vor der jeweiligen Einführung neuer Arbeitszeitsysteme Beteiligungsrechte des Betriebsrates ergeben. Dies läßt sich eindeutig dem Wortlaut des Betriebsverfassungsgesetzes entnehmen. Dort werden die Begriffe „Planung" (§§ 90, 92 BetrVG), „geplante" (§§ 99, 111, 112 BetrVG), „vorgesehene" (§§ 90, 99 BetrVG) oder „beabsichtigte" (§ 105 BetrVG) Maßnahme sowie „Vorhaben" (§ 106 BetrVG) verwendet. Die gewählte Ausdrucksweise zeigt, daß der Betriebsrat durch rechtzeitige Beteiligung die Möglichkeit erhalten soll, auf Vorhaben der Arbeitgeberseite Einfluß zu nehmen.

I. Unterrichtung in wirtschaftlichen Angelegenheiten

Die Frage, ob bei der Einführung oder Durchführung flexibler Arbeitszeitmodelle eine Unterrichtung in wirtschaftlichen Angelegenheiten zu erfolgen hat, wird kontrovers diskutiert. Die Problematik wird in dieser Arbeit in Kapitel 5 anhand ausgewählter Arbeitszeitmodelle untersucht. An dieser Stelle wird daher zunächst nur ein Bezug zwischen der Arbeitszeitflexibilisierung und der Unterrichtung in wirtschaftlichen Angelegenheiten hergestellt.

1. Wirtschaftsausschuß als Hilfsorgan des Betriebsrates

Nach § 106 Abs. 1 S. 1 BetrVG ist in allen Unternehmen mit in der Regel mehr als 100 ständig beschäftigten Arbeitnehmern ein Wirtschaftsausschuß zu bilden. Bezugspunkt ist demnach nicht der Betrieb, sondern das Unternehmen einer bestimmten Größenordnung.
Da zum Beispiel auch Teilzeitkräfte zu den „ständigen" Arbeitnehmern zählen können[112] und bezüglich des Begriffs des „ständigen Arbeitnehmers" nicht auf die Zahl der Arbeitsplätze, sondern auf die Zahl der Arbeitnehmer abgestellt wird, kann es in Unternehmen mit hohem Anteil an Teilzeitbeschäftigten im Unterschied zu Betrieben mit überwiegend Vollzeitbeschäftigten bei gleicher Personalkapazität eher zur Bildung eines Wirtschaftsausschusses (§ 106 Abs. 1 BetrVG) kommen.

[112] *Becker/Lipke*, GK-TzA, Art. 1 § 2 Rn. 408, 410.

Der Wirtschaftsausschuß wird bei der Unterrichtung in wirtschaftlichen Angelegenheiten zwischen den Unternehmer und den Betriebsrat geschaltet. Er berät sich mit dem Unternehmer über die wirtschaftlichen Angelegenheiten des Unternehmens und unterrichtet den Betriebsrat (§ 106 Abs. 1 S. 2) darüber. Obwohl in § 106 BetrVG primär vom Wirtschaftsausschuß die Rede ist, handelt es sich um ein dem Betriebsrat zustehendes Beteiligungsrecht. Wenn bei der Einführung oder Durchführung eines flexiblen Arbeitszeitmodells gleichzeitig eine wirtschaftliche Angelegenheit im Sinne des § 106 Abs. 3 BetrVG vorliegt, so hat der Betriebsrat über sein Hilfsorgan[113] Wirtschaftsausschuß einen Anspruch auf rechtzeitige und umfassende Unterrichtung hierüber (§ 106 Abs. 2 BetrVG)[114]. Der Wirtschaftsausschuß ist daher lediglich ein zwischen Unternehmen und Betriebsrat geschaltetes Informations- und Beratungsgremium; Träger der Beteiligungsrechte ist auch in wirtschaftlichen Angelegenheiten der Betriebsrat selbst.

2. Der Begriff der wirtschaftlichen Angelegenheiten

Was zu den wirtschaftlichen Angelegenheiten gehört, ist in § 106 Abs. 3 BetrVG beispielhaft („insbesondere") aufgeführt. § 106 Abs. 3 Nr. 10 BetrVG enthält eine beschränkte Generalklausel, die den Katalog ergänzt[115]. Ob der Katalog des § 106 Abs. 3 BetrVG durch diese Generalklausel abschließenden Charakter erhält, ist umstritten. Nach *Richardi* ändert die Klausel in Nr. 10 der Vorschrift nichts am beispielhaften Charakter der Nr. 1 bis 9; es seien aber praktisch keine Fälle denkbar, die nicht unter Nr. 10 fallen, wenn sie von Nr. 1 bis 9 nicht erfaßt werden. Daher erübrige sich das „insbesondere" im Gesetzestext, weil § 106 Abs. 3 BetrVG dann alle Fälle erfaßt[116] und somit abschließenden Charakter hat.

---

[113] *BAG* 18.7.1978 AP Nr. 1 zu § 108 BetrVG 1972 EzA § 108 BetrVG 1972 Nr. 3 = DB 1978, 2223 = BB 1978, 1777; *BAG* 18.11.1980 E 34, 260, 265 = AP Nr. 2 zu § 108 BetrVG 1972 = EzA § 108 BetrVG 1972 Nr. 4 = SAE 1981, 243; *BAG* 25.6.1987 E 55, 386 = AP Nr. 6 zu § 106 BetrVG 1972 = EzA § 108 BetrVG 1972 Nr. 7 = NZA 1988, 167; *BAG* 5.2.1991 E 67, 155, 166 = AP Nr. 10 zu § 106 BetrVG 1972 = EzA § 106 BetrVG 1972 Nr. 15 = NZA 1991, 645 ff.; *Richardi*, BetrVG, § 106 Rn. 4; *Hess*, HSG-BetrVG, § 106 Rn. 21; *Wiese*, GK-BetrVG, § 106 Rn. 1, 53; *Däubler*, DKK-BetrVG, § 106 Rn. 2; *Rumpff/Boewer*, Mitbestimmung in wirtschaftlichen Angelegenheiten, 1990, S. 177.

[114] *Richardi*, BetrVG, § 106 Rn. 4, 20; *Rumpff/Boewer*, Mitbestimmung in wirtschaftlichen Angelegenheiten, 1990, S. 178.

[115] MünchArbR/*Joost*, § 319 Rn. 26; *Hess*, HSG-BetrVG, § 106 Rn. 49; *Richardi*, BetrVG, § 106 Rn. 37, 55.

[116] Für eine beispielhafte Aufzählung mit dennoch abschließendem Charakter des Abs. 3 durch die Nr. 10: *Richardi*, BetrVG, § 106 Rn. 37 und *Rumpff/Boewer*, Mitbestimmung in wirtschaftlichen Angelegenheiten, 1990, S. 190; dagegen: *Fitting*, BetrVG, § 106 Rn. 31;

a) Die Einführung neuer Arbeitsmethoden

Die Einführung von flexiblen Arbeitszeitformen könnte unter den Begriff „Arbeitsmethoden" im Sinne von § 106 Abs. 3 Nr. 5 BetrVG fallen. Arbeitsmethoden sind die Verfahren zum Einsatz menschlicher Arbeit[117]. Sie betreffen nicht das „Wann" der Arbeitsleistung, sondern vielmehr das „Wie" des Einsatzes der Arbeitsleistung der Arbeitnehmer. Demnach bleibt die Lage der Arbeitszeit selbst außer Betracht. Das „Wie" der Leistung wäre etwa beim Übergang von Handarbeit auf Maschinenarbeit betroffen. Die Flexibilisierung der Arbeitszeit kann Auswirkungen auf die Arbeitsmethoden haben und sogar die Einführung neuer Arbeitsmethoden bewirken. Es kann zum Beispiel sein, daß in einem Einzelhandelsbetrieb oder im Gaststättengewerbe ein flexibles Arbeitszeitmodell praktiziert wird. Dadurch kann es dazu kommen, daß ein und derselbe Arbeitsplatz zu verschiedenen Zeiten von verschiedenen Personen besetzt ist. Hier wäre der Einsatz von neuer Technologie, zum Beispiel (Scanner-)Kassen, die die jeweils eingesetzte Arbeitskraft mit erfassen können, sinnvoll. Trotz dieser Auswirkungen, die ein flexibles Arbeitszeitmodell auf die Arbeitsmethoden haben kann, stellt die Flexibilisierung der Arbeitszeit selbst keine einzuführende Arbeitsmethode dar. § 106 Abs. 3 Nr. 5 BetrVG ist daher bei der Einführung von flexiblen Arbeitszeitmodellen nicht betroffen.

Richardi[118] vertritt hierzu, daß vor allem bei den Fabrikations- und Arbeitsmethoden häufig ein Beteiligungsrecht des Betriebsrates bestehe. Haben diese Auswirkungen auf die Regelung der Arbeitszeit und die Entlohnung, so sei das Mitbestimmungsrecht nach § 87 BetrVG einschlägig. Soweit die Gestaltung von Arbeitsplatz, Arbeitsablauf und Arbeitsumgebung berührt werde, komme eine Beteiligung des Betriebsrates nach §§ 90, 91 BetrVG in Betracht. Im Ergebnis geht *Richardi* daher auch davon aus, daß die Einführung neuer Arbeitszeitsysteme nicht mit der Einführung neuer Arbeitsmethoden gleichzustellen ist, da sie vorrangig Auswirkungen auf die Lage der Arbeitszeit und nicht auf die Arbeitsmethoden haben. Bezüglich der Lage der Arbeitszeit hat aber eine Mitbestimmung nach § 87 Abs. 1 Nr. 2 BetrVG zu erfolgen.

b) Rationalisierungsvorhaben

Rationalisierungsvorhaben nach § 106 Abs. 3 Nr. 4 BetrVG beziehen sich auf die Gestaltung der Arbeitsvorgänge, um die Wirtschaftlichkeit des Unterneh-

---

Stege/Weinspach, BetrVG, §§ 106-109 Rn. 48 und *Fabricius*, GK-BetrVG, § 106 Rn. 88 f., die davon ausgehen, daß der Katalog nicht erschöpfend ist.

[117] MünchArbR/*Joost*, § 319 Rn. 33; *Richardi*, BetrVG, § 106 Rn. 46-48.

[118] *Richardi*, BetrVG, § 106 Rn. 48.

mens zu steigern, Fertigungs- und Verteilungsprozesse zu vereinfachen, zweckentsprechend zu mechanisieren und menschliche Arbeitskräfte einzusparen[119]. Die Einführung flexibler Arbeitszeiten hat direkt keine Auswirkung auf die Gestaltung der Arbeitsvorgänge. Denn dazu gehört vor allem die Einführung neuer Fabrikations- und Arbeitsmethoden, die auch von § 106 Abs. 3 Nr. 5 BetrVG erfaßt werden. Diesbezüglich wurde bereits dargestellt, daß die Einführung von flexiblen Arbeitszeitmodellen nicht mit der Einführung von neuen Arbeitsmethoden gleichzustellen ist[120]. Eine Änderung von Arbeitsvorgängen betrifft daher die Lage der Arbeitszeit nicht direkt; sie führt bei Rationalisierungsvorhaben vielmehr dazu, daß menschliche Arbeitskraft und dadurch zu vergütende Arbeitszeit eingespart werden kann. Dabei handelt es sich aber weniger um ein Problem der Lage der Arbeitszeit als vielmehr um ein Problem der Dauer der Arbeitszeit.

c) Änderung der Betriebsorganisation oder des Betriebszwecks

Flexible Arbeitszeiten könnten eine Änderung der Betriebsorganisation nach § 106 Abs. 3 Nr. 9 BetrVG bewirken. Eine Änderung der Betriebsorganisation liegt dann vor, wenn sich die Gliederung des Betriebes, die Zuständigkeitsbereiche und die Unterstellungsverhältnisse ändern, der Leitungsapparat des Betriebes eine andere Struktur erhält[121]. Es ist die innerbetriebliche Struktur gemeint, wie etwa die Hierarchie, Aufgabenverteilung, Bildung von Abteilungen etc.

Die Einführung von flexiblen Arbeitszeiten stellt selbst unmittelbar keine Änderung der Betriebsorganisation dar, da sie weniger die innerbetriebliche Struktur betrifft, als vielmehr den zeitlichen Arbeitsrahmen. Außerdem wird durch die Einführung eines flexiblen Arbeitszeitmodells nicht die Weisungsstruktur im Unternehmen verändert. Es kann lediglich zu einer Veränderung des Inhalts von Weisungsrechten kommen. Dies ist zum Beispiel bei der Abrufarbeit hinsicht-

---

[119] *Richardi*, BetrVG, § 106 Rn. 45; *Fabricius*, GK-BetrVG, § 106 Rn. 107; *Däubler*, DKK-BetrVG, § 106 Rn. 68; *Hess*, HSG-BetrVG, § 106 Rn. 40; *Schaub*, Arbeitsrechtshandbuch, 2000, § 243 Rn. 19; MünchArbR/*Joost*, § 319 Rn. 32.

[120] S. Ausführungen zu § 106 Abs. 3 Nr. 5 BetrVG in diesem Kapitel unter B. I. 2. a; im Ergebnis für die KAPOVAZ so vertreten auch von *Mikosch*, GK-TzA, Art. 1 § 4 Rn. 146; a.A. ist *Klevemann*, Die Mitbestimmungsrechte des Betriebsrates bei der "Flexibilisierung" der Arbeitszeit, AiB 1984, 90 ff. 107 ff. (111); *ders.*, Mitbestimmungsrechte des Betriebsrates bei KAPOVAZ-Arbeitszeitsystemen, AiB 1986, 156: *Klevemann* geht für die KAPOVAZ ohne weitere Begründung davon aus, daß durch deren Einführung § 106 Abs. 3 Nr. 4, 5, 9, und 10 BetrVG betroffen sind; hierzu Ausführungen im 5. Kapitel D. IV. 3. a.

[121] MünchArbR/*Joost*, § 319 Rn. 36; MünchArbR/*Matthes*, § 360 Rn. 64; *Hess*, HSG-BetrVG, § 106 Rn. 47.

lich der Befugnis zum Abruf der Fall. Auch der Betriebszweck wird durch eine Flexibilisierung von Arbeitszeiten nicht betroffen.

d) Sonstige Vorgänge und Vorhaben, welche die Interessen der Arbeitnehmer des Unternehmens wesentlich berühren können

Es bleibt die beschränkte Generalklausel nach § 106 Abs. 3 Nr. 10 BetrVG als mögliche Rechtsgrundlage betrieblicher Mitwirkung. Zu den wirtschaftlichen Angelegenheiten nach dieser Vorschrift gehören Vorgänge und Vorhaben, welche die Interessen der Arbeitnehmer des Unternehmens wesentlich berühren können.

Es ist, wie bereits erwähnt, umstritten, ob § 106 Abs. 3 BetrVG eine beispielhafte Aufzählung enthält oder abschließend ist. Die Vorschrift hat zwar beispielhaften Charakter; es wird aber keine Fälle geben, die nicht unter die sehr allgemein gehaltene Vorschrift des § 106 Abs. 3 Nr. 10 BetrVG zu subsumieren wären[122].

Die vorgesehene Einführung einer flexiblen Arbeitszeitform ist ein Vorhaben, das die Interessen der Arbeitnehmer des Unternehmens wesentlich berührt bzw. berühren kann. Denn die Arbeitnehmer haben - wie bereits im 1. Kapitel dargestellt - ein persönliches Interesse an der Gestaltung ihrer Arbeitszeit, an den Auswirkungen auf Entgelt, Arbeitsplatz- und –ablaufgestaltung usw. All diese Interessen können durch die Einführung eines flexiblen Arbeitszeitmodells berührt werden. Flexibilisierungsmaßnahmen können, wenn auch die Gestaltung des bestehenden Arbeitsverhältnisses im Vordergrund steht, zudem Auswirkungen auf den Bestand von Arbeitsplätzen haben. So kann die Einführung von Abrufarbeit zur Folge haben, daß ein ausscheidender Vollzeitarbeitnehmer nur noch durch eine in Abrufarbeit beschäftigten Teilzeitkraft ersetzt wird, weil bei Abrufarbeit weniger oder keine Leerlaufzeiten zu erwarten sind. Gibt es weniger Leerlaufzeiten, so können im jeweiligen Betrieb - obwohl das Arbeitspensum gleich bleibt - insgesamt betrachtet Arbeitsplätze eingespart werden. Wegen dieser wesentlichen Berührung der Interessen der Arbeitnehmer ist vom Wortlaut des § 106 Abs. 3 Nr. 10 BetrVG her eine wirtschaftliche Angelegenheit gegeben. Es ist kaum eine Auswirkung auf die Interessen der Arbeitnehmer denkbar, die schwerer wiegt als eine Maßnahme, die die zu leistende Arbeitszeit oder gar den Bestand eines Arbeitsverhältnisses betreffen kann. Zudem sind es gerade wirtschaftliche Überlegungen, die den Unternehmer zur Einführung flexibler Arbeitszeit veranlassen. Er wird unter anderem motiviert durch eine mögliche Senkung von Personalkosten, durch eine bessere Kapazitätsauslastung

[122] Zum Streit s. Ausführungen in diesem Kapitel unter B. I. 2. a.

und –anpassung und durch die Wettbewerbssituation[123]. Selbst wenn arbeitsmarktpolitische oder soziale Motive für das Vorhaben ebenso vorhanden sind, ist es letztlich die Frage der Rentabilität, die für den gewinnorientierten Unternehmer ausschlaggebend ist.
Da flexible Arbeitszeiten meist eine erhöhte Zahl von Teilzeitbeschäftigten mit sich bringen, beschäftigt der Arbeitgeber bei gleichem Arbeitsvolumen insgesamt meist mehr Arbeitnehmer als bei überwiegender und weniger flexibler Vollzeitbeschäftigung. Hierdurch wird auch die Grenze des § 106 Abs. 1 BetrVG zur Bildung eines Wirtschaftsausschusses bei mehr als hundert Mitarbeitern eher erreicht.
Schließlich rückt möglicherweise die Grenze der Sozialplanpflicht nach §§ 112 f. BetrVG näher oder der Bereich der Unternehmensmitbestimmung[124]. Eine höhere Beschäftigtenzahl berührt die Interessen der Arbeitnehmer dann insoweit wesentlich, als daß es für sie etwa von großem Belang sein kann, ob eine Sozialplanpflicht besteht oder nicht. Eine Pflicht des Arbeitgebers, einen Sozialplan aufzustellen, dient der Durchsetzung der Interessen der Arbeitnehmer. Die Einführung flexibler Arbeitszeitformen ist daher unter die Generalklausel zu subsumieren und es liegt eine wirtschaftliche Angelegenheit vor.
Nach alledem besteht ein Unterrichtungsrecht nach § 106 Abs. 3 Nr. 10 BetrVG, da die Einführung bzw. Durchführung flexibler Arbeitszeitmodelle die Interessen von Arbeitnehmern im Unternehmen wesentlich berühren können.

3. Zeitpunkt der Unterrichtung

Die Unterrichtung über wirtschaftliche Angelegenheiten muß zu einem Zeitpunkt erfolgen, zu dem das Vorhaben noch für alle betriebsverfassungsrechtlich vorgesehenen Einflußmöglichkeiten offensteht[125]. Das heißt, daß dem Betriebsrat ausreichend Zeit zur Verfügung stehen muß, damit er sich über sein Hilfsorgan Wirtschaftsausschuß informieren und gegebenenfalls in betriebswirtschaftlich sinnvoller Weise auf den Entschluß des Arbeitgebers einwirken kann.

---

[123] *Dräger*, Beteiligung des Betriebsrates bei der Einführung flexibler Arbeitszeitsysteme, 1986, S. 65 f.; *Schaub*, Teilzeitbeschäftigung und befristete Arbeitsverhältnisse als Formen einer Personalentscheidung, BB 1988, 2253.

[124] So ein kurzer Hinweis auch bei: *Richardi/Annuß*, Gesetzliche Neuregelung von Teilzeitarbeit und Befristung, BB 2000, 2201 (2202).

[125] *Richardi*, BetrVG, § 106 Rn. 25 m.w.N.

4. Gegenstand der Unterrichtung

Der Unternehmer muß im Falle einer Arbeitszeitflexibilisierung dem Wirtschaftsausschuß mitteilen, daß er ein neues Arbeitszeitsystem einführen will. Er muß weiter darüber berichten, welches Arbeitszeitsystem er ausgewählt hat und wann und in welchem Umfang es angewendet werden soll. Es müssen die Gründe der Entscheidung und die dafür maßgeblichen Daten und Umstände im Sinne einer umfassenden Unterrichtung benannt werden. Der Unternehmer und der Wirtschaftsausschuß beraten über die geplanten Änderungen, wobei dem Wirtschaftsausschuß etwa vorhandene Unterlagen oder Analysen vorzulegen sind. Der Betriebsrat ist über den Beratungsgegenstand zu unterrichten. Daraus ergibt sich für den Unternehmer, daß er möglichst die Bedeutung, Notwendigkeit und Vorteilhaftigkeit des neuen Arbeitszeitsystems dem Wirtschaftsausschuß einsichtig machten muß, um damit bereits eine Basis für die Zusammenarbeit mit dem Betriebsrat zu schaffen[126].

II. Unterrichtung und Beratung bei Betriebsänderungen

Das Unterrichtungsrecht des Betriebsrates nach § 106 Abs. 1 BetrVG ist wegen der Einschaltung eines Wirtschaftsausschusses nur mittelbarer Art. Beim Sonderfall der Betriebsänderungen im Sinne von § 111 BetrVG werden ihm aber direkt Rechte auf Unterrichtung und Beratung gewährt. Wenn die Einführung eines neuen Arbeitszeitsystems eine Betriebsänderung darstellt, muß neben dem Wirtschaftsausschuß direkt auch der Betriebsrat beteiligt werden. Es kann zudem zu Verhandlungen über Interessenausgleich oder Sozialplan (§ 112 BetrVG) kommen.

Die Einführung von flexibler Arbeitszeit könnte unter § 111 S. 2 Nr. 4 und Nr. 5 BetrVG subsumiert werden. Es wurde jedoch bereits bei den wirtschaftlichen Angelegenheiten dargestellt, daß die Betriebsorganisation durch eine Neugestaltung der Arbeitszeit nicht grundlegend und unmittelbar betroffen wird. Ebenso werden dadurch keine neuen Arbeitsmethoden eingeführt[127]. Die Umstellung auf flexible Arbeitszeiten allein ohne Änderung des Inhalts der Arbeitsaufgabe stellt daher keine Betriebsänderung im Sinne von § 111 S. 2 BetrVG dar.

Die Voraussetzungen einer Betriebsänderung nach § 111 BetrVG könnten allenfalls erfüllt sein, wenn man dem Relativsatz in § 111 S. 1 BetrVG selbstän-

[126] S. hierzu Rumpf/Boewer, Mitbestimmung in wirtschaftlichen Angelegenheiten, S. 191 ff.
[127] S.o. 4. Kapitel B. I. 2. a; MünchArbR/*Matthes*, § 360 Rn. 70 f.

dige Bedeutung für die in Satz 2 genannten Betriebsänderungen zuspräche[128]. Dann müßten sich nicht nur die Arbeitszeitlage, sondern auch die Arbeitsinhalte so wesentlich ändern, daß man von grundlegend neuen Arbeitsmethoden sprechen könnte. Von einer grundlegenden, als neue Arbeitsmethode einzuordnenden Flexibilisierung wäre dann auszugehen, wenn die veränderte Arbeitszeitgestaltung den Arbeitnehmern eine andere, im Regelfall höhere Verantwortung für die Organisation der Betriebsabläufe zuweist. Das wäre dann der Fall, wenn der Arbeitgeber statt fester Arbeitszeitstrukturen arbeitszeitautonome Gruppen einführt, die zugleich auch in höherem Maße dafür verantwortlich sind, daß der Arbeitsanfall je nach Bedarf bewältigt wird. Betroffen wäre hiervon die Betriebsorganisation, und es käme zur Einführung neuer Arbeitsmethoden. Eine Arbeitszeitautonomie der Arbeitnehmer im hier angesprochenen Sinne käme allenfalls bei der Vertrauensgleitzeit[129] in Betracht, aber auch da müßte der Arbeitnehmer bei seiner Zeiteinteilung neben den Interessen des Betriebes auch die Interessen anderer Arbeitnehmer berücksichtigen.

Aus der Formulierung, daß die in Satz 2 genannten Fälle „als Betriebsänderung im Sinne des Satzes 1“ gelten, läßt sich aber ableiten, daß bei diesen Maßnahmen die Gefahr wesentlicher Nachteile für die Belegschaft unterstellt wird und daher nicht als zusätzliche Voraussetzung zu prüfen ist, ob die Maßnahme wesentliche Nachteile für die Belegschaft oder erhebliche Teile der Belegschaft zur Folge haben kann[130]. Daher handelt es sich bei dem Relativsatz in § 111 S. 1 BetrVG um einen Interpretationsmaßstab, der vorgibt, daß bei allen Maßnahmen, die unter § 111 S. 2 BetrVG zu subsumieren sind von wesentlichen Nachteilen für die Belegschaft oder erhebliche Teile der Belegschaft auszugehen ist[131]. Daher ist die Frage, ob § 111 S. 2 BetrVG eine abschließende Aufzählung enthält, nicht entscheidend für die Bedeutung des Relativsatzes in Satz 1 der Vorschrift. Da § 111 S. 1 BetrVG keinen eigenen Prüfungsmaßstab enthält und eine Flexibilisierungsmaßnahme nicht unter eine Maßnahme des § 111 S. 2 BetrVG fällt, scheidet eine Unterrichtung nach § 111 BetrVG daher aus[132].

---

128 Diese Frage ist umstritten: S. Ausführungen von *Richardi*, BetrVG, § 111 Rn. 44 ff.; *Fabricius*, GK-BetrVG, § 111 Rn. 85 ff.

129 S. 5. Kapitel A. I. 2. c zur Gleitenden Arbeitszeit.

130 *Richardi*, BetrVG, § 111 Rn. 44 m.w.N.; *Rumpff/Boewer*, Mitbestimmung in wirtschaftlichen Angelegenheiten, 1990, S. 273 f.; *Fabricius*, GK-BetrVG, § 111 Rn. 85 ff., 202 ff; BAG 26.10.1982 E 41, 92 = AP Nr. 10 zu § 111 BetrVG 1972 = EzA § 111 BetrVG 1972 Nr. 15.

131 Richardi, BetrVG, § 111 Rn. 46.

132 MünchArbR/*Schüren*, § 169 Rn. 42: *Schüren* sieht die Voraussetzungen einer Betriebsänderung nach § 111 BetrVG als gegeben an; dennoch verfügen sogar bei der Vertrauensgleitzeit die Arbeitnehmer noch nicht über absolute Zeitsouveränität, weil sie sich nur in-

III. Unterrichtung und Beratung bei der Gestaltung der arbeitstechnischen Organisation

Die Gestaltung der arbeitstechnischen Organisation fällt in die durch Art. 12 Abs. 1 GG und Art 14 GG verfassungsrechtlich garantierte unternehmerische Entscheidungsautonomie des Arbeitgebers[133]. Daher wird dem Betriebsrat bei den Maßnahmen der arbeitstechnischen Organisation lediglich ein Unterrichtungsrecht eingeräumt.

Die Maßnahmen, an deren Planung der Betriebsrat zu beteiligen ist, sind in § 90 Abs. 1 BetrVG erschöpfend aufgezählt[134]. Ein Bezug zum Thema Arbeitszeitflexibilisierung ist denkbar bei den Maßnahmen in § 90 Abs. 1 Nr. 3 und Nr. 4 BetrVG, die die Unterrichtung über die Planung von Arbeitsverfahren und Arbeitsabläufen bzw. über die Planung der Arbeitsplätze regeln. Hierher gehören zum Beispiel die Einführung von Fließbandarbeit oder von Gruppenarbeit[135].

1. Unterrichtung und Beratung über die Planung von Arbeitsverfahren und Arbeitsabläufen

Unter Arbeitsverfahren im Sinne von § 90 Abs. 1 Nr. 3 BetrVG ist die Technologie zu verstehen, die zur Veränderung des Arbeitsgegenstandes angewandt wird, um die Arbeitsaufgabe zu erfüllen[136]. Es geht um die technisch-organisatorische Seite der Arbeitsleistung, das „Wie" der Erfüllung der konkreten Aufgabe. Das Arbeitsverfahren umfaßt die Entscheidung über das Vorgehen beim Einsatz technischer Hilfsmittel.

Die Arbeitnehmer unterliegen den durch das Arbeitsverfahren festgelegten Regelungen bezüglich der Art und Weise, wie sie die konkreten Aufgaben erledigen[137]. Das Arbeitsverfahren bezeichnet demnach Regelungen, die die einzelnen Handlungen der Arbeitnehmer betreffen, nicht jedoch den zeitlichen Rahmen der Arbeitsleistung. Daher ist die Lage der Arbeitszeit durch den Begriff „Arbeitsverfahren" nicht tangiert. Möglich ist aber, daß sich umgekehrt das Arbeitsverfahren wegen der Einführung neuer Arbeitszeitformen ändert. Dies führt

---

nerhalb der zur Erfüllung ihrer Aufgaben vorgegebenen Rahmenbedingungen bewegen können; der Ansicht von *Schüren* wird daher vorliegend nicht zugestimmt; die Rechtsprechung hat hierzu noch nichts entschieden.

133 *Richardi*, BetrVG, § 90 Rn. 1.

134 *Richardi*, BetrVG, § 90 Rn. 6; *Schlochauer*, HSG-BetrVG, § 90 Rn. 4.

135 *Fitting*, BetrVG, § 90 Rn. 34; *Wiese*, GK-BetrVG, § 90 Rn. 17; *Richardi*, BetrVG, § 90 Rn. 14.

136 *Richardi*, BetrVG, § 90 Rn. 13; *Schlochauer*, HSG-BetrVG, § 90 Rn. 7.

137 *Klebe*, DKK-BetrVG, § 90 Rn. 13.

dann im Einzelfall zu einem Beteiligungsrecht bezüglich des Arbeitsverfahrens nach § 90 Abs. 1 Nr. 3 BetrVG, wovon aber die Mitbestimmung über die Lage der Arbeitszeit strikt zu unterscheiden ist.
Arbeitsablauf ist die räumliche und zeitliche Folge des Zusammenwirkens von Mensch und Betriebsmitteln mit dem Ziel, die gestellte Arbeitsaufgabe zu lösen[138]. Es geht um die Gestaltung des Arbeitsprozesses, der zur Erfüllung der Arbeitsaufgabe unter Einsatz von Arbeitsmethoden und –verfahren führt. Dazu gehören die organisatorischen, räumlichen und ebenso auch die zeitlichen Umstände. Somit umfaßt der Begriff „Arbeitsablauf" auch Fragen der Arbeitszeit[139]. Insbesondere betreffen den Arbeitsablauf in zeitlicher Hinsicht die Anfangs- und Endzeiten der Arbeit, Unterbrechungen, Verlängerungs- oder Verkürzungsmöglichkeiten sowie die Lage der Arbeitszeit. Unter dem Gesichtspunkt der Organisation kommen noch zu regelnde Punkte hinzu wie etwa der Anschluß an vorangehende Arbeiten (Schichtarbeit, auch Job-Sharing), Überschneidungen und Ausfälle (Kernzeiten bei der Gleitenden Arbeitszeit), Teilungen oder Doppelbelegungen von Arbeitsplätzen (Teilzeit, Job-Sharing) und Fragen der Zusammenarbeit und Kommunikation (Job-Sharing, KAPOVAZ). Flexible Arbeitszeitsysteme enthalten demnach einige Komponenten, die die Arbeitsabläufe im Sinne des § 90 Abs. 1 Nr. 3 BetrVG wesentlich beeinflussen. Daher ist mit einer Einführung solcher Systeme auch eine Veränderung der Arbeitsabläufe verbunden. Wird also die Einführung von flexiblen Arbeitszeitmodellen in einem Betrieb geplant, so handelt es sich dabei auch um die Planung von Arbeitsabläufen, so daß dem Betriebsrat dabei die Beteiligungsrechte des § 90 BetrVG zu gewähren sind[140].

2. Unterrichtung und Beratung über die Planung der Arbeitsplätze

Der Begriff „Arbeitsplatz" im Sinne von § 90 Abs. 1 Nr. 4 BetrVG ist nicht nur räumlich zu verstehen, sondern es werden auch die Anordnung der Arbeitsmittel und der Einfluß der Arbeitsumgebung auf die arbeitstechnische Erbringung der Arbeitsleistung erfaßt[141].
Im allgemeinen kann der Betriebsrat sein Recht auf Unterrichtung und Beratung bei der Planung neuer Arbeitszeitformen nicht auf § 90 Abs. 1 Nr. 4 BetrVG stützen, da mit dem Begriff „Arbeitsplatz" die äußere, räumliche Gestaltung der

[138] *Richardi*, BetrVG, § 90 Rn. 13; *Schlochauer*, HSG-BetrVG, § 90 Rn. 7.
[139] *Wiese*, GK-BetrVG, § 90 Rn. 17.
[140] *Kilian*, Arbeitszeit und Mitbestimmung des Betriebsrats, Diss. 1981, S. 88.
[141] *Richardi*, BetrVG, § 90 Rn. 15; *Schlochauer*, HSG-BetrVG, § 90 Rn. 9; MünchArbR/*Matthes*, § 345 Rn. 10.

Umgebung erfaßt werden soll. Soweit funktionale Merkmale des Arbeitsplatzes von § 90 Abs. 1 Nr. 4 BetrVG mit eingeschlossen werden, die die Anordnung der Arbeitsmittel und den Einfluß der Arbeitsumgebung auf die arbeitstechnische Erbringung der Arbeitsleistung betreffen, kann ein direkter Bezug zu der auf dem Arbeitsplatz zu verbringenden Zeit, die Arbeitszeit, nicht hergestellt werden. Grundsätzlich hat daher die Einführung flexibler Arbeitszeitformen keine unmittelbaren Auswirkungen auf die Arbeitsplätze im Sinne des § 90 Abs. 1 Nr. 4 BetrVG.

Nach *Dräger*[142] kann aber zum Beispiel die Einführung von Teilzeit in ihren verschiedenen Formen für die betreffenden Arbeitsplätze auch in räumlich-funktionaler Hinsicht bedeutsam sein. Er stellt zu recht fest, daß es bei der Teilzeit wohl häufig vorkommen wird, daß an einem Arbeitsplatz verschiedene Personen beschäftigt werden. Die Besetzung des jeweiligen Arbeitsplatzes mit verschiedenen flexibel arbeitenden Personen bedarf aber unter anderem hinsichtlich der zu beachtenden Vorschriften über die gesundheitstechnische Ausgestaltung des Arbeitsplatzes der Planung, über die der Betriebsrat zu unterrichten ist und über die mit ihm zu beraten ist (§ 90 Abs. 1 Nr. 4 BetrVG).

Neben den Arbeitsabläufen können daher auch die Arbeitsplätze durch eine vorgesehene Einführung flexibler Arbeitszeitsysteme der Notwendigkeit einer Planung unterliegen, an der der Betriebsrat nach § 90 BetrVG zu beteiligen ist. Diese Beteiligung besteht in der rechtzeitigen Unterrichtung über die Planung und in der Beratung über die vorgesehenen Maßnahmen.

IV. Unterrichtung über die Personalplanung nach § 92 BetrVG

Wesentliche Auswirkungen kann die Einführung neuer Arbeitszeitsysteme im personellen Bereich mit sich bringen. Gerade Gründe, die in der Personalplanung liegen, können ausschlaggebend für Überlegungen in dieser Richtung sein. Aber auch wenn andere, etwa wirtschaftliche, Gesichtspunkte im Vordergrund stehen, so sind insbesondere bei der Einführung von Teilzeitmodellen Veränderungen auf dem personellen Sektor, z.B. Einstellungen oder Versetzungen, notwendig, weil das eingesetzte Arbeitsvolumen anders als bei starrer Vollzeit zu verteilen ist. Zudem haben Teilzeitmodelle zur Folge, daß das zu leistende Arbeitsvolumen von einer größere Anzahl von Arbeitnehmern zu bewältigen ist.

§ 92 BetrVG gewährt nun dem Betriebsrat ein Unterrichtungs- und Beratungsrecht bei der Personalplanung. Zeitlich setzt dieses Unterrichtungs- und Bera-

---

[142] *Dräger*, Beteiligung des Betriebsrates bei der Einführung flexibler Arbeitszeitsysteme, 1986, S. 74 f.

tungsrecht bereits im Vorfeld erforderlicher personeller Einzelmaßnahmen an. Dabei ist anhand der Ausgestaltung der Norm noch näher zu differenzieren. Das Unterrichtungsrecht bezieht sich ganz allgemein auf die Personalplanung, wobei besonders auf den Bereich des Personalbedarfs und die sich daraus ergebenden Maßnahmen hingewiesen wird. Das Beratungsrecht betrifft die wegen des neuen Arbeitszeitsystems erforderlichen Maßnahmen sowie eventuelle Härten. Zu klären ist, ob die Einführung von flexiblen Arbeitszeitmodellen Elemente enthält, die zum Gegenstand des Unterrichtungsrechts nach § 92 Abs. 1 S. 1 BetrVG gehören. Diesen bezeichnet die Norm allgemein mit dem Begriff der Personalplanung. Das Teilzeit- und Befristungsgesetz läßt nach § 7 Abs. 3 den § 92 BetrVG unberührt.

1. Der Begriff „Personalplanung"

Im BetrVG wird der Begriff „Personalplanung" außer in § 92 BetrVG auch in § 96 Abs. 1 BetrVG und § 106 Abs. 2 BetrVG verwandt, inhaltlich jedoch nicht definiert[143]. Aus dem Gesetzeszusammenhang lassen sich jedoch einige Merkmale herleiten.

Nach § 92 Abs. 1 BetrVG gehören zur Personalplanung der gegenwärtige und künftige betriebliche Personalbedarf sowie dessen Folgewirkungen. Dies bezieht sich auch auf die Berufsbildung (§§ 92 Abs. 1, 96 Abs. 1 BetrVG)[144]. Die Personalplanung ist von Auswirkungen der Entscheidungen des Unternehmens in wirtschaftlichen Angelegenheiten betroffen (§ 106 Abs. 2 BetrVG a. E.)[145]. § 92 BetrVG beschränkt den Informationsanspruch aber ausdrücklich auf die Personalplanung; andere Bereiche der Unternehmensplanung gehören zu den wirtschaftlichen Angelegenheiten, über die nach § 106 Abs. 2 BetrVG der Wirtschaftsausschuß zu unterrichten ist[146].

Daraus lassen sich folgende Schlüsse ziehen: Wirtschaftliche Entscheidungen haben zwar Einfluß auf die Personalplanung, werden von dieser selbst jedoch nicht mit umfaßt[147]. Außerdem weist die Personalplanung neben Bestandsauf-

---

[143] *Richardi*, BetrVG, § 92 Rn. 3; *Kraft*, GK-BetrVG, § 92 Rn. 7.

[144] *Richardi*, BetrVG, § 92 Rn. 3.

[145] Nach *Fitting*, BetrVG, § 92 Rn. 5 ff.: abgestufte Bedeutung des Begriffs der Personalplanung in § 106 Abs. 2 BetrVG und § 92 Abs. 1 bzw. Abs. 2 BetrVG; daher bei der Unterrichtung über wirtschaftliche Angelegenheiten Darstellung der Auswirkungen auf die Personalplanung; ebenso nach *Richardi*, BetrVG, § 106 Rn. 23: von § 106 Abs. 2 BetrVG werden nur Unterrichtungspflichten erfaßt, die sich aus Auswirkungen der wirtschaftlichen Angelegenheiten auf die Personalplanung ergeben; die Unterrichtung über die Personalplanung selbst ist in § 92 BetrVG geregelt; s. auch *Stege/Weinspach*, BetrVG, § 92 Rn. 8.

[146] *Kraft*, GK-BetrVG, § 92 Rn. 9.

[147] *Fabricius*, GK-BetrVG, § 106 Rn. 85.

nahme und Prognose des Personalbedarfs weitere Elemente auf. So muß sich die Personalplanung auch mit den praktischen Konsequenzen befassen, die sich aus den Einzelanalysen und -plänen ergeben.
Die Personalplanung ist somit die Verbindung zwischen wirtschaftlichen Rahmenbedingungen und personellen Einzelmaßnahmen[148]. Sie ist das Mittel zur Umsetzung unternehmerischer Planungen und Entscheidungen auf Gebieten wie Produktion, Absatz, Finanzierung, Fertigung oder Investition[149] und betrifft daher personelle Maßnahmen auf der betrieblichen Ebene[150]. Das sind zum Beispiel auch Einstellungen, Versetzungen oder Entlassungen.
Mit diesem Verständnis von Personalplanung stehen auch die Regelungen des BetrVG in Einklang, die den Handlungen des Unternehmers bzw. Arbeitgebers ein abgestuftes System von Beteiligungsrechten des Betriebsrates als Arbeitnehmervertretung gegenüberstellen. In wirtschaftlichen Angelegenheiten ist der Wirtschaftsausschuß zu beteiligen, wobei deren Auswirkungen auf die Personalplanung aufzuzeigen sind (§ 106 Abs. 2 BetrVG). Darüber hinaus wird der Betriebsrat gemäß § 106 Abs. 1 S. 2 BetrVG seinerseits vom Wirtschaftsausschuß unterrichtet. Die Personalplanung selbst ist dann direkt Gegenstand des Unterrichtungs-, Beratungs- und Vorschlagsrechts des Betriebsrates nach § 92 BetrVG. Bei personellen Einzelmaßnahmen ist schließlich außer der Unterrichtung des Betriebsrates nach § 99 ff. BetrVG noch dessen Zustimmung erforderlich. All diese Beteiligungsrechte sind letztendlich über Verweisungen in den einzelnen Vorschriften miteinander verbunden. Personalplanung ist daher Analyse, Darstellung und Prognose der Auswirkungen wirtschaftlicher Entscheidungen im Hinblick auf daraus folgende personelle Einzelmaßnahmen.

2. Mögliche Auswirkungen flexibler Arbeitszeitmodelle auf die Personalplanung

Die Einführung von flexibler Arbeitszeit kann Auswirkungen auf die Personalplanung im Sinne von § 92 BetrVG haben. Der Arbeitgeber muß prüfen, ob die Umsetzung eines Arbeitszeitkonzepts Einstellungen, Versetzungen oder Kündigungen zur Folge haben kann. Es müssen Überlegungen angestellt werden, ob durch die Beschäftigung von Arbeitskräften mit flexibler Arbeitszeit oder verkürzter Arbeitszeit Vollzeitkräfte entlassen werden müssen oder weitere Voll- oder Teilzeitkräfte benötigt werden. Weiter muß der Einsatz flexibel beschäf-

---

[148] *BAG* 19.6.1984 E 46, 142 ff. = AP Nr. 2 zu § 92 BetrVG 1972 = EzA § 92 BetrVG 1972 Nr. 1 = NZA 1984, 329.
[149] *Richardi*, BetrVG, § 92 Rn. 4.
[150] *Richardi*, BetrVG, § 92 Rn. 3.

tigter Arbeitnehmer koordiniert werden. Bei Abrufarbeit muß der Personalbedarf so rechtzeitig geplant werden, daß die Abruffrist des § 12 Abs. 2 TzBfG eingehalten werden kann. Insbesondere beim Job-Sharing kann die Einrichtung neuer Arbeitsplätze (Einstellungen) oder die Umwandlung bestehender Arbeitsplätze (Versetzung, Entlassung) erforderlich werden. Aber auch bei anderen Modellen kann es zur Einsparung menschlicher Arbeitskraft und damit zu Entlassungen kommen, wenn durch das flexible Arbeitszeitmodell Leerlaufzeiten vermieden werden können. Dies ist eine Frage des Einzelfalls, jedoch kann an dieser Stelle zusammenfassend festgestellt werden, daß die Ein- und Durchführung flexibler Arbeitszeitmodelle in Voll- und Teilzeit sowohl zu Einstellungen als auch zu Versetzungen oder Entlassungen führen kann. Diese Vorgänge zu koordinieren ist die Aufgabe der Personalplanung. Die Einführung von flexiblen Arbeitszeitmodellen in einem Betrieb erfordert daher immer eine Personalplanung, bei der der Betriebsrat nach § 92 Abs. 1 BetrVG zu beteiligen ist.

3. Unterrichtung über die Personalplanung

Der Arbeitgeber hat den Betriebsrat über die Personalplanung rechtzeitig und umfassend zu unterrichten. Inhaltlich setzt die Unterrichtungspflicht daher bei der Planung an, d.h. bei dem Vorgang, in dem die durch eine (unternehmerische) Zielsetzung im Personalbereich gestellte Aufgabe einer adäquaten Lösung zugeführt werden soll.

a) Planung

Planung ist, im Gegensatz zu einem fertigen Plan, ein dynamischer Prozeß, der von der Informations- und Datensammlung über die Erstellung denkbarer Alternativen zur Prüfung der möglichen und zur Auswahl der bestehenden Lösungen führt. Das Ergebnis dieses dynamischen Prozesses ist der Plan, nach dem sich die Durchführung richtet[151]. Dem entspricht auch der Zusammenhang von § 92 Abs. 1 BetrVG mit § 99 BetrVG, in dem die Unterrichtung über die „geplante Maßnahme" vorgesehen ist, also über eine konkrete, auf dem Plan beruhende, personelle Einzelmaßnahme.

b) Zeitpunkt der Unterrichtung

Da es Sinn und Zweck der Regelung des § 92 BetrVG ist, den Betriebsrat bereits im Vorfeld personeller Einzelmaßnahmen zu beteiligen[152], muß sich die Unterrichtung nach § 92 Abs. 1 BetrVG auf die den Maßnahmen vorgelagerten

---

[151] *Fitting*, BetrVG, § 92 Rn. 27; *Schneider*, DKK-BetrVG, § 92 Rn. 10, 36.
[152] *Richardi*, BetrVG, § 92 Rn. 24; *Kraft*, GK-BetrVG, § 92, Rn. 22.

Bereiche beziehen. Deshalb ist der Betriebsrat nicht erst dann zu beteiligen, wenn ein Plan mit der Aufstellung der zu treffenden Maßnahmen erstellt ist, sondern im Stadium der Erstellung des Plans[153]. Notwendig ist jedoch, daß der Arbeitgeber bereits die Phase der Erkundung der ihm zur Verfügung stehenden Handlungsspielräume hinter sich gebracht hat, denn erst dann tritt er konkret in das Stadium der Planung ein. Die Beteiligungsrechte des Betriebsrates setzen daher erst ein, wenn der Arbeitgeber die angezeigten Handlungsspielräume seiner Personalpolitik zugrunde legen will.

Wenn es zur Planung einzelner Maßnahmen kommt, muß der Betriebsrat über den Stand der jeweiligen Planung unterrichtet werden, weil eine Beratung nach § 92 Abs. 1 S. 2 BetrVG über Art und Umfang der erforderlichen Maßnahmen keinen Einfluß auf die Maßnahmen haben kann, wenn diese bereits abgeschlossen sind[154].

c) Gegenstand der Unterrichtung

Für die Einflußnahme des Betriebsrates durch Beratung ist es erforderlich, daß er die der Maßnahmeplanung zugrundeliegenden Entscheidungen kennt. Da das Beteiligungsrecht nach § 92 BetrVG ein Verbindungsglied zwischen den wirtschaftlichen Angelegenheiten und den personellen Einzelmaßnahmen ist, müssen die gesamte Personalplanung und die ihr zugrunde liegenden Tatsachen Gegenstand der Unterrichtung sein[155].

Für den Fall der Einführung von flexiblen Arbeitszeitmodellen bedeutet dies, daß die Unterrichtungspflicht nach § 92 Abs. 1 S. 1 BetrVG bereits einsetzt, wenn der Arbeitgeber grundsätzlich dazu entschlossen ist, flexible Arbeitszeitmodelle zu praktizieren. Die Beweggründe dieses Entschlusses bleiben dabei allerdings außer Betracht, sie gehören zum Bereich der unternehmerischen Entscheidungsfreiheit und können allenfalls im Bereich der wirtschaftlichen Angelegenheiten betriebsverfassungsrechtlich relevant sein. Konzepte flexibler Arbeitszeit haben Auswirkungen auf die Personalentwicklung, die Planung erfordern. Hierbei ist der Betriebsrat in Form der Unterrichtung zu beteiligen. Es tauchen Fragen hinsichtlich der Wirkung der Neuordnung der Arbeitszeit auf den Personalbestand auf. Eventuell sind, wie bereits erläutert, Neueinstellungen

---

[153] *Richardi*, BetrVG, § 92 Rn. 24, 25; *Fitting*, BetrVG, § 92 Rn. 28 ff.; *Schneider*, DKK-BetrVG, § 92 Rn. 36.

[154] *Richardi*, BetrVG, § 92 Rn. 25; *Schneider*, DKK-BetrVG, § 92 Rn. 37.

[155] *Richardi*, BetrVG, § 92 Rn. 26; *Kraft*, GK-BetrVG, § 92 Rn. 25; *BAG* 19.6.1984 E 46, 142, 145 = AP Nr. 2 zu § 92 BetrVG 1972 = EzA § 92 BetrVG 1972 Nr. 1 = NZA 1984, 329.

oder Entlassungen vorzunehmen. Umgruppierungen oder Versetzungen können erforderlich werden.
Da die Planung ein kontinuierlicher Prozeß ist[156], bei dem unter Umständen die Entscheidungsschritte wegen Änderung der Vorhaben des Arbeitgebers mehrfach durchgegangen werden müssen, ergibt sich die Erforderlichkeit einer laufenden Unterrichtung. Eine laufende Unterrichtung ist insbesondere dann vorzunehmen, wenn sich die Planvorstellungen ändern oder Vorentscheidungen zu treffen sind[157]. Die Unterrichtung hat ausdrücklich „anhand von Unterlagen" zu erfolgen. Mit dem Begriff der Unterlagen werden nicht nur Schriftstücke erfaßt, sondern auch sonstige Datenträger. Falls dem Arbeitgeber Informationen automatisiert zur Verfügung stehen, müssen auch sie dem Betriebsrat zur Kenntnis gebracht werden[158]. Umstritten ist allerdings, ob dem Betriebsrat nur ein Einblicksrecht zusteht, oder ob ihm die Unterlagen zur Verfügung gestellt oder wenigstens vorgelegt werden müssen. „Anhand von Unterlagen" ist jedenfalls nicht dahingehend zu verstehen, daß sich der Arbeitgeber bei der Unterrichtung nur auf die vorhandenen Unterlagen zu stützen hat, sie dem Betriebsrat jedoch nicht vorlegen oder aushändigen muß[159]. Denn ohne die Möglichkeit der Einsichtnahme in die Unterlagen kann sich der Betriebsrat keine ausreichende Kenntnis für eine fundierte Beratung verschaffen. Eine Unterrichtung anhand von Unterlagen gebietet vielmehr, daß der Arbeitgeber bei der Unterrichtung den Betriebsratsmitgliedern Einblick in die Unterlagen gewährt, auf die er die Personalplanung stützt[160]. Der Arbeitgeber ist jedoch nicht verpflichtet, dem Betriebsrat die Unterlagen zur Verfügung zu stellen[161]. Dies würde auch nicht dem Wortlaut des Gesetzes entsprechen. § 80 Abs. 2 BetrVG kann hier nicht als Begründung für eine Aushändigungspflicht herangezogen werden, weil § 92 Abs. 1 BetrVG insoweit eine besondere Regelung enthält[162]. Im Ergebnis spricht wohl bereits der eindeutige Wortlaut der Vorschrift dafür, daß die Unterlagen dem Betriebsrat nur vorzulegen sind.

[156] *Richardi*, BetrVG, § 92 Rn. 25; *Fitting*, BetrVG, § 92 Rn. 29 c.
[157] *Fitting*, BetrVG, § 92 Rn. 29 c.
[158] *Richardi*, BetrVG, § 92 Rn. 28; *Fitting*, § 92 Rn. 25.
[159] *Kraft*, GK-BetrVG, § 92 Rn. 26.
[160] *Richardi*, BetrVG, § 92 Rn. 29; *Kraft*, GK-BetrVG, § 92 Rn. 26; MünchArbR/*Matthes*, § 346 Rn. 15; *Schlochauer*, HSG-BetrVG, § 92 Rn. 26.
[161] A.A.: *Fitting*, BetrVG, § 92 Rn. 30, mit der Begründung, die Unterlagen seien nach der übergreifenden Norm des § 80 Abs. 2 S. 2 Halbs. 1 BetrVG zur Verfügung zu stellen.
[162] *Kraft*, GK-BetrVG, § 92 Rn. 26 a.E.; *Richardi*, BetrVG, § 92 Rn. 29.

4. Beratung bei der Personalplanung

Nachdem der Betriebsrat über die Personalplanung unterrichtet worden ist, kann er auf sie Einfluß nehmen, indem er sein Beratungsrecht nach § 92 Abs. 1 S. 2 BetrVG wahrnimmt. Nicht die gesamte Personalplanung unterliegt der Beratung mit dem Betriebsrat, sondern der Arbeitgeber ist nach § 92 Abs. 1 S. 2 BetrVG lediglich verpflichtet, mit ihm über Art und Umfang der erforderlichen Maßnahmen und über die Vermeidung von Härten zu beraten. Das Beratungsrecht bezieht sich dementsprechend nicht auf die Personalbedarfsplanung. Es greift erst zu einem späteren Zeitpunkt der Planung, nämlich bei der Personalbestands- und Personaldeckungsplanung[163]. Beratungsgegenstand ist der Umfang der erforderlichen Maßnahmen. Insoweit geht es um die quantitative Personalbeschaffungs-, Personalentwicklungs- und Personalfreisetzungsplanung. Mit dem Betriebsrat ist dementsprechend zu beraten, wie viele Arbeitnehmer des Betriebs von einer bestimmten Personalmaßnahme betroffen werden und wie Härten am besten vermieden werden können[164]. Der Betriebsrat ist in die Beratung entsprechend § 90 Abs. 2 S. 1 BetrVG so rechtzeitig einzuschalten, daß seine Vorschläge und Bedenken bei der Personalplanung berücksichtigt werden können[165].

V. Ausschreibung von Arbeitsplätzen

Grundgedanke des § 93 BetrVG ist, daß die im innerbetrieblichen Arbeitsmarkt selbst vorhandenen Möglichkeiten eines rationellen Personaleinsatzes ausgeschöpft werden sollen. Jeder Arbeitnehmer des Betriebes soll die Chance erhalten, sich um eine im Betrieb frei gewordene Stelle zu bewerben[166].

Der Betriebsrat konnte nach den Regelungen des § 93 S. 2, 3 BetrVG, wie sie bis zum 31.12.2000 galten, auch anregen, daß Arbeitsplätze mit flexiblen Arbeitszeiten ausgeschrieben werden[167]. Die Sätze 2 und 3 des § 93 BetrVG wurden zum 1.1.2001 durch das TzBfG gestrichen. Der Arbeitgeber ist aber jetzt nach § 7 Abs. 1 TzBfG verpflichtet, Arbeitsplätze, die er öffentlich oder innerhalb des Betriebes ausschreibt, auch als Teilzeitarbeitsplätze auszuschreiben, wenn sich der Arbeitsplatz hierfür eignet.

Der Betriebsrat konnte nach der alten Rechtslage durch die Anregung zur Ausschreibung als Teilzeitarbeitsplatz seiner Förderungspflicht aus § 80 Abs. 1

---

[163] *Richardi*, BetrVG, § 92 Rn. 33; MünchArbR/*Matthes*, § 346 Rn. 21; *Kraft*, GK-BetrVG, § 92 Rn. 29.

[164] *Kraft*, GK-BetrVG, § 92 Rn. 29.

[165] *Richardi*, BetrVG, § 92 Rn. 38.

[166] *Schlochauer*, HSG-BetrVG, § 93 Rn. 1; *Richardi*, BetrVG, § 93 Rn. 1.

[167] *Richardi*, BetrVG, § 93 Rn. 9.

Nr. 2 BetrVG hinsichtlich der Durchsetzung der tatsächlichen Gleichberechtigung von Frauen und Männern nachkommen[168]. Dies bleibt auch nach der neuen Rechtslage so, da dem Betriebsrat eine Überwachungsbefugnis nach § 80 Abs. 1 Nr. 2 BetrVG zusteht.
Der Betriebsrat hatte vor dem Inkrafttreten des TzBfG kein Mitbestimmungsrecht bei der Entscheidung des Arbeitgebers, ob er Arbeitsplätze in Teilzeitform anbietet. Daran ändert auch § 7 Abs. 1 TzBfG nichts. § 7 Abs. 1 TzBfG bestimmt zwar, daß eine Ausschreibung auch als Teilzeitarbeitsplatz erfolgen muß, sofern sich der Arbeitsplatz hierfür eignet. Hieraus kann aber kein Mitbestimmungsrecht des Betriebsrates bezüglich der Entscheidung für Teilzeitarbeit abgeleitet werden. Abweichend vom Regierungsentwurf zum Teilzeit- und Befristungsgesetz sind dringende betriebliche Erfordernisse für eine Pflicht zur Ausschreibung als Teilzeitarbeitsplatz nicht mehr nötig. Diese hätten vorgelegen, wenn durch die Ausschreibung als Teilzeitarbeitsplatz die Besetzung des Arbeitsplatzes unzumutbar erschwert worden wäre oder für die konkrete Tätigkeit Spezialkenntnisse erforderlich gewesen wären, über die fachlich und räumlich nur vollzeitbeschäftigte Arbeitnehmer verfügen. Die neue Formulierung führt demgegenüber zu einer Umkehr der Beweislast. Der Arbeitnehmer muß darlegen, daß die ausgeschriebene Stelle auch durch einen Teilzeitarbeitnehmer adäquat besetzt werden kann.
Abgesehen von der allgemeinen Überwachungsbefugnis des Betriebsrates (§ 80 Abs. 1 Nr. 1 BetrVG) ist die Vorschrift des § 7 Abs. 1 TzBfG nicht sanktioniert, so daß sie sich in der Praxis meist als wirkungslos erweisen wird. Auch kann der Arbeitgeber nach wie vor den Arbeitsplatz trotz alternativer Ausschreibung als Teilzeitarbeitsplatz mit einer Vollzeitkraft besetzen[169].

VI. Allgemeines Unterrichtungsrecht

§ 80 Abs. 2 BetrVG gewährt dem Betriebsrat zur Durchführung seiner Aufgaben nach dem Betriebsverfassungsgesetz ein allgemeines Unterrichtungsrecht. Die rechtzeitige und umfassende Unterrichtung durch den Arbeitgeber ist eine Konkretisierung des Gebots der vertrauensvollen Zusammenarbeit. Daher bestehen Informationsrechte immer nur da, wo ein Bezug zu einer Aufgabe des

---

[168] *Schlochauer*, HSG-BetrVG, § 93 Rn. 15a.; *Richardi*, BetrVG, § 93 Rn. 1; s. auch *Colneric*, Aktuelle Probleme der Teilzeitarbeit, Brennpunkte des Arbeitsrechts 1995, 93 (95).

[169] *Richardi/Annuß*, Gesetzliche Neuregelung von Teilzeit und Befristung, BB 2000, 2201 f.; *Preis/Gotthardt*, Neuregelung der Teilzeitarbeit und befristeten Arbeitsverhältnisse, DB 2000, 2065 (2066); *Schiefer*, Entwurf eines Gesetzes über Teilzeitarbeit und befristete Arbeitsverhältnisse und zur Änderung und Aufhebung arbeitsrechtlicher Bestimmungen, DB 2000, 2118 (2119).

Betriebsrates hergestellt werden kann. Auch auf § 2 Abs. 1 BetrVG kann dementsprechend nicht ohne Aufgabenbezug zurückgegriffen werden[170].
Nach § 80 Abs. 1 Nr. 1 BetrVG hat der Betriebsrat unter anderem über die Einhaltung der zugunsten der Arbeitnehmer geltenden Gesetze und Vorschriften, einschließlich der arbeitsrechtlichen Grundsätze, zu wachen. Dazu zählen auch das Arbeitszeitgesetz und das TzBfG[171]. Daher ist bei der flexiblen Arbeitszeitgestaltung eine Unterrichtung des Betriebsrates geboten, da sie immer einen Bezug zu den Arbeitszeit-, Teilzeit- und Beschäftigungsförderungsbestimmungen haben. Der Betriebsrat ist über die Modalitäten des jeweiligen flexiblen Arbeitszeitsystems so rechtzeitig zu unterrichten, daß dieser dessen Konformität mit den einschlägigen Normen überprüfen kann.
Auf Verlangen des Betriebsrates sind ihm die für die Überprüfung erforderlichen Unterlagen zur Verfügung zu stellen (§ 80 Abs. 2 S. 2 BetrVG). Die Unterlagen können wie die Unterrichtung nur bei konkretem Bezug zu einer Aufgabe verlangt werden[172]. Bei der Arbeitszeitflexibilisierung kann es sich um Pläne bezüglich des zeitlichen Einsatzes der Arbeitnehmer, Vertragsentwürfe oder Unterlagen für geplante Betriebsvereinbarungen handeln. § 80 Abs. 2 BetrVG hilft dem Betriebsrat, sich einen Überblick über die geplanten Flexibilisierungsmaßnahmen und deren Auswirkungen zu machen. Nur so ist es ihm möglich, seine Aufgaben zu erfüllen und seine Rechte auszuüben.

C. Mitbestimmungsrechte des Betriebsrates

Hat der Arbeitgeber sich zur Einführung eines flexiblen Arbeitszeitsystems entschlossen und dafür einen Plan erstellt, so ist damit noch nicht entschieden, in welcher konkreten Ausgestaltung es im Betrieb praktiziert wird bzw. welche Arbeitnehmer davon betroffen sind. Bei der Einführung von flexiblen Arbeitszeitmodellen hängt deren Ausgestaltung in hohem Maße davon ab, ob der Arbeitgeber mit dem Betriebsrat eine Einigung erzielen (oder notfalls erzwingen) kann oder nicht. Mitbestimmungsrechte des Betriebsrates sind in § 87 BetrVG und in § 99 BetrVG geregelt.

I. Mitbestimmung bei personellen Einzelmaßnahmen

Der Zweck der Beteiligung des Betriebsrates an personellen Einzelmaßnahmen (§ 99 BetrVG) ist allgemein die Wahrnehmung der Interessen der Arbeitnehmer an der Beibehaltung des bestehenden Zustandes, der durch jede personelle Ein-

---

[170] *Richardi*, BetrVG, § 80 Rn. 43; *Kraft*, GK-BetrVG, § 80 Rn. 56.
[171] Für das BeschFG: MünchArbR/*Matthes*, § 325 Rn. 8.
[172] MünchArbR/*Matthes*, § 326 Rn. 18 f.

zelmaßnahme berührt wird[173]. Eine einheitliche Bestimmung des Schutzzwecks der Norm kann wegen der verschiedenen Gegenstände der Mitbestimmung nicht vorgenommen werden. Bei der Einstellung und Versetzung jedenfalls dient die Mitbestimmung dem Ausgleich kollidierender Individualinteressen innerhalb der Arbeitnehmerschaft eines Betriebes[174].

1. Zustimmungsbedürftige Maßnahmen

Einstellungen, Versetzungen, Ein – und Umgruppierungen bedürfen nach § 99 Abs. 1 S. 1 BetrVG der Zustimmung des Betriebsrates, die dieser nur aus den in § 99 Abs. 2 BetrVG aufgezählten Gründen verweigern kann. Im Falle einer Verweigerung der Zustimmung durch den Betriebsrat kann der Arbeitgeber beim Arbeitsgericht beantragen, die Zustimmung zu ersetzen (§ 99 Abs. 4 BetrVG).

Der Betriebsrat kann das Zustimmungsverweigerungsrecht nach § 99 Abs. 2 BetrVG nicht als Mittel nutzen, um unerwünschte Arbeitszeitformen abzuwehren. Denn es steht ihm nicht zu, den Inhalt der Arbeitsverträge neu einzustellender Mitarbeiter zu kontrollieren[175]. Im Falle der Einführung eines flexiblen Arbeitszeitmodells kann es zu Einstellungen neuer flexibel einsetzbarer Mitarbeiter kommen; der Betriebsrat kann die Zustimmung zu einer solchen Einstellung aus den in § 99 Abs. 2 BetrVG aufgeführten Gründen verweigern. Auch bei der Aufstockung eines Teilzeitbeschäftigungsverhältnisses kommt eine Einstellung und damit eine Mitbestimmung nach § 99 Abs. 1 BetrVG in Frage[176].

2. Versetzung beim Übergang von einem starren in ein flexibles Arbeitszeitsystem?

Problematisch im Zusammenhang mit der Einführung von flexiblen Arbeitszeitmodellen im Betrieb ist, ob der Übergang von einem starren in ein flexibles Arbeitszeitsystem als Versetzung im Sinne von §§ 95 Abs. 3, 99 Abs. 1 BetrVG zu qualifizieren ist. Hierauf wird bei dem jeweiligen Modell einzugehen sein, wobei schon an dieser Stelle festgehalten werden soll, daß eine Mitbestimmung nach § 99 BetrVG bei einer bloßen Veränderung der Lage der Arbeitszeit aus-

---

[173] MünchArbR/*Matthes*, § 352 Rn. 2; *Heinze*, Personalplanung, Einstellung und Kündigung, 1982, Rn. 189.

[174] *Richardi*, BetrVG, § 99 Rn. 8.

[175] *BAG* 28.6.1994 E 77, 165 = AP Nr. 4 zu § 99 BetrVG 1972 Einstellung = NZA 1995, 387.

[176] *BAG* 28.4.1998 AP Nr. 22 zu § 99 BetrVG 1972 Einstellung = EzA § 99 BetrVG 1972 Einstellung Nr. 5 = NZA 1998, 1352; *BVerwG* 23.3.1999 E 108, 347 = AP Nr. 73 zu § 75 BPersVG.

scheidet, da Lage und Dauer der Arbeitszeit keinen Einfluß auf den räumlich und funktional bestimmten Arbeitsbereich haben[177].

a) Der Begriff der Versetzung

Der Begriff der Versetzung ist trotz der Legaldefinition in § 95 Abs. 3 BetrVG nur schwer bestimmbar, weil diese Legaldefinition selbst wiederum mit weiter nicht definierten Begriffen arbeitet. Nach § 95 Abs. 3 S. 1 BetrVG ist die Versetzung die Zuweisung eines anderen Arbeitsbereichs, die voraussichtlich die Dauer von einem Monat überschreitet, oder die mit einer erheblichen Änderung der Umstände verbunden ist, unter denen die Arbeit zu leisten ist. Kurz umschrieben ist die Versetzung die durch eine Änderung des Tätigkeitsbereichs oder einen Ortswechsel bewirkte Statusveränderung innerhalb der betrieblichen Organisation. Sie wird begrifflich durch die Zuweisung eines anderen Arbeitsbereichs bestimmt[178].

Der Begriff des Arbeitsbereichs wird in § 95 Abs. 3 S. 1 BetrVG nicht definiert. Er wird aber in Anlehnung an § 81 BetrVG durch den Inhalt der Arbeitsaufgabe, die Art der Tätigkeit und die Einordnung in den Arbeitsablauf des Betriebes festgelegt[179]. Die Zuweisung eines anderen Arbeitsbereichs liegt vor, wenn ein neuer Tätigkeitsbereich zugewiesen wird, d.h. wenn sich der Inhalt der Arbeitsaufgabe ändert, wenn sich die Art und Weise der Erbringung der Arbeitsleistung ändert oder wenn die Arbeitsleistung an einem anderen Ort zu erbringen ist[180]. Die Zuweisung eines anderen Arbeitsortes ist aber nur dann eine Versetzung, wenn sie entweder die Dauer eines Monats überschreitet oder wenn der

---

177 So auch entschieden für § 95 Abs. 3 BetrVG von *BAG* 19.2.1991 E 67, 225 = AP Nr. 25 zu § 95 BetrVG 1972 = EzA § 95 BetrVG 1972 = SAE 1992, 300 = NZA 1991, 601; s. auch *Buschmann*, in Buschmann/Dieball/Stevens-Bartol, TZA, § 87 BetrVG Rn. 6; MünchArbR/*Schüren*, § 164 Rn. 41; Kasseler Handbuch/*Etzel*, 7.1 Rn. 599.

178 Zum Begriff des Arbeitsbereichs: *BAG* 10.4.1984 AP Nr. 4 zu § 95 BetrVG 1972 = EzA § 95 BetrVG 1972 Nr. 8 = NZA 1984, 233; *BAG* 16.7.1991 E 68, 155 ff. = AP Nr. 28 zu § 95 BetrVG 1972 = EzA § 95 BetrVG 1972 Nr. 25 = SAE 1992, 309 = NZA 1992, 180; *Richardi*, Änderungskündigung und Versetzung nach neuem Betriebsverfassungsrecht, DB 1974, 1285 (1286).

179 *Richardi*, BetrVG, § 99 Rn. 91 ff.; MünchArbR/*Matthes*, § 353 Rn. 5; *Kittner*, DKK-BetrVG, § 99 Rn. 90 ff.

180 *BAG* 20.9.1990 E 66, 57 (61) = AP Nr. 84 zu § 99 BetrVG 1972 = NZA 1991, 195; *BAG* 18.2.1986 E 51, 151, 158 = AP Nr. 33 zu § 99 BetrVG 1972 = EzA § 95 BetrVG 1972 Nr. 12 = NZA 1986, 616; *BAG* 16.7.1991 E 68, 155 = AP Nr. 28 zu § 95 BetrVG 1972 = NZA 1992, 180; zur Änderung der Arbeitsaufgabe s. auch MünchArbR/*Blomeyer*, § 48 Rn. 49; MünchArbR/*Schüren*, § 169 Rn. 38 und § 164 Rn. 42.

Ortswechsel zugleich mit einer erheblichen Änderung der Umstände verbunden ist, unter denen die Arbeit zu leisten ist[181].

b) Zuweisung eines anderen Arbeitsbereichs bei Änderung von Lage und Dauer der Arbeitszeit?

Die Änderung von Lage und Dauer der Arbeitszeit ist für den Arbeitsbereich, der räumlich und funktional bestimmt wird, nicht von Belang[182]. Wird die Dauer der Arbeitszeit, die den Umfang der geschuldeten Arbeitsleistung mitbestimmt, geändert, so liegt darin allein keine Zuweisung eines anderen Arbeitsbereichs[183]. Auch die Lage der Arbeitszeit bestimmt den Arbeitsbereich nicht[184]. Erfolgt eine Änderung der Lage der Arbeitszeit unabhängig von den individuellen Vorstellungen und Wünschen des Arbeitnehmers, so ist aber das Mitbestimmungsrecht nach § 87 Abs. 1 Nr. 2 BetrVG zu beachten. Ob trotz der Tatsache, daß eine Veränderung von Lage oder Dauer der Arbeitszeit allein keine Versetzung im Sinne des § 99 BetrVG bedingt, aus anderen Gründen eine Versetzung vorliegt, wird beim jeweiligen Arbeitszeitmodell in Kapitel 5 behandelt.

II. Mitbestimmung des Betriebsrates in sozialen Angelegenheiten

Die Beteiligung des Betriebsrates in sozialen Angelegenheiten ist Kernbereich der Mitwirkung und Mitbestimmung der Arbeitnehmer[185]. Unter sozialen Angelegenheiten sind die Arbeitsbedingungen im weitesten Sinne zu verstehen, gleichgültig, ob sie primär den Inhalt des Arbeitsverhältnisses oder die Ordnung

---

[181] *Richardi*, BetrVG, § 99 Rn. 98 f.; *Kittner*, DKK-BetrVG, § 99 Rn. 95; *BAG* 19.2.1991 E 67, 225 = AP Nr. 25 zu § 95 BetrVG 1972 = EzA § 95 BetrVG 1972 Nr. 23 = SAE 1992, 300 = NZA 1991, 601; *BAG* AP Nr. 4 zu § 95 BetrVG 1972 = EzA § 95 BetrVG 1972 Nr. 8 = NZA 1984, 233; *BAG* 18.2.1986 E 51, 151 = AP Nr. 33 zu § 99 BetrVG 1972 = EzA § 95 BetrVG 1972 Nr. 12 = NZA 1986, 616; *BAG* 28.9.1988 E 59, 371 = AP Nr. 55 zu § 99 BetrVG 1972 = NZA 1989, 184; *BAG* 18.10.1988 AP Nr. 56 zu § 99 BetrVG 1972; *BAG* 1.8.1989 AP Nr. 17 zu § 95 BetrVG 1972 = EzA § 95 BetrVG 1972 Nr. 16 = NZA 1990, 196; *BAG* 8.8. 1989 E 62, 314 = AP Nr. 18 zu § 95 BetrVG 1972; differenzierend: *Kraft*, GK-BetrVG, § 99 Rn. 63, der davon ausgeht, daß eine reine Ortsveränderung der Arbeitsleistung innerhalb eines einheitlichen Betriebes keine Versetzung i. S. v. § 99 Abs. 1 BetrVG bzw. § 95 Abs. 3 BetrVG darstellt.

[182] *Richardi*, BetrVG, § 99 Rn. 102; *Schlochauer*, HSG-BetrVG, § 99 Rn. 47; *BAG* 16.7.1991 E 68, 155, 159 = AP Nr. 28 zu § 95 BetrVG 1972 = EzA § 95 BetrVG 1972 Nr. 25 = SAE 1992, 309 = NZA 1992, 180.

[183] U. a. MünchArbR/*Blomeyer*, § 48 Rn. 59; *BAG* 16.7.1991 E 68, 155 ff. = AP Nr. 28 zu § 95 BetrVG 1972 = EzA § 95 BetrVG 1972 Nr. 25 = SAE 1992, 309 = NZA 1992, 180.

[184] MünchArbR/*Blomeyer*, § 48 Rn. 59; *BAG* 19.2.1991 E 67, 225 = AP Nr. 25 zu § 95 BetrVG 1972 = EzA § 95 BetrVG 1972 Nr. 23 = SAE 1992, 300 = NZA 1991, 601.

[185] *Wiese*, GK-BetrVG, vor § 87 Rn. 1; *Glaubitz*, HSG-BetrVG, § 87 Rn. 1.

des Betriebes betreffen[186]. Der Katalog des § 87 Abs. 1 BetrVG, der die notwendigen Mitbestimmungstatbestände enthält, ist erschöpfend[187]. Für Inhalt und Reichweite des Mitbestimmungsrechts ist der jeweilige Mitbestimmungstatbestand maßgebend.

1. Notwendigkeit eines kollektiven Tatbestandes als Voraussetzung der Mitbestimmung

Bei den bereits untersuchten Unterrichtungs- und Beratungsrechten kam es nicht darauf an, wie viele Arbeitnehmer oder Arbeitsplätze von einer Entscheidung oder Planung betroffen sein könnten und mit welchen individualarbeitsrechtlichen Mitteln (Änderungskündigung bzw. –vertrag, Neueinstellung etc.) die Systemeinführung vorgenommen werden sollte. Bei der Mitbestimmung bei personellen Einzelmaßnahmen ist sogar explizit von dem einzelnen Arbeitnehmer die Rede. Bei der Mitbestimmung nach § 87 Abs. 1 BetrVG ist es sehr umstritten, ob sie nur bei Kollektivmaßnahmen oder auch bei Individualmaßnahmen zu erfolgen hat.

Das Betriebsverfassungsgesetz trifft keine ausdrückliche Regelung dahingehend, daß der Betriebsrat auch dann mitzubestimmen habe, wenn die sozialen Angelegenheiten nur einzelne Arbeitnehmer betreffen. Die herrschende Meinung in der Literatur geht davon aus, daß sich die Mitbestimmung nur auf kollektive Tatbestände bezieht, soweit das Gesetz ihr nicht ausnahmsweise – wie in § 87 Abs. 1 Nr. 5 und Nr. 9 BetrVG – einen Individualtatbestand unterwirft[188].

a) Wortlaut des Gesetzes und Literaturmeinungen

Eine generelle Beschränkung der Mitbestimmung auf kollektive Tatbestände ist nach *Richardi* sinnwidrig. Für die Beantwortung der Frage, ob die Mitbestimmung im Einzelfall besteht, sei von der gesetzlichen Abgrenzung des Mitbestimmungstatbestandes auszugehen[189]. Das Gesetz erstrecke in einigen Fällen das Mitbestimmungsrecht auf Maßnahmen, die nur einzelne Arbeitnehmer betreffen. Dies sei zum Beispiel bei § 87 Abs.1 Nr. 5 BetrVG bei der Festsetzung der zeitlichen Lage des Urlaubs für einzelne Arbeitnehmer der Fall. Derselbe

---

[186] So *Wiese*, GK-BetrVG, vor § 87 Rn. 3; vgl. auch Überschrift des Vierten Teils des Betriebsverfassungsgesetzes.

[187] *Richardi*, BetrVG, § 87 Rn. 10.

[188] *Fitting*, BetrVG, § 87 Rn. 13; MünchArbR/*Matthes*, § 332 Rn. 24; *Wiese*, GK-BetrVG, § 87 Rn. 20; *Stege/Weinspach*, BetrVG, § 87 Rn. 16; *Glaubitz*, HSG-BetrVG, § 87 Rn. 17; a.A.: *Richardi*, BetrVG, § 87 Rn. 17 ff.; *Klebe*, DKK-BetrVG, § 87 Rn. 15 f.

[189] *Richardi*, BetrVG, § 87 Rn. 21; so auch *Klebe*, DKK-BetrVG, § 87 Rn. 16; *Glaubitz*, HSG-BetrVG, § 87 Rn. 19.

Mitbestimmungstatbestand normiere ein Mitbestimmungsrecht aber auch für die Aufstellung allgemeiner Urlaubsgrundsätze und des Urlaubsplans. Hier seien eindeutig kollektive Regelungen gemeint. Da das Gesetz an einigen Stellen also eindeutig auch Einzelmaßnahmen in seinen Regelungsbereich miteinbeziehe, sei wohl davon auszugehen, daß die Mitbestimmungsrechte nicht pauschal auf Kollektivmaßnahmen zu reduzieren sind. Ein weiteres Beispiel, das die Argumente von *Richardi* unterstreicht, enthält § 87 Abs. 1 Nr. 9 BetrVG bezüglich der Kündigung von Werkwohnräumen.

Wiese[190] hält der Auffassung von *Richardi* entgegen, daß es sich bei § 87 Abs. 1 Nr. 5, 9 BetrVG um genau bezeichnete, aus besonderen Gründen eingeführte Ausnahmen handele, die eine Verallgemeinerung nicht zuließen. Soweit nicht im Wege der Auslegung dem Katalog des § 87 Abs. 1 BetrVG eine Mitbestimmung in Einzelfällen zu entnehmen sei, seien somit nur kollektive Tatbestände mitbestimmungspflichtig. Entscheidend sei allein der Gegenstand der Mitbestimmung, d.h. der kollektive Bezug einer Angelegenheit[191].

b) Rechtsprechung des *BAG*

Auch das BAG hat für § 87 Abs. 1 Nr. 3 BetrVG bezüglich der Verlängerung der betriebsüblichen Arbeitszeit verlangt, daß ein kollektiver Tatbestand vorliegt[192]. Weitere Entscheidungen zu § 87 Abs. 1 Nr. 2 BetrVG[193] in Fragen der Lage und Verteilung einer vorgegebenen Arbeitszeitdauer und zu § 87 Abs. 1 Nr. 10 BetrVG[194] bei Fragen der betrieblichen Lohngestaltung zeigen, daß das *BAG*, obwohl es zu diesem Problem bislang keine generelle Stellungnahme abgegeben hat, der herrschenden Literatur folgt.

c) Sachgerechte Lösung im Einzelfall

Die Argumente derer, die sich gegen eine generelle Beschränkung der Mitbestimmung auf Kollektivtatbestände aussprechen, überzeugen. Eine solche Be-

---

[190] *Wiese*, GK-BetrVG, § 87 Rn. 19 a.E.

[191] *Wiese*, GK-BetrVG, § 87 Rn. 20; MünchArbR/*Matthes*, § 332 Rn. 25.

[192] *BAG* 18.11.1980 AP Nr. 3 zu § 87 BetrVG 1972 Arbeitszeit = EzA § 87 BetrVG 1972 Arbeitszeit Nr. 8 = SAE 1981, 239; 2.3.1982 E 38, 96 = AP Nr. 6 zu § 87 BetrVG Arbeitszeit = EzA § 87 BetrVG 1972 Arbeitszeit Nr. 11 = SAE 1982, 304; 11.11.1986 AP Nr. 21 zu § 87 BetrVG 1972 Arbeitszeit = EzA § 87 BetrVG 1972 Arbeitszeit Nr. 21 = NZA 1987, 207; 16.7.1991 AP Nr. 44 zu § 87 BetrVG 1972 Arbeitszeit = EzA § 87 BetrVG 1972 Arbeitszeit Nr. 48 = NZA 1992, 70.

[193] *BAG* 21.12.1982 E 41, 200 = AP Nr. 9 zu § 87 BetrVG 1972 Arbeitszeit = EzA § 87 BetrVG 1972Arbeitszeit Nr. 16 = SAE 1983, 321; 27.6.1989 E 62, 202 = AP Nr. 35 zu § 87 BetrVG 1972 Arbeitszeit.

[194] *BAG* GS 3.12.1991 E 69, 134 = AP Nr. 51 zu § 87 BetrVG 1972 Lohngestaltung = EzA § 87 BetrVG 1972 Betriebliche Lohngestaltung Nr. 30 = NZA 1992, 749.

schränkung ist dem Gesetz nicht zu entnehmen. Das Gesetz unterscheidet vielmehr bei der Beschreibung des jeweiligen Mitbestimmungstatbestandes deutlich zwischen kollektiven und individuellen Fragen. Daraus ergibt sich, daß beide Arten von Fragen Gegenstand des Mitbestimmungsrechts sein können. Deshalb muß bei jeder einzelnen sozialen Angelegenheit nach § 87 Abs. 1 Nr. 1 bis 12 BetrVG gesondert durch Auslegung des jeweiligen Tatbestandes festgestellt werden, ob Kollektiv- oder Individualfragen dem Mitbestimmungsrecht unterliegen[195].

§ 87 Abs. 1 BetrVG zielt gerade auch darauf ab, einen effizienten Schutz aller im Betrieb tätigen Arbeitnehmer zu verwirklichen. Wenn aber der Schutz des Arbeitnehmers Zweck des Gesetzes ist, so leuchtet eine Einschränkung auf generelle Regelungen nicht ein.

2. Kriterien zur Abgrenzung von Kollektiv- und Individualtatbeständen

Da nach der hier vertretenen Ansicht anhand des jeweiligen Mitbestimmungstatbestandes festgestellt werden muß, ob von ihm auch Individualmaßnahmen erfaßt werden, beschränken sich die folgenden Darstellungen auf Unterscheidungskriterien für die Bestimmung von Kollektiv- und Individualtatbeständen. Sie können jedoch keine Gültigkeit für jeden Tatbestand des § 87 Abs. 1 BetrVG für sich in Anspruch nehmen. Es soll auch dargestellt werden, welche Meinungen die Autoren vertreten, die sich für eine Begrenzung auf kollektive Tatbestände aussprechen[196].

a) Betroffenheit einer Gruppe

Die Lehre, die für die Anerkennung eine Mitbestimmungsrechts auf das Vorliegen eines kollektiven Tatbestandes abstellt, verlangt nicht, daß sich die Regelung auf den ganzen Betrieb erstrecken muß; es genügt vielmehr, daß nur ein Teil der Belegschaft erfaßt wird oder es sich um eine Gruppe von Arbeitnehmern handelt[197].

Bezogen auf die Einführung eines flexiblen Arbeitszeitsystems käme es demnach darauf an, ob davon nur ein oder einzelne Arbeitnehmer individuell betroffen sind, oder ob eine Regelung für einen oder mehrere Arbeitsplätze, eine Gruppe von Arbeitnehmern oder die ganze Belegschaft getroffen wird. Bei der Bestimmung eines kollektiven Tatbestandes durch das Gruppenmerkmal ist

---

195 *Glaubitz*, HSG-BetrVG, § 87 Rn. 19.

196 Darstellung des Meinungsstandes bereits: *Richardi*, Die Beschränkung der Vertragsfreiheit durch das Mitbestimmungsrecht des Betriebsrats in sozialen Angelegenheiten, in: Sein und Werden im Recht, Festgabe für Ulrich von Lübtow, Berlin 1970, S. 755 (765 ff.).

197 *Richardi*, BetrVG, § 87 Rn. 26, 28.

problematisch, daß nicht feststeht, ab welcher Zahl von betroffenen Arbeitnehmern eine „Gruppe" gegeben ist. Beginnt die Gruppe bereits ab zwei Personen oder handelt es sich hierbei um zwei Einzelfälle? Liegt eine Gruppe erst ab einer Betroffenheit von drei Arbeitnehmern vor? Das Merkmal der „Gruppe" bedürfte folglich genauerer Definition, da sich ansonsten ähnliche Probleme wie bei der Lehre vom „quantitativen Kollektiv" stellen.

b) Quantitatives Kollektiv

Das *BAG* vertrat zu § 56 BetrVG 1952 die Meinung, daß für einen kollektiven Tatbestand ein nur quantitativ bestimmtes Kollektiv genüge[198]. Der Große Senat des *BAG* hat im Beschluß vom 3.12.1991 die Lehre vom „quantitativen Kollektiv" abgelehnt[199], da die Zahl der betroffenen Arbeitnehmer für das Vorliegen eines kollektiven Tatbestandes nur ein Indiz sei. Es sei unzumutbar, mit der nichtssagenden Formel einer „relativ nicht unerheblichen Anzahl von Arbeitnehmern" arbeiten zu müssen[200]. Der Große Senat hält es sogar für möglich, „daß generelle Regelungsfragen nur einen Arbeitnehmer betreffen, während individuelle Sonderregelungen auf Wunsch der betroffenen Arbeitnehmer gehäuft auftreten und doch nicht mehr als das zeitliche Zusammentreffen gemeinsam haben". Die Position des Großen Senats des *BAG* ist sachgerecht, da der Maßstab einer relativ nicht unerheblichen Anzahl von Arbeitnehmern für die betriebliche Praxis zu unsicher ist und allenfalls als Indiz dienen kann[201].

c) Einzelmaßnahme oder generelle Regelung

Auch die Auffassung, die danach unterscheidet, ob der Arbeitgeber eine Einzelmaßnahme oder eine generelle Regelung anstrebt[202], kann nicht überzeugen. Ob der Arbeitgeber generelle oder nur individuelle Maßnahmen anstrebt, ist oft nur bei einer auffälligen Häufung von Vorgängen derselben oder ähnlicher Art vom Betriebsrat festzustellen. Durch geschicktes Vorgehen (z.B. Abschluß von vielen gleichlautenden Einzelvereinbarungen) kann der Arbeitgeber aber seine wirkliche Zielsetzung verdecken; außerdem berücksichtigen die Vertreter dieser

---

198 *BAG* 31.1.1969 AP Nr. 5 zu § 56 BetrVG 1952 Entlohnung = EzA § 56 BetrVG Nr. 17 = SAE 1969, 179 mit Anmerkung *Richardi*.

199 *BAG* GS 3.12.1991 E 69, 134, 162 = AP Nr. 51 zu § 87 BetrVG 1972 Lohngestaltung = EzA § 87 BetrVG 1972 Betriebliche Lohngestaltung Nr. 30 = NZA 1992; so auch *Wiese*, GK-BetrVG, § 87 Rn. 27.

200 So bereits *Richardi*, SAE 1969, 182 (184) = Anmerkung zu *BAG* 31.1.1969 AP Nr. 5 zu § 56 BetrVG 1952 Entlohnung = EzA § 56 BetrVG Nr. 17 = SAE 1969, 179.

201 *Wiese*, GK-BetrVG, § 87 Rn. 27; *Glaubitz*, HSG-BetrVG, § 87 Rn. 22 a; vgl. auch *BAG* 18.11.1980 AP Nr. 3 zu § 87 BetrVG 1972 = EzA § 87 BetrVG 1972 Arbeitszeit Nr. 8= SAE 1981, 239.

202 *Stege/Weinspach*, § 87 Rn. 21, 21 a.

Auffassung nicht, daß das kollektive Interesse der Arbeitnehmer des Betriebs auch von Einzelmaßnahmen berührt werden kann[203].

d) Qualitativer Kollektivtatbestand

Eine weitere Möglichkeit ist, auf das Vorliegen eines „qualitativen Kollektivtatbestandes" abzustellen[204]. Ein qualitativer Kollektivtatbestand ist nach dieser Auffassung immer dann gegeben, wenn eine Angelegenheit nach ihrem Gegenstand einen kollektiven Bezug hat und kollektive Interessen[205] der Arbeitnehmer des Betriebs berührt. Auch *Wiese* hält den kollektiven Bezug der Angelegenheit für ein wesentliches Indiz[206]. Aber auch hier gilt, daß das Abstellen auf Indizien für die betriebliche Praxis zu unsicher ist.

e) Negative Abgrenzung und Lösungsversuch

Eine positive Abgrenzung des kollektiven Tatbestandes kann nach alledem nur schwer vorgenommen werden. Der kollektive Tatbestand kann jedoch folgendermaßen negativ bestimmt werden: Ein kollektiver Tatbestand ist nur zu verneinen, wenn ausschließlich die Besonderheiten des konkreten Arbeitsverhältnisses im Hinblick auf gerade den einzelnen Arbeitnehmer betreffende Umstände Maßnahmen erfordern und bei einander ähnlichen Maßnahmen gegenüber

---

[203] *Otto*, Mitbestimmung des Betriebsrats bei der Regelung von Dauer und Lage der Arbeitszeit, NZA 1992, 97 (98); MünchArbR/*Matthes*, § 332 Rn. 25; für Überstunden: *Fitting*, BetrVG, § 87 Rn. 17; *BAG* 10.6.1986 E 52, 160, 169 = AP Nr. 18 zu § 87 BetrVG 1972 Arbeitszeit = EzA § 87 BetrVG 1972 Arbeitszeit Nr. 18 = SAE 1988, 184 = NZA 1986, 840: ein kollektives Interesse der Arbeitnehmer eines Betriebs ist zum Beispiel betroffen, wenn ein Arbeitgeber entscheidet, welchen einzelnen Arbeitnehmer er aus mehreren in Frage kommenden Arbeitnehmern für einen besonderen Arbeitseinsatz auswählt; die Entscheidung wirkt sich insofern auf die anderen Arbeitnehmer aus, als daß sie eben nicht zum Arbeitseinsatz herangezogen werden.

[204] *BAG* 1.1.1969 AP Nr. 5 zu § 56 BetrVG Entlohnung = EzA § 56 BetrVG Nr. 17 = SAE 1969, 179.

[205] *Wiese*, GK-BetrVG, § 87 Rn. 20, schätzt den kollektiven Bezug einer Angelegenheit als ein passendes Indiz ein, er hält es aber für wenig präzise, wenn das *BAG* (u.a. 18.11.1980 AP Nr. 3, 2.3.1982 AP Nr. 6, 8.6.1982 AP Nr. 7, 21.12.1982 AP Nr. 9, 10.6.1986 AP Nr. 18, 11.11.1986 AP Nr. 21, 27.6.1989 AP Nr. 35, 13.6.1989 AP Nr. 36, 27.11.1990 AP Nr. 41, 16.7.1991 AP Nr. 44, 22.10.1991 AP Nr. 48 zu § 87 BetrVG 1972 Arbeitszeit) zugleich als maßgebend darauf abstellt, ob eine Regelungsfrage kollektive Interessen der Arbeitnehmer des Betriebs berührt; dies kann auch dann der Fall sein, wenn es sich um eine mitbestimmungsfreie Individualmaßnahme mit präjudizieller Bedeutung für andere Arbeitsverhältnisse handelt.

[206] *Wiese*, GK-BetrVG, § 87 Rn. 20.

mehreren Arbeitnehmer kein innerer Zusammenhang besteht[207]. Dies ist dann der Fall, wenn das Regelungsbedürfnis komplett entfällt, wenn der einzelne Arbeitnehmer weggedacht wird.
Ein endgültiger Katalog von aussagekräftigen Unterscheidungskriterien konnte bislang nicht aufgestellt werden. Für das Betroffensein einer Gruppe von Arbeitnehmern in dem Sinne, daß es sich bei einer sie betreffenden Maßnahme um einen Kollektivtatbestand handelt, muß aber jedenfalls auf gemeinsame sachliche Merkmale abgestellt werden. Die Bindung an sachliche Kriterien hat zwangsläufig die Abstrahierung von der Person zur Folge[208].
Praktikabel dürfte es also folglich - entsprechend den Ausführungen von *Klebe* - für eine Unterscheidung sein, sich folgende Frage zu stellen[209]: Ändert sich etwas am Regelungsbedürfnis und –inhalt, wenn man die Person des betroffenen Arbeitnehmers austauschen würde? Ist dies nicht der Fall, besteht das Mitbestimmungsrecht. Ansonsten handelt es sich wirklich um einen konkreten Einzelfall, dessen Regelung zwischen Arbeitnehmer und Arbeitgeber zu erfolgen hat.

3. Mitbestimmungsrechte aus § 87 Abs. 1 BetrVG im Zusammenhang mit flexibler Arbeitszeit

Inwieweit die Einführung eines flexiblen Arbeitszeitsystems der Mitbestimmung unterliegt, ist anhand der einschlägigen Tatbestände zu ermitteln.
Die Mitbestimmungstatbestände des § 87 Abs. 1 BetrVG verleihen dem Betriebsrat die Möglichkeit, auf die Einführung und Ausgestaltung flexibler Arbeitszeitmodelle Einfluß zu nehmen.

a) Umfang des Mitbestimmungsrechts bezüglich Beginn und Ende der täglichen Arbeitszeit einschließlich der Pausen sowie Verteilung der Arbeitszeit auf die einzelnen Wochentage

Die Lage der Arbeitszeit am Tag und in der Woche unterliegt, soweit sie nicht vertraglich festgelegt ist, dem Direktionsrecht des Arbeitgebers. Dabei fällt

---

[207] *Wiese*, GK-BetrVG, § 87 Rn. 33; so auch die Tendenz des *BAG*: 18.11.1980 AP Nr. 3 zu § 87 BetrVG 1972 Arbeitszeit = EzA § 87 BetrVG 1972 Arbeitszeit Nr. 8 = SAE 1981, 239; 27.6.1989 E 62, 202 = AP Nr. 35 zu § 87 BetrVG 1972 Arbeitszeit.

[208] So bereits *Hilger*, Verhandlungen des 43. DJT, Bd. II/F S. 8; s. auch MünchArbR/*Matthes*, § 332 Rn. 25 f.

[209] *Klebe*, DKK-BetrVG, § 87 Rn. 16 a.E.; auch: *Raab*, Mitbestimmung des Betriebsrats bei der Einführung und Ausgestaltung von Krankengesprächen, NZA 1993, 193 (196); *Otto*, Mitbestimmung des Betriebsrats bei der Regelung von Dauer und Lage der Arbeitszeit, NZA 1992, 97 (98).

nach § 87 Abs. 1 Nr. 2 BetrVG die Festlegung von Beginn und Ende der täglichen Arbeitszeit einschließlich der Pausen sowie die Verteilung der Arbeitszeit auf die einzelnen Wochentage unter die Mitbestimmung des Betriebsrates[210].

aa) Problem der Verschiebung des Entgeltrisikos

Soweit lediglich ein zeitlicher Umfang der geschuldeten Arbeit – das Arbeitsvolumen – festgelegt ist und die für die Dienstleistungsschuld wesentliche Bestimmung der Leistungszeit (Lage der Arbeitszeit) noch offen bleibt, besteht vor allem bei flexibler Arbeitszeit die Gefahr, daß die gesetzliche Entgeltrisikoregelung (§ 615 BGB) sich zu Lasten des Arbeitnehmers verschiebt[211].
Das Mitbestimmungsrecht des Betriebsrates nach § 87 Abs. 1 Nr. 2 BetrVG bezüglich der Lage der Arbeitszeit dient daher nicht nur dem Interesse des Arbeitnehmers an seiner ungehinderten Freizeitgestaltung, sondern vor allem auch der Sicherung der Gefahrtragungsregel, wie sie sich zugunsten des Arbeitnehmers mittelbar aus § 615 BGB ergibt[212]. Denn für die Risikoregelung des bürgerlichen Rechts ist wesentlich, daß wegen der Zeitfixierung die nachgeholte Dienstleistung eine andere als die ursprünglich geschuldete darstellt, auch wenn es sich um die gleiche Arbeit handelt; die ursprünglich geschuldete Arbeitsleistung wird unmöglich, weil die Dienstpflicht im Arbeitsrecht als absolute Fixschuld bzw. als eine durch die Zeit individualisierte Speziesleistung behandelt wird[213].
Moderne Regelungen der Arbeitserbringung wie etwa die Gleitzeit oder die Abarbeitung eines angesammelten Stundenguthabens zeigen, daß man immer häufiger von der „zeitlichen Speziesschuld" zur „begrenzten zeitlichen Gattungsschuld", nämlich zu einer durch den zeitlichen Spielraum limitierten „zeitlichen Vorratsschuld" wechselt. Bei der KAPOVAZ zum Beispiel besteht für den Arbeitgeber das Recht, den zur Arbeit Verpflichteten weitgehend frei abzurufen (§12 Abs. 2 TzBfG); hierdurch geht die Gefahr hinsichtlich des Entgelts fast komplett auf den Arbeitnehmer über. Leerlaufzeiten können nahezu komplett

---

[210] S. hierzu auch: Staudinger/*Richardi* (1999), § 611 Rn. 255.

[211] U.a. *Reichold*, Zeitsouveränität im Arbeitsverhältnis: Strukturen und Konsequenzen, NZA 1998, 393 (398): "...Zeitsouveränität wird erkauft mit der partiellen (einfache) oder totalen (variable Gleitzeit) Abbedingung der auf zeitliche Fixschulden zugeschnittenen §§ 615, 616 BGB"; s. auch: *Richardi*, Arbeitszeitflexibilisierung – kollektive Arbeitszeitregelung und individuelle Arbeitszeitsouveränität, in: FS für Franz Merz, 1992, 481 (483 f.).

[212] *Richardi*, Die Mitbestimmung des Betriebsrats bei flexibler Arbeitszeitgestaltung, NZA 1994, 593 (597).

[213] MünchKomm/*Müller-Glöge*, § 611 Rn. 15; Staudinger/*Richardi* (1999), § 611 Rn. 336, 463; s. aber auch MünchArbR/*Blomeyer*, § 57 Rn. 10 ff.; *Fabricius*, Leistungsstörungen im Arbeitsverhältnis, 1970, S. 41, 98.

vermieden werden und für den Fall, daß der Arbeitgeber den Arbeitnehmer aus irgendwelchen Gründen (z.B. wirtschaftlicher oder technischer Art) nicht beschäftigen kann, besteht die Möglichkeit der Umgehung von § 615 BGB durch ein Unterlassen des Abrufs der Arbeit. Kann der Arbeitgeber also die Lage der Arbeitszeit ohne jegliche Reglementierung festlegen, so kommt es weitgehend zu einer Umgehung des § 615 BGB zu Lasten der Arbeitnehmer, die dann jederzeit zur Verfügung stehen müßten[214]. Eine Mitbestimmung des Betriebsrates ist daher geboten.

bb) Gegenstand der Mitbestimmung

Gegenstand der Mitbestimmung bei flexiblen Arbeitszeiten ist die Lage der Arbeitszeit; bei einer flexiblen Arbeitszeitregelung ist der Betriebsrat in ihre Festlegung mehr eingeschaltet als bei einer Arbeitszeitregelung mit feststehendem Beginn und Ende der täglichen Arbeitszeit[215]. Zweck des § 87 Abs. 1 Nr. 2 BetrVG ist es, dem Interesse der Arbeitnehmer an der Lage ihrer Arbeitszeit und dementsprechend ihrer Freizeit Geltung zu verleihen[216]. Dies erfolgt auf kollektiver Ebene durch die Mitbestimmung des Betriebsrates als Interessenvertretung der Arbeitnehmer. Der Mitbestimmung unterliegt die Lage der Arbeitszeit, nicht die Dauer der wöchentlichen Arbeitszeit. Das *BAG* und die herrschende Meinung in der Literatur stellen diesbezüglich auf die historische Entwicklung des Mitbestimmungsrechts in § 87 Abs. 1 Nr. 2 BetrVG, auf den Wortlaut der Bestimmung („tägliche Arbeitszeit") und auf die Abgrenzung zum Mitbestimmungsrecht in § 87 Abs. 1 Nr. 3 BetrVG ab[217].

---

[214] *Picker*, Arbeitsvertragliche Lohngefahr und dienstvertragliche Vergütungsgefahr, zur Wiederannäherung von Arbeits- und Zivilrecht, in: FS für Otto Rudolf Kissel zum 65. Geburtstag, 1994, S. 813 (821 f., 829 ff.); zur Vergütungsgefahr bei KAPOVAZ-Arbeitsverträgen: *Plander*, Kapazitätsorientierte variable Arbeitszeit als Gegenstand von Tarifverträgen und Betriebsvereinbarungen, AuR 1987, 281 (288).

[215] *Richardi*, Die Mitbestimmung des Betriebsrats bei flexibler Arbeitszeitgestaltung, NZA 1994, 593 (595, 597); *ders.*, BetrVG, § 87 Rn. 324; ErfK/*Hanau/Kania*, § 87 BetrVG Rn. 29.

[216] *BAG* 21.12.1982 E 41, 200 = AP Nr. 9 zu § 87 BetrVG 1972 Arbeitszeit = EzA § 87 BetrVG 1972 Arbeitszeit Nr. 16 = SAE 1983, 321.

[217] *BAG* 21.11.1978 AP Nr. 2 zu § 87 BetrVG 1972 Arbeitszeit = EzA § 87 BetrVG 1972 Arbeitszeit Nr. 7; *BAG* 13.10.1987 E 56, 197 = AP Nr. 24 zu § 87 BetrVG Arbeitszeit = NZA 1988, 251; *BAG* 18.8.1987 E 56, 18 = AP Nr. 23 zu § 77 BetrVG 1972 = NZA 1987, 779; *BAG* 14.3.1989 Az.: 1 ABR 77/87 NV; *Richardi*, BetrVG, § 87 Rn. 299; *Kilian*, Arbeitszeit und Mitbestimmung des Betriebsrats, Diss. 1981, S. 128 ff; MünchArbR/*Matthes*, § 334 Rn. 3; *Schwerdtner*, Die Reichweite der Mitbestimmungsrechte nach § 87 Abs. 1 Nr. 2, 3 BetrVG bei Teilzeitbeschäftigten mit variabler Arbeitszeit, DB 1983, 2763 (2779 ff.); *Plander*, Kapazitätsorientierte variable Arbeitszeit als Gegenstand von Tarifverträgen und Betriebsvereinbarungen, AuR 1987, 281 (288 ff.); *Goos*, Entscheidungen des BAG zur

Bei flexibler Arbeitszeit kann für einen Arbeitnehmer innerhalb einer bestimmten Zeitspanne auch eine verschieden lange regelmäßige Arbeitszeit festgelegt werden. Hierbei handelt es sich um die mitbestimmungsfreie Festlegung des zeitlichen Umfangs der Arbeitsleistung. Der Wortlaut des Gesetzes gebietet eine Differenzierung von täglicher und wöchentlicher Arbeitszeit. Hinsichtlich der täglichen Arbeitszeit sind Beginn und Ende einschließlich der Pausen mitbestimmungspflichtig (§ 87 Abs. 1 Nr. 2 BetrVG). Sind diese Komponenten der Arbeitszeit festgelegt, so ist zwangsläufig auch die Dauer der täglichen Arbeitszeit bestimmt. Hinsichtlich des wöchentlichen Arbeitszeitdeputats unterliegt nur die Verteilung der Arbeitszeit auf die einzelnen Wochentage der Mitbestimmung. Die konkrete Dauer der wöchentlichen Arbeitszeit geben entweder Tarifvertrag oder Arbeitsvertrag vor. Beim Mitbestimmungsrecht über Beginn und Ende der täglichen Arbeitszeit nach § 87 Abs. 1 Nr. 2 BetrVG geht es also um die Verteilung einer vorgegebenen Arbeitszeitdauer und nicht um die Dauer der Arbeitszeit selbst[218]. Daher ist die Dauer der Arbeitszeit im Sinne des zeitlichen Umfangs der rechtsgeschäftlich zugesagten Arbeitsleistung nicht über die Mitbestimmung regelbar.

Die Mitbestimmung des Betriebsrates hat zum Ziel, eine gleichberechtigte Teilhabe der Arbeitnehmer an den sie betreffenden Entscheidungen zu gewährleisten[219]. Wird das für die Arbeitnehmer einheitliche oder verschiedene Arbeitszeitvolumen auf die Wochen, Tage und Stunden so verteilt, daß der Betrieb an

---

Mitbestimmung des Betriebsrates bei der Arbeitszeit von Teilzeitbeschäftigten, NZA 1988, 870; *Hermann*, Mitbestimmung bei Teilzeitarbeit – Die Mitbestimmungsrechte gemäß § 87 Abs. 1 Nr. 2 BetrVG bei Teilzeitarbeit nach dem Beschluß des BAG vom 13.10.1987, AnwBl 1989, 28 ; *Farthmann*, Die Mitbestimmung des Betriebsrats bei der Regelung der Arbeitszeit, RdA 1974, 65 (66 f.); *Farthmann* (RdA 1974, 65, 67) schreibt zu der Streitfrage über die Einbeziehung der Dauer der Arbeitszeit in die Mitbestimmung, daß deren praktische Bedeutung nicht überschätzt werden dürfe, da die Dauer der Arbeitszeit in der Tarifpraxis überwiegend in Tarifverträgen durch Nominierung einer Wochenarbeitszeit geregelt werde; die Mitbestimmung des § 87 Abs. 1 BetrVG greife aber nur, "soweit eine gesetzliche oder tarifliche Regelung nicht besteht" (dies folgt auch aus *BAG* 13.1.1987 E 54, 87 = AP Nr. 22 zu § 87 BetrVG 1972 Arbeitszeit = EzA § 87 BetrVG 1972 Arbeitszeit Nr. 22 = NZA 1987, 388); für eine Einbeziehung der Dauer der Arbeitszeit in den Mitbestimmungstatbestand: *Klebe*, DKK-BetrVG, § 87 Rn. 73, 85.

[218] *Richardi*, BetrVG, § 87 Rn. 293 f.; s. auch *Gutzeit*, Die Mitbestimmung des Betriebsrats bei Fragen der Arbeitszeit, BB 1996, 106 (109); *Lipke*, Betriebsverfassungsrechtliche Probleme der Teilzeitarbeit, NZA 1990, 758 (764); *Schwerdtner*, Die Reichweite der Mitbestimmungsrechte nach § 87 Abs. 1 Nr. 2, 3 BetrVG bei Teilzeitbeschäftigten mit variabler Arbeitszeit, DB 1983, 2763 (2771); *BAG* 18.8.1987 E 56, 18 (33) = AP Nr. 23 zu § 77 BetrVG 1972 = NZA 1987, 779.

[219] *BAG* 25.10.1977 AP Nr. 1 zu § 87 BetrVG 1972 Arbeitszeit = EzA § 615 BGB Nr. 34 = SAE 1978, 161.

den Werktagen zu bestimmten Zeiten tätig ist, so wird die Betriebsnutzungszeit am besten durch eine Arbeitszeitvariabilität ausgefüllt. Die Regelung einer solchen Arbeitszeitvariabilität unterliegt der Mitbestimmung des Betriebsrates nach § 87 Abs. 1 Nr. 2 BetrVG, weil insoweit ausschließlich die Lage der Arbeitszeit betroffen ist[220]. Bei der Verteilung der wöchentlichen Arbeitszeit auf die einzelnen Wochentage sind im übrigen die tariflichen oder arbeitsvertraglichen Vereinbarungen als mitbestimmungsfreie Vorgaben zu beachten[221]. Unter täglicher Arbeitszeit ist nach dem Gesetzeswortlaut - wie in Abs. 1 Nr. 2 - nicht nur die betriebsübliche, sondern jede Art der Arbeitszeit zu verstehen[222]. Es werden vom Mitbestimmungsrecht dementsprechend auch einmalige Arbeitszeitverlegungen erfaßt, bei denen ebenfalls Beginn und Ende der Arbeitszeit eines Tages anderweitig geregelt werden[223].

cc) Erfordernis eines kollektiven Tatbestandes

Nach verbreiteter Auffassung soll die Festlegung der Lage der Arbeitszeit mitbestimmungsfrei sein, wenn sie ohne kollektiven Bezug nur einzelne Arbeitnehmer betrifft[224].

aaa) Literaturmeinungen

So hat zum Beispiel nach *Wiese* der Betriebsrat kein Mitbestimmungsrecht, wenn die Arbeitszeit eines oder mehrerer einzelner Arbeitnehmer aufgrund einer entsprechenden Vereinbarung oder im Rahmen des Direktionsrechts des Arbeitgebers festgelegt bzw. verändert wird und kein kollektiver Bezug besteht[225]. *Wiese* argumentiert, daß eine Mitbestimmung bei Einzelmaßnahmen auch nicht erforderlich sei, weil der einzelne Arbeitnehmer seine Interessen im

---

[220] *Richardi*, BetrVG, § 87 Rn. 324.

[221] *Sowka/Köster*, Teilzeitarbeit und geringfügige Beschäftigung, 1993, S. 84.

[222] *BAG* 21.11.1978 AP. Nr. 2 zu § 87 BetrVG 1972 Arbeitszeit = EzA § 87 BetrVG 1972 Arbeitszeit Nr. 7.

[223] *Wiese*, GK-BetrVG, § 87 Rn. 287; *Glaubitz*, HSG-BetrVG, § 87 Rn. 153.

[224] *BAG* 7.9.1956 E 3, 207 = AP Nr. 2 zu § 56 BetrVG 1952 mit Anmerkung *Dersch* = SAE 1958, 8; *BAG* 18.11.1980 AP Nr. 3 zu § 87 BetrVG Arbeitszeit mit zustimmender Anmerkung *Meisel* = EzA § 87 BetrVG 1972 Arbeitszeit Nr. 8 = SAE 1981, 239; *BAG* 2.3.1982 E 38, 96 = AP Nr. 6 zu § 87 1972 Arbeitszeit = EzA § 87 BetrVG 1972 Nr. 11 = SAE 1982, 304; *BAG* 8.6.1982 AP Nr. 7 zu § 87 BetrVG Arbeitszeit = EzA § 87 BetrVG 1972 Arbeitszeit Nr. 12 = SAE 1983, 144; *BAG* 22.2.1983 E 42, 11 = AP Nr. 2 zu § 23 BetrVG 1972 = EzA § 23 BetrVG 1972 Nr. 9 = SAE 1984, 182 = NJW 1984, 196; *BAG* 8.11.1983 E 44, 226 = AP Nr. 11 zu § 87 BetrVG 1972 Arbeitszeit; *LAG Köln* 29.2.1988 E § 95 BetrVG 1972 Nr. 5 = EzA § 95 BetrVG 1972 Nr. 5 = NZA 1989, 73; *Wiese*, GK-BetrVG, § 87 Rn. 289.

[225] *Wiese*, GK-BetrVG, § 87 Rn. 289.

Beschwerdeverfahren nach § 85 BetrVG durch den Betriebsrat wahrnehmen lassen könne. Er ist weiter der Auffassung, daß eine aus persönlichen Gründen vom Arbeitnehmer gewünschte individuelle, von der betriebsüblichen Arbeitszeit abweichende Lage seiner Arbeitszeit ausdrücklich mit dem Arbeitgeber vereinbart werden müsse.

Richardi[226] vertritt die Ansicht, daß die Begrenzung der Mitbestimmung bei § 87 Abs. Nr. 2 auf kollektive Tatbestände sich nicht nur nicht aus dem gesetzlich festgelegten Mitbestimmungstatbestand ergebe, sondern sogar dem Zweck der Mitbestimmung widerspreche. Gerade wenn der Arbeitgeber individualrechtlich auf Grund seines Direktionsrechts für einzelne Arbeitnehmer deren Arbeitszeit abweichend von der betriebsüblichen Arbeitszeit festlegt, müsse für die betroffenen Arbeitnehmer ein Rückhalt in der Mitbestimmung des Betriebsrates bestehen[227]. Dieses Interesse werde von der Rechtsprechung auch anerkannt, soweit sie die Mitbestimmung davon abhängig macht, ob ein Regelungsbedürfnis unabhängig von der individuellen Person eines einzelnen Arbeitnehmers und der konkreten Ausgestaltung eines bestimmten Arbeitsverhältnisses besteht[228].

Auch *Glaubitz*[229] geht davon aus, daß eine Beschränkung des Mitbestimmungstatbestandes nach § 87 Abs. 1 Nr. 2 BetrVG auf Kollektivtatbestände nicht dem Gesetz zu entnehmen ist. Die Nr. 2 des § 87 Abs. 1 BetrVG erfasse im Unterschied zu Nr. 3 der Vorschrift uneingeschränkt die Arbeitszeit. Eine solche Regelung sei auch sinnvoll, weil die Lage der Arbeitszeit nur einzelner Arbeitnehmer aufgrund ihrer bei flexiblen Arbeitszeitmodellen in der Regel bestehenden Auswirkungen auf die Arbeitszeit anderer Arbeitnehmer des Betriebs immer kollektiven Bezug habe[230]. Eine Beschränkung der Mitbestimmung sei auch nicht mit dem Schutzzweck der Norm zu vereinbaren. Ohne das Mitbestimmungsrecht des Betriebsrates wären die Arbeitnehmer in vielerlei Hinsicht der alleinigen kollektiven Regelungs- und Entscheidungsbefugnis des Arbeit-

---

[226] *Richardi*, BetrVG, § 87 Rn. 344; ebenso: *Glaubitz*, HSG-Glaubitz, § 87 Rn. 154.
[227] So bereits *Hilger*, Verhandlungen des 43. DJT, Bd. II/F S. 10.
[228] *Richardi*, BetrVG, § 87 Rn. 344; Wiese, GK-BetrVG, § 87 Rn. 17, 20, 25.
[229] *Glaubitz*, HSG-BetrVG, § 87 Rn. 154.
[230] *Klevemann*, Die Mitbestimmungsrechte des Betriebsrats bei der "Flexibilisierung" der Arbeitszeit, AiB 1984, 107 (111); s. auch *Hilger*, Verhandlungen des 43. DJT, Bd. II/F S. 16: "Die kollektivrechtliche Maßnahme muß an den objektiven, vernünftig differenzierten und typischen Tatbestand anknüpfen, gleichgültig allerdings, ob dieser Tatbestand einmal oder ob er mehrfach vorkommt. Das bedeutet: Das Kollektivrecht kann den einzelnen niemals als Person erfassen, sondern immer nur als Träger objektiver, sachlich relevanter Merkmale"; s. zudem *BAG* 10.6.1986 E 52, 160, 169 = AP Nr. 18 zu § 87 BetrVG 1972 Arbeitszeit = EzA § 87 BetrVG 1972 Arbeitszeit Nr. 18 = SAE 1988, 184 = NZA 1986, 840.

gebers ausgesetzt, die sich aus der Bündelung individualrechtlicher Weisungsrechte gegenüber allen Betriebsangehörigen ergibt[231].

bbb) Lösungsansatz

Auch bei einer Maßnahme, die nur einen Arbeitnehmer direkt betrifft, können Auswirkungen auf andere Arbeitnehmer vorliegen; ein kollektiver Bezug ist in diesen Fällen nicht ohne weiteres ausgeschlossen.
So haftet zum Beispiel einem in KAPOVAZ arbeitendem Teilzeitarbeitnehmer das Merkmal an, daß er in Teilzeit flexibel abgerufen werden kann; über dieses Merkmal verfügen auch andere Arbeitnehmer, die in KAPOVAZ teilzeitbeschäftigt sind. Trifft der Arbeitgeber im Rahmen der Personaleinsatzplanung die Entscheidung, einen bestimmten in Frage kommenden in Teilzeit arbeitenden KAPOVAZ-Arbeitnehmer einzusetzen, so sind von dieser Maßnahme auch die für den Einsatz in Frage kommenden anderen KAPOVAZ-Arbeitnehmer betroffen, weil sie gerade nicht eingesetzt werden[232], aber grundsätzlich zur Auswahl gestanden sind. Mit Blick auf den Schutzzweck des § 87 Abs. 1 BetrVG kann bei Einzelmaßnahmen, die beispielsweise bei einem Arbeitsabruf eindeutig einen kollektiven Bezug aufweisen, eine Mitbestimmung nicht mangels eines Kollektivtatbestandes ausgeschlossen werden. Es ist daher den Meinungen von *Richardi* und *Glaubitz* zu folgen[233].
Im Einzelfall kommt man wohl zu einem ausreichenden Maß an Mitbestimmung des Betriebsrates, wenn man Einzelmaßnahmen nicht generell von der Mitbestimmung ausnimmt, sondern prüft, ob durch eine Auswechslung des einzelnen Arbeitnehmers das Regelungsbedürfnis entfällt. Ist dies der Fall, so han-

---

[231] *Richardi*, Kritische Anmerkungen zur Reform der Mitbestimmung des Betriebsrats in sozialen und personellen Angelegenheiten nach dem Regierungsentwurf, DB 1971, 621 f.; *Glaubitz*, HSG-BetrVG, § 87 Rn. 7; s. auch *Hilger*, Verhandlungen des 43. DJT, Bd. II/F S. 10.

[232] Dies entspricht im Ergebnis auch *BAG* 10.6.1986 E 52, 160, 169 = AP Nr. 18 zu § 87 BetrVG 1972 Arbeitszeit = EzA § 87 BetrVG 1972 Arbeitszeit Nr. 18 = SAE 1988, 184 = NZA 1986, 840; s. auch *Hilger*, Verhandlungen des 43. DJT, Bd. II/F S. 16; *Schwerdtner*, Die Reichweite der Mitbestimmungsrechte nach § 87 Abs. 1 Nr. 2, 3 BetrVG bei Teilzeitbeschäftigten mit variabler Arbeitszeit, DB 1983, 2763 (2768); für Überstunden: *Fitting*, BetrVG, § 87 Rn. 17.

[233] .*BAG* 10.6.1986 E 52, 160, 169 = AP Nr. 18 zu § 87 BetrVG 1972 Arbeitszeit = EzA § 87 BetrVG 1972 Arbeitszeit Nr. 18 = SAE 1988, 184 = NZA 1986, 840; *BAG* 31.8.1982 E 40, 107 = AP Nr. 8 zu § 87 BetrVG 1972 Arbeitszeit = NJW 1983, 953; für Teilzeitbeschäftigte: *BAG* 13.10.1987 E 56, 197 = AP Nr. 24 zu § 87 BetrVG 1972 =NZA 1988, 251; *LAG Hamm* 17.3.1978 E § 87 BetrVG 1972 Kontrolleinrichtung Nr. 3 = EzA § 87 BetrVG Kontrolleinrichtung Nr. 5 = DB 1978, 1987; *LAG Köln* 29.2.1988 E § 95 BetrVG 1972 Nr. 5 = EzA § 95 BetrVG 1972 Nr. 5 = NZA 1989, 73; zur Meinung von *Richardi* s. BetrVG, § 87 Rn. 344.

delt es sich um eine mitbestimmungsfreie Einzelmaßnahme[234]. Das Regelungsbedürfnis entfällt zum Beispiel bei m Einsatz eines Arbeitnehmers, der in einem flexiblen Arbeitszeitsystem arbeitet, nicht, wenn man einen anderen flexibel arbeitenden Arbeitnehmer heranzieht; denn der Bedarf an Arbeitskraft für einen bestimmten Einsatz besteht unabhängig davon, welchen Arbeitnehmer der Arbeitgeber dafür heranzieht. Die Entscheidung für den Einsatz eines bestimmten Arbeitnehmers betrifft die anderen Arbeitnehmer insoweit, als sie eben nicht für den konkreten Arbeitseinsatz ausgewählt wurden.

b) Das Mitbestimmungsrecht bei der vorübergehenden Verkürzung oder Verlängerung der betriebsüblichen Arbeitszeit

Der Betriebsrat hat nach Maßgabe des § 87 Abs. 1 Nr. 3 BetrVG über die Einführung von Kurzarbeit und Überstunden, d.h. über die Dauer der Arbeitszeit und damit über materielle Arbeitsbedingungen mitzubestimmen[235].

aa) Zweck der Mitbestimmung

Zweck des Mitbestimmungsrechts in Bezug auf Kurzarbeit ist einerseits der Ausgleich der Interessen des Arbeitgebers an einer wirtschaftlichen Betriebsführung und der Interessen der Arbeitnehmer, Sonderbelastungen durch verkürzte Arbeitszeit, die mit (oft nicht geringen) Lohneinbußen verbunden ist, zu vermeiden. Durch Kurzarbeit können andererseits auch im Interesse der Arbeitnehmer betriebsbedingte Kündigungen vermieden werden.
Bei den Überstunden geht es um die Gefährdung der Freizeit und um die gerechte Verteilung der Belastungen und Verdienstchancen unter den Arbeitnehmern[236].

bb) Betriebsübliche Arbeitszeit und Erfordernis eines Kollektivtatbestandes

Die betriebsübliche Arbeitszeit ist die regelmäßige betriebliche Arbeitszeit[237]. Da auf die im Betrieb für bestimmte Arbeitsplätze und Arbeitnehmergruppen

---

[234] S. hierzu bereits in diesem Kapitel C. II. 2. e; so auch vertreten von: *Klebe*, DKK-BetrVG, § 87 Rn. 16 a.E.; auch: *Raab*, Mitbestimmung des Betriebsrats bei der Einführung und Ausgestaltung von Krankengesprächen, NZA 1993, 193 (196); *Zmarzlik/Anzinger*, ArbZG, 1995, § 1 Rn. 45.

[235] *Wiese*, GK-BetrVG, § 87 Rn. 358; *Fitting*, BetrVG, § 87 Rn. 128; *Richardi*, BetrVG, § 87 Rn. 371, 382, 385, 392; Staudinger/*Richardi* (1999), vor § 611 Rn. 1158.

[236] *Fitting*, BetrVG, § 87 Rn. 129; *Richardi*, BetrVG, § 87 Rn. 372; *Wiese*, GK-BetrVG, § 87 Rn. 362; *Stege/Weinspach*, BetrVG, § 87 Rn. 73 a; MünchArbR/*Matthes*, § 335 Rn. 3 f.

[237] *BAG* 16.7.1991 AP Nr. 44 zu § 87 BetrVG Arbeitszeit = EzA § 87 BetrVG 1972 Arbeitszeit Nr. 48 = NZA 1992, 70; *Fitting*, BetrVG, § 87 Rn. 130; *Stege/Weinspach*, BetrVG, § 87 Rn. 73 f.

geltenden Arbeitszeiten abzustellen ist[238], kann es in ein und demselben Betrieb mehrere betriebsübliche Arbeitszeiten geben. Möglich ist auch, daß die betriebsübliche Arbeitszeit nur einen Arbeitnehmer betrifft.
Für die Beurteilung, ob ein kollektiver Tatbestand gegeben ist, kommt es nicht auf die Zahl der Arbeitnehmer an[239]; daher kann ein betriebliches Regelungsbedürfnis auch bei der Anordnung von Überstunden oder Kurzarbeit nur für einen Arbeitnehmer gegeben sein[240]. Eine Schranke der Mitbestimmung bildet hierbei die rechtsgeschäftliche Gestaltungsbefugnis des Arbeitnehmers; jedoch darf der Arbeitgeber das Mitbestimmungsrecht des Betriebsrates nicht durch entsprechende einzelvertragliche Vereinbarungen ausschließen[241].

cc) Initiativrecht

Ein Initiativrecht des Betriebsrates besteht insoweit, als Kurzarbeit zur Vermeidung von betriebsbedingten Kündigungen eingeführt werden soll[242]. Ein Initiativrecht zur Einführung von Mehrarbeit besteht nicht, da das Recht aus § 87 Abs. 1 Nr. 3 BetrVG nicht der Verhinderung von Neueinstellungen dienen soll[243].

---

[238] *Fitting*, BetrVG, § 87 Rn. 130; *Stege/Weinspach*, BetrVG, § 87 Rn. 73 f.; *Wiese*, GK-BetrVG, § 87 Rn. 381; *Richardi*, BetrVG, § 87 Rn. 374; 399; *BAG* 16.7.1991 AP Nr. 44 zu § 87 BetrVG 1972 Arbeitszeit = EzA § 87 BetrVG 1972 Arbeitszeit Nr. 48 = NZA 1992, 70.

[239] *BAG* 10.6.1986 E 52, 160, 169 = AP Nr. 18 zu § 87 BetrVG 1972 Arbeitszeit = EzA § 87 BetrVG 1972 Arbeitszeit Nr. 18 = SAE 1988, 184 = NZA 1986, 840; *BAG* 11.11.1986 AP Nr. 21 zu § 87 BetrVG 1972 Arbeitszeit = EzA § 87 BetrVG 1972 Arbeitszeit Nr. 21 = NZA 1987, 207; *BAG* 16.7.1991 AP Nr. 44 zu § 87 BetrVG 1972 Arbeitszeit = EzA § 87 BetrVG 1972 Arbeitszeit Nr. 48 = NZA 1992, 70; s. auch in diesem Kapitel C. II. 1 und C. II. 2.

[240] *BAG* 4.3.1986 E 51, 187 = AP Nr. 3 zu § 87 BetrVG 1972 Kurzarbeit = EzA § 87 BetrVG 1972 Arbeitszeit Nr. 17 = SAE 1987, 34 = NZA 1986, 432; *Richardi*, BetrVG, § 87 Rn. 376 f., 399 f.; im Ergebnis wohl auch *Fitting*, BetrVG, § 87 Rn. 17, 131; *Meyer*, Kapazitätsorientierte Variable Arbeitszeit (KAPOVAZ), 1989, S. 174; *Sprick*, Arbeitszeitbegriff und mitbestimmungspflichtige Tatbestände i. S. d. § 87 I Nr. 2, 3 BetrVG, Diss. 1997, S. 29 f.; *Farthmann*, Die Mitbestimmung des Betriebsrats bei der Regelung der Arbeitszeit, RdA 1974, 65 (68).

[241] *BAG* 10.6.1986 E 52, 160, 169 = AP Nr. 18 zu § 87 BetrVG 1972 Arbeitszeit = EzA § 87 BetrVG 1972 Arbeitszeit Nr. 18 = SAE 1988, 184 = NZA 1986, 840.

[242] *Richardi*, BetrVG, § 87 Rn. 402 f.; *Fitting*, BetrVG, § 87 Rn. 154; a.A. *Wiese*, GK-BetrVG, § 87 Rn. 367; *Stege/Weinspach*, § 87 Rn. 78.

[243] *Richardi*, BetrVG, § 87 Rn. 404; *Wiese*, GK-BetrVG, § 87 Rn. 367; *Stege/Weinspach*, § 87 Rn. 78; a.A. ohne weitere Differenzierung: *Fitting*, BetrVG, § 87 Rn. 154.

dd) Anordnung und Duldung von Überstunden

Der materielle Tatbestand des § 87 Abs. 1 Nr. 3 BetrVG kommt nach alledem zum Tragen, wenn es – wie häufig bei Teilzeitkräften – um die Anordnung bzw. Duldung von Überstunden geht[244].

Für die Feststellung, ob es sich im konkreten Fall um Überstunden handelt, muß auf das jeweilige Arbeitszeitdeputat abgestellt werden; dies wirft aber auch bei flexiblen Arbeitszeitmodellen - solange es nicht um die Überstundenvergütung geht - keine besonderen Probleme auf, weil sich die „betriebsübliche" Arbeitszeit auf die jeweils vom Arbeitgeber vereinbarten Arbeitszeitdeputate jeglicher Größenordnung, von der geringfügige Beschäftigung bis zur Vollzeit bezieht[245]. Daher sind auch Regelungen über Arbeitszeitkonten, die ab einem gewissen Kontostand zum Beispiel Überstundenbezahlung oder Stundenverfall anordnen, also Stunden aus dem Ausgleich in der Planperiode ausnehmen, gemäß § 87 Abs. 1 Nr. 3 BetrVG mitbestimmungspflichtig[246].

c) Die Mitbestimmung über Zeit, Ort und Art der Auszahlung der Arbeitsentgelte

§ 87 Abs. 1 Nr. 4 BetrVG betrifft die Modalitäten der Erbringung des Arbeitsentgelts, jedoch nicht dessen Höhe. Eine Mitbestimmung hat hiernach bezüglich der Zeit, des Ortes und der Art der Auszahlung der Arbeitsentgelte zu erfolgen.

Unter Zeit der Auszahlung des Arbeitsentgelts ist die Festlegung der Entgeltzahlungszeiträume zu verstehen (Monat, Woche etc.). Nach § 614 S. 1 BGB ist der Lohn grundsätzlich nach Leistung der Dienste zu entrichten. Bei § 614 BGB handelt es sich jedoch um eine abdingbare Vorschrift[247]. Es ist also möglich, unabhängig von der geleisteten Arbeit einen Durchschnittslohn für den vereinbarten Entgeltzahlungszeitraum festzusetzen (kontinuierliche Lohnzahlung).

Da es bei flexiblen Arbeitszeitmodellen sein kann, daß Arbeitnehmer in bestimmten Wochen oder Monaten unterschiedlich beschäftigt werden (zum Beispiel bei der KAPOVAZ, beim Job-Sharing oder bei der Jahresarbeitszeit), kommt es bei Zahlung eines solchen Durchschnittlohns eventuell zu Voraus-

---

[244] *Reichold*, Zeitsouveränität im Arbeitsverhältnis: Strukturen und Konsequenzen, NZA 1998, 393 (399); *BAG* AP Nr. 44 zu § 87 BetrVG 1972 Arbeitszeit = BB 1991, 2156 = DB 1991, 2492; *BAG* AP Nr. 68 zu § 87 BetrVG 1972 Arbeitszeit = DB 1997, 378 = BB 1997, 472.

[245] *Richardi*, Die Mitbestimmung des Betriebsrats bei flexibler Arbeitszeitgestaltung, NZA 1994, 593 (596); MünchArbR/*Matthes*, § 335 Rn. 12; zur Überstundenvergütung bei Teilzeitkräften s. Ausführungen im 5. Kapitel B. VI.

[246] MünchArbR/*Matthes*, § 335 Rn. 22 f.

[247] Statt vieler: Staudinger/*Richardi*, § 614 Rn. 3.

zahlungen oder Abschlagszahlungen bzw. Rückständen in Bezug auf die tatsächliche geleistete Arbeit[248].
Bei Zahlung des Lohns entsprechend der konkret geleisteten Arbeit (diskontinuierliche Lohnzahlung) können sich Schwankungen in der jeweiligen Lohnhöhe ergeben. Die Frage, ob jeweils der durchschnittlich vom Arbeitgeber zu zahlende Lohn im Auszahlungszeitraum gewährt werden soll (so meist bei der Jahresarbeitszeit) oder ob die konkret geleistete Arbeit etwa monatlich oder wöchentlich entlohnt werden soll, fällt unter den Mitbestimmungstatbestand des § 87 Abs. 1 Nr. 4 BetrVG.

d) Mitbestimmung bei der Einführung und Anwendung von technischen Überwachungseinrichtungen

Nach § 87 Abs. 1 Nr. 6 BetrVG hat der Betriebsrat über die Einführung und Anwendung von technischen Einrichtungen mitzubestimmen, die durch Beobachtung und Beaufsichtigung des Arbeitnehmers eine Information geben, die Rückschlüsse auf das Verhalten oder die Leistung der betroffenen Arbeitnehmer zuläßt[249].

aa) Potentielle Gefahr der Überwachung

Ein Mitbestimmungsrecht besteht unabhängig davon, ob der Arbeitgeber mit der Kontrolleinrichtung den Zweck verfolgt, das Verhalten oder die Leistung des Arbeitnehmers zu überwachen (subjektiv-finales Kriterium); sondern es genügt, daß die technische Einrichtung nach ihrer Konstruktion oder dem ihr eingefügten Programm zu einer Kontrolle bestimmt ist (objektiv-finales Kriterium)[250]. Die potentielle Gefahr technisierter Überwachung reicht aus (abstrakter Gefährdungstatbestand).

bb) Zweck der Mitbestimmung

Zweck der Mitbestimmungsnorm ist der Persönlichkeitsschutz der Arbeitnehmer, die durch die technischen Einrichtungen bezüglich ihres Verhaltens und ihrer Leistung kontrolliert werden. Es kann dadurch zu Eingriffen in die Per-

---

[248] *Dräger*, Beteiligung des Betriebsrates bei der Einführung flexibler Arbeitszeitsysteme, S. 120; s. auch MünchArbR/*Matthes*, § 336 Rn. 6.

[249] *Richardi*, BetrVG, § 87 Rn. 524.

[250] *Linnenkohl*, Informationstechnologie und Mitbestimmung, 1989, S. 75; u.a. *BAG* 27.5.1986 E 52, 88 = AP Nr. 15 zu § 87 BetrVG 1972 Überwachung = EzA § 87 1972 Kontrolleinrichtung Nr. 16 = SAE 1989, 283 = NZA 1986, 643 = NJW 1987, 674; *BAG* 11.3.1986 E 51, 217 = AP Nr. 14 zu § 87 BetrVG 1972 Überwachung = EzA § 87 BetrVG 1972 Kontrolleinrichtung Nr. 15= SAE 1987, 94 = NZA 1986, 526 = NJW 1986, 2724.

sönlichkeitssphäre der betroffenen Arbeitnehmer kommen, die sie womöglich nicht erkennen oder verhindern können.

Das Mitbestimmungsrecht ist im Hinblick auf das Persönlichkeitsrecht der Arbeitnehmer dann einschlägig, wenn die Aussagen über das Verhalten oder die Leistung einzelnen Arbeitnehmern zugeordnet werden können. Daher besteht die Mitbestimmung hier auch, wenn nur ein Arbeitnehmer durch die technische Kontrolleinrichtung betroffen ist[251].

cc) Zeiterfassungsgeräte bei flexiblen Arbeitszeitformen

Bei flexibler Arbeitszeit ist es für den Arbeitgeber von erhöhtem Interesse, die geleistete Arbeitszeit der jeweiligen Arbeitnehmer zu erfassen. Aus diesem Grund werden häufig Zeiterfassungsgeräte eingesetzt. Soweit durch solche Geräte kontrolliert wird, ob der Arbeitnehmer sich innerhalb des vereinbarten Arbeitsvolumens und Arbeitszeitrahmens hält, handelt es sich um eine technische Einrichtung zur Überwachung des arbeitsvertraglich geschuldeten Verhaltens, deren Einführung und Anwendung der Mitbestimmung des Betriebsrates unterliegt.

Es ergeben sich bezüglich der Mitbestimmung keine Unterschiede zum „Normalarbeitsverhältnis". Jedoch kann gerade die Einführung eines flexiblen Arbeitszeitmodells auch die Anschaffung eines Zeiterfassungsgerätes bedingen

e) Mitbestimmung bei Fragen der betrieblichen Lohngestaltung

Gemäß § 87 Abs. 1 Nr. 10 BetrVG hat der Betriebsrat ein zwingendes Mitbestimmungsrecht bei Fragen der betrieblichen Lohngestaltung. Mitbestimmungspflichtig ist nicht die Höhe des Entgelts, sondern die Struktur des innerbetrieblichen Lohngefüges.

Ziel der Mitbestimmung ist es, Einsichtigkeit und Durchsichtigkeit des betrieblichen Lohngefüges und innerbetriebliche Lohngerechtigkeit zu schaffen. Von § 87 Abs. 1 Nr. 10 BetrVG werden alle Geld- oder Sachleistungen des Arbeitgebers erfaßt, die im Hinblick auf das Arbeitsverhältnis vom Arbeitgeber erbracht werden.

Bei flexiblen Arbeitsmodellen stellt sich die Frage, inwieweit bestehende Entlohnungsgrundsätze auf sie angewendet werden können. Der Betriebsrat hat bei der Ausübung des Mitbestimmungsrechts darauf zu achten, daß Arbeitnehmer nicht wegen einer flexiblen Arbeitszeitgestaltung benachteiligt werden. Für Teilzeitbeschäftigte statuieren dies § 4 Abs. 1 TzBfG bzw. § 5 TzBfG[252]; Ungleichbehandlungen können des weiteren zu einem Verstoß gegen Art. 141

---

[251] *Richardi*, BetrVG, § 87 Rn. 562.
[252] S. hierzu auch 5. Kapitel B. VI.

EGV, der unmittelbar geltendes nationales, den einzelnen Arbeitnehmer berechtigendes und den Arbeitgeber verpflichtendes Recht ist, oder gegen Art. 3 Abs. 1 GG führen. Da sich die Benachteiligung von Teilzeitbeschäftigten häufig als mittelbare Frauendiskriminierung darstellt, hat die Rechtsprechung maßgebliche Entscheidungen zur Lohngleichheit auf Art. 119 EGV (jetzt Art. 141 EGV) gestützt[253]. Soweit das Mitbestimmungsrecht des § 87 Abs. 1 Nr. 10 BetrVG reicht, hat der Betriebsrat nicht nur ein Zustimmungsrecht, sondern auch ein Initiativrecht[254].

4. Individualrechtliche Folgen einer Nichtbeteiligung des Betriebsrates

Das Gesetz enthält in § 87 Abs. 1 BetrVG keine Regelung darüber, ob und wie sich eine Nichtbeteiligung des Betriebsrates in sozialen Angelegenheiten auf die Rechtsbeziehung des Arbeitgebers zum einzelnen Arbeitnehmer auswirkt. Im Betriebsverfassungsgesetz ist die Folge einer Verletzung von Mitbestimmungsrechten nur in § 102 Abs. 1 BetrVG (Anhörung des Betriebsrates bei Kündigung) und in § 113 BetrVG (Interessenausgleich bei Betriebsänderung nicht versucht oder beachtet) geregelt. Da eine gesetzliche Regelung ansonsten fehlt, sind die individualrechtlichen Folgen der Verletzung des Mitbestimmungsrechts des Betriebsrates in sozialen Angelegenheiten umstritten, und es konnte bisher noch keine einheitliche Lösung des Problems gefunden werden[255].

a) Schutz des einzelnen Arbeitnehmers

Grundsätzlich soll das Mitbestimmungsrecht die Macht des Arbeitgebers zur Betriebsgestaltung beschränken. Die Mitbestimmung begründet eine gleichberechtigte Teilhabe der durch den Betriebsrat repräsentierten Arbeitnehmerseite an den sie betreffenden Arbeitgeberentscheidungen[256]. Der Umstand, daß Mitbestimmungsrechte des Betriebsrates auch dem Schutz der einzelnen Arbeitnehmer[257] dienen, muß als Ausgangspunkt eines Lösungsansatzes berücksichtigt werden.

---

[253] *Buschmann*, in Buschmann/Dieball/Stevens-Bartol, TZA, § 2 BeschFG Rn. 6 m. Nachweisen aus der Rechtsprechung.

[254] *Richardi*, BetrVG, § 87 Rn. 922.

[255] Grundlegend zu der Problematik: *Richardi*, Kollektivgewalt und Individualwille bei der Gestaltung des Arbeitsverhältnisses, 1986, S. 291 ff.; *ders.*, Kritische Anmerkungen zur Reform der Mitbestimmung des Betriebsrats in sozialen und personellen Angelegenheiten nach dem Regierungsentwurf, DB 1971, 621 (626 ff.).

[256] *Wiese*, GK-BetrVG, § 87 Rn. 95; *Richardi*, BetrVG, § 87 Rn. 101.

[257] *Wiese*, GK-BetrVG, § 87 Rn. 95.

b) Theorie der notwendigen Mitbestimmung

Nach der herrschenden Meinung, die sich durch den Wortlaut des § 87 BetrVG jedoch nicht rechtfertigen läßt[258], ist die Beachtung der Beteiligungsrechte durch den Arbeitgeber Wirksamkeitsvoraussetzung für alle mitbestimmungspflichtigen Maßnahmen (Theorie der notwendigen Mitbestimmung)[259]. Das gilt insbesondere für den Bereich der sozialen Angelegenheiten nach § 87 Abs. 1 BetrVG[260]. Wirksamkeitsvoraussetzung bedeutet, daß jede Maßnahme des Arbeitgebers, die in den Katalog des § 87 Abs. 1 BetrVG fällt, nur mit Zustimmung des Betriebsrates wirksam ist. Es wird sogar vertreten, daß nur die vorher erteilte Zustimmung des Betriebsrates dem Mitbestimmungserfordernis genügt; eine Heilungsmöglichkeit durch das nachträglich erteilte Einverständnis wird insoweit auch ausgeschlossen[261].

Die Problematik kann nicht isoliert von der Frage betrachtet werden, inwieweit § 87 Abs. 1 BetrVG nur auf kollektive Tatbestände anwendbar ist. Es wird argumentiert, daß das Mitbestimmungsrecht des Betriebsrates dazu dient, den einzelnen Arbeitnehmer vor der Übermacht des Arbeitgebers zu schützen. Um dieser Schutzfunktion gerecht zu werden, sei eine notwendige Mitbestimmung erforderlich. Diese Argumentation ist dann nicht schlüssig, wenn man das Mitbestimmungsrecht des Betriebsrates bei Individualmaßnahmen generell ausschlie-

---

[258] *Glaubitz*, HSG-BetrVG, § 87 Rn. 84; *BAG* 22.2.1983 E 42, 11 = AP Nr. 2 zu § 23 BetrVG 1972 = EzA § 23 BetrVG 1972 Nr. 9 = SAE 1984, 182 = NJW 1984, 196; so auch *BAG* 25.6.1996 Az.:1 AZR 853/95 NV.

[259] U.a. *Wiese*, GK-BetrVG, § 87 Rn. 98 f.; *Fitting*, BetrVG, § 87 Rn. 568 jeweils m.w.N.; *Stege/Weinspach*, § 87 Rn. 3; u.a. *BAG* GS 3.12.1991 E 69, 134 = AP Nr. 51 zu § 87 BetrVG 1972 Lohngestaltung = EzA § 87 BetrVG 1972 Betriebliche Lohngestaltung Nr. 30 und AP Nr. 52 zu § 87 BetrVG 1972 Lohngestaltung ; *BAG* 3.5.1994 E 76, 364 = AP Nr. 23 zu § 23 BetrVG 1972 = EzA § 23 BetrVG 1972 Nr. 36 = SAE 1995, 93 = NZA 1995, 40; *BAG* 13.7.1977 AP Nr. 2 zu § 87 BetrVG 1972 Kurzarbeit =EzA § 87 BetrVG 1972 Arbeitszeit Nr. 3; *BAG* 17.6.1998 E 89, 149 = AP Nr. 49 zu § 2 KSchG 1969 = EzA § 2 KSchG Nr. 30 = NZA 1998, 1225; *BAG* 20.8.1991 AP Nr. 50 zu § 87 BetrVG 1972 Lohngestaltung = EzA § 87 BetrVG 1972 Betriebliche Lohngestaltung Nr. 29 = NZA 1992, 276; bereits zu § 56 BetrVG 1952: *BAG* 7.9.1956 E 3, 207, 211= AP Nr. 2 zu § 56 BetrVG = SAE 1958, 8; *BAG* 1.2.1957 E 3, 266, 272 = AP Nr. 4 zu § 56 BetrVG = SAE 1959, 65; dagegen: *Glaubitz*, HSG-BetrVG, § 87 Rn. 80 ff.; *Richardi*, BetrVG, § 87 Rn. 104 ff.

[260] *Wiese*, GK-BetrVG, § 87 Rn. 98 f. mit umfangreicher Nachweissammlung in Rn. 99; s. auch MünchArbR/*Matthes*, § 330 Rn. 5; *Richardi*, BetrVG, § 87 Rn. 102 f. mit zahlreichen Nachweisen; Richardi kritisiert die Theorie der notwendigen Mitbestimmung (a.a.O. Rn. 104 ff.); ebenso *Glaubitz*, HSG-BetrVG, § 87 Rn. 80 ff.

[261] Z. B.: *Fitting*, BetrVG, § 87 Rn. 569; *Wiese*, GK-BetrVG, § 87 Rn. 100; MünchArbR/*Matthes*, § 330 Rn. 17; jeweils m.w.N.

ßen will[262]. Gerade der einzelne Arbeitnehmer bedarf des Schutzes gegenüber dem Arbeitgeber in einem weit höheren Maße als ein Kollektiv. Die Sanktion der Nichtigkeit von Individualmaßnahmen, die die Mitbestimmungsrechte des Betriebsrates mißachten, ist daher entwickelt worden, um zu verhindern, daß der Arbeitgeber dem Einigungszwang mit dem Betriebsrat durch Rückgriff auf arbeitsvertragliche Möglichkeiten ausweicht. Die Nichtigkeit ist demnach nicht bei allen Maßnahmen die geeignete Sanktion einer Verletzung des Mitbestimmungsrechts[263].

c) Theorie der erzwingbaren Mitbestimmung

Die Theorie der erzwingbaren Mitbestimmung[264] geht davon aus, daß Maßnahmen, die der Arbeitgeber ohne die Beteiligung des Betriebsrates vornimmt, wirksam sind. Der Betriebsrat habe lediglich ein Recht auf Beachtung seines jeweiligen Beteiligungsrechtes und könne dieses durch die Anrufung der Einigungsstelle erzwingen.
Diese Ansicht wird vor allem wegen mangender Praktikabilität kritisiert[265]. Bis zur Entscheidung der Einigungsstelle bestehe der betriebsverfassungswidrige Zustand fort. Der Betriebsrat könne zwar die Einigungsstelle anrufen; dadurch könnten aber nicht alle Nachteile, die durch die Nichtbeteiligung entstehen, abgewendet werden. Bei kurzfristigen Maßnahmen lasse sich eine Entscheidung der Einigungsstelle oft nicht rechtzeitig herbeiführen. Auch bei längerfristigen

---

262 Hierzu bereits: *Richardi*, Beschränkung der Vertragsfreiheit durch das Mitbestimmungsrecht, in: Sein und Werden im Recht, Festgabe für Ulrich von Lübtow, 1970, S. 755 (761) m.w.N.

263 Staudinger/*Richardi* (1999), vor § 611 Rn. 1099.

264 *Glaubitz*, HSG-BetrVG, § 87 Rn. 91; vgl. hierzu insbesondere: *Richardi*, BetrVG, § 87 Rn. 101; die Theorie der erzwingbaren Mitbestimmung ist zurückzuführen auf *Dietz*, BetrVG, 4. Aufl., § 56 Rn. 7 ff; s. auch *BAG* 22.2.1983 E 42, 11 = AP Nr. 2 zu § 23 BetrVG 1972 = EzA § 23 BetrVG 1972 Nr. 9 = SAE 1984, 182 = NJW 1984, 196: "... Hinzu kommt, daß jedenfalls im Bereich der Mitbestimmungsrechte des Betriebsrates nach § 87 BetrVG der Betriebsrat dem Eintritt mitbestimmungswidriger Zustände auch auf andere Weise begegnen kann. Er kann in Angelegenheiten des § 87 BetrVG, soweit sein Mitbestimmungsrecht reicht, selbst, gegebenenfalls durch Anrufung der Einigungsstelle, eine seinem Mitbestimmungsrecht genüge tuende Regelung einer bestimmten Angelegenheit erreichen..."; in der Entscheidung ging es zwar darum, ob der Betriebsrat bzgl. mitbestimmungswidriger Handlungen des Arbeitgebers einen Unterlassungsanspruch nach § 23 Abs. 3 BetrVG hat; die Rechtsprechung zu dieser Problematik wurde im Urteil des *BAG* vom 3.5.1994 E 76, 364 auch aufgegeben; dennoch hat das Gericht dort mit den Argumenten der Theorie der erzwingbaren Mitbestimmung argumentiert, so daß deren generelle Ablehnung durch das *BAG* in sich nicht schlüssig ist.

265 *Wiese*, GK-BetrVG, § 87 Rn. 105; *BAG* 3.5.1994 E 76, 364 = AP Nr. 23 zu § 23 BetrVG 1972 = EzA § 23 BetrVG 1972 Nr. 36 = NZA 1995, 40.

Maßnahmen würden durch den betriebsverfassungswidrigen Vollzug häufig Fakten geschaffen, die nachträglich nur noch schwer zu beseitigen seien.

d) Differenzierung nach der vorzunehmenden Maßnahme

Die Frage, ob eine mitbestimmungspflichtige Maßnahme des Arbeitgebers ohne die Beteiligung des Betriebsrates wirksam ist oder nicht, muß differenzierend nach der jeweiligen Maßnahme entschieden werden.

Es wäre mit der Konzeption der arbeitsvertraglichen Gestaltungsfreiheit nicht vereinbar, die Möglichkeit einer wirksamen einzelvertraglichen Abrede im Bereich des § 87 Abs. 1 BetrVG generell abzulehnen, wenn der Betriebsrat nicht vorher seine Zustimmung erteilt hat. Das steht im Widerspruch dazu, daß im Falle des Abschlusses einer Betriebsvereinbarung unter Ausübung des Mitbestimmungsrechts eine abweichende einzelvertragliche Regelung zugunsten des Arbeitnehmers getroffen werden kann.[266]

Auch das im Tarifrecht verankerte Günstigkeitsprinzip (§ 4 Abs. 3 TVG) gestattet eine einzelvertragliche Abrede, die vom Tarifvertrag abweicht, wenn es sich um eine Abweichung zugunsten des Arbeitnehmers handelt. Die Theorie von der notwendigen Mitbestimmung hätte jedoch zur Folge, daß nicht einmal Vereinbarungen, die zwar ohne Beachtung der Mitbestimmungsrechte des Betriebsrates abgeschlossen wurden, jedoch die Rechtsstellung des Arbeitnehmers verbessern, wirksam wären. Es müssen in jedem Fall die Besonderheiten der einzelnen Mitbestimmungstatbestände berücksichtigt werden.

§ 87 Abs. 1 Nr. 5 BetrVG stellt zum Beispiel explizit darauf ab, daß eine Mitbestimmung nur erfolgt, wenn zwischen dem Arbeitgeber und dem Arbeitnehmer kein Einvernehmen erzielt werden kann.

Im Ergebnis ist es richtig, wenn man davon ausgeht, daß die Theorie von der notwendigen Mitbestimmung als schematischer Lösungsansatz nicht konsequent durchgeführt werden kann[267]. Vielmehr ist für die Frage, ob es sich um eine Maßnahme der notwendigen Mitbestimmung handelt, darauf abzustellen,

---

[266] *Richardi*, BetrVG, § 87 Rn. 108; § 77 Rn. 132 ff.

[267] *BAG GS* 16.9.1986 E 53, 42 = AP Nr. 17 zu § 77 BetrVG 1972 = EzA § 77 BetrVG 1972 = SAE 1987, 175 = NZA 1987, 168: Der Große Senat des *BAG* hat in seinem Urteil vom 16.9.1986 darauf hingewiesen, daß über die Rechtsfolgen bei Verletzung von Mitbestimmungsrechten keine einheitliche Auffassung bestehe; soweit Maßnahmen des Arbeitgebers mitbestimmungspflichtig seien und ihre Durchführung den Arbeitnehmer belaste, sei die Unwirksamkeitsfolge bei Nichtbeachtung des Mitbestimmungsrechts eine geeignete Sanktion; bei der Festlegung von Akkord- und Stücklohnsätzen (§ 56 BetrVG 1952) habe das *BAG* aber bereits entscheiden müssen, daß die Vergütung für bereits geleistete Dienste nicht von der Unwirksamkeitsfolge betroffen ist (*BAG* 18.3.1964 AP Nr. 4 zu § 56 BetrVG Entlohnung = SAE 1965, 21; *BAG* AP Nr. 3 zu § 56 BetrVG Entlohnung = EzA § 56 BetrVG Nr. 3 = SAE 1964, 183).

daß eine betriebsverfassungsrechtliche Pflichtwidrigkeit dem Arbeitgeber keinen Rechtsvorteil im Rahmen des Einzelarbeitsverhältnis geben darf[268]. Wenn man sich auf den Schutzzweck der Mitbestimmung stützt, so müssen die den Arbeitnehmer belastenden Maßnahmen des Arbeitgebers bei Nichtbeachtung des Mitbestimmungsrechts regelmäßig unwirksam sein und sie dürfen für den einzelnen Arbeitnehmer keine Verpflichtung begründen können[269]. Diese individualrechtliche Unwirksamkeitsfolge einerseits soll verhindern, daß der Arbeitgeber dem betriebsverfassungsrechtlichen Einigungszwang durch Rückgriff auf arbeitsvertragliche Gestaltungsmöglichkeiten ausweicht[270]. Auf der anderen Seite müssen Maßnahmen des Arbeitgebers, die für den Arbeitnehmer günstig und an sich mitbestimmungspflichtig sind, trotz einer Verletzung des Mitbestimmungsrechts wirksam sein[271]. Insgesamt geht es also darum, daß dem Arbeitgeber aus der Verletzung von Beteiligungsrechten des Betriebsrates kein Vorteil gegenüber den Arbeitnehmern erwachsen soll[272].

III. Mitbestimmung bei Kündigungen

Nach § 102 Abs. 1 BetrVG ist der Betriebsrat vor jeder Kündigung zu hören. Da eine Pflicht zur Anhörung vor „jeder" Kündigung besteht, umfaßt das Mitbestimmungsrecht sowohl die Anhörung vor einer ordentlichen oder außerordentlichen Kündigung als auch vor einer Änderungskündigung[273]. Dies ist auch interessengerecht, weil die Änderungskündigung unter Umständen ebenfalls zur Beendigung des Arbeitsverhältnisses führen kann. Die Einbeziehung der Änderungskündigung in den Mitbestimmungstatbestand stellt gleichzeitig einen Bezug zum Thema Arbeitszeitflexibilisierung her: Will ein Arbeitgeber einen bisher mit starrer Arbeitszeit beschäftigten Arbeitnehmer in Zukunft in einem flexiblen Arbeitszeitmodell beschäftigen oder das Arbeitszeitdeputat anpassen und sind hierfür Änderungen des bestehenden Arbeitsvertrages erforderlich, so

---

[268] *Richardi*, BetrVG, § 87 Rn. 125.

[269] So im Ergebnis auch *BAG* 10.3.1998 AP Nr. 5 zu § 84 ArbGG 1979 = EzA § 84 ArbGG 1979 Nr. 2 = NZA 1998, 1242.

[270] *BAG* 19.9.1995 E 81, 38 = AP Nr. 61 zu § 77 BetrVG 1972 = EzA § 76 BetrVG 1972 Nr. 67 = NZA 1996, 386.

[271] MünchArbR/*Matthes*, § 330 Rn. 7.

[272] Im Ergebnis ebenso: MünchArbR/*Matthes*, § 330 Rn. 7; *Richardi*, BetrVG, § 87 Rn. 125; Staudinger/*Richardi* (1999), vor § 611 Rn. 1099; *BAG GS* 16.9.1986 E 53, 42, 73 f. = AP Nr. 17 zu § 77 BetrVG 1972 = EzA § 77 BetrVG Nr. 17 = SAE 1987, 175 = NZA 1987, 168.

[273] *Richardi*, BetrVG, § 102 Rn. 10; *Kraft*, GK-BetrVG, § 102 Rn. 30.

kann, kommt es nicht ohnehin zu einer einvernehmlichen Einigung, eine Änderungskündigung ausgesprochen werden[274].
Der Arbeitgeber muß dem Betriebsrat die Gründe mitteilen, die für seinen Entschluß zu einer Änderungskündigung maßgebend sind. Neben den Gründen, die einer Weiterbeschäftigung mit dem bisherigen Vertragsinhalt entgegenstehen, muß das Änderungsangebot und der Grund für die beabsichtigte Änderung der Arbeitsbedingungen mitgeteilt werden[275]. Die Anhörung hat vor dem Ausspruch der Änderungskündigung zu erfolgen[276]. Eine ohne Anhörung des Betriebsrates ausgesprochene Änderungskündigung ist nach § 102 Abs. 1 S. 3 BetrVG unwirksam. Die Unwirksamkeit der Kündigung führt nicht zur Unwirksamkeit des Änderungsangebots; dieses kann der Arbeitnehmer also trotz Unwirksamkeit der Kündigung annehmen[277].
Der Betriebsrat prüft, ob er gegen die Kündigung Bedenken hat. Bedenken können darauf beruhen, daß eine (evtl. fremdbestimmte) flexible Arbeitszeitgestaltung die Arbeits- und Lebensbedingungen wegen des oft nicht vorhersehbaren Arbeitseinsatzes verschlechtern kann. Dies ist eine Frage des angebotenen Arbeitszeitmodells und des jeweiligen Einzelfalles. Hat der Betriebsrat gegen eine Änderungskündigung in diesem Zusammenhang Bedenken, so hat er diese dem Arbeitgeber innerhalb einer Woche schriftlich mitzuteilen, § 102 Abs. 2 S. 1 BetrVG. Innerhalb dieser Frist kann er der Änderungskündigung zugleich schriftlich widersprechen, wenn nach seiner Ansicht einer der in § 102 Abs. 3 Nr. 1 bis 5 BetrVG aufgezählten Tatbestände vorliegt.
Es kommt vor allem § 102 Abs. 3 Nr. 5 BetrVG in Betracht, wonach ein Widerspruchsrecht besteht, wenn eine Weiterbeschäftigung unter geänderten Vertragsbedingungen möglich ist und der Arbeitnehmer sein Einverständnis damit erklärt hat.
Spricht der Arbeitgeber eine Änderungskündigung aus und verfolgt er dabei das Ziele, im jeweiligen Betrieb ein flexibles Arbeitszeitmodell einzuführen oder anzupassen, so ist auch diese Änderungskündigung vom Vorliegen dringender betrieblicher Erfordernisse abhängig (§ 1 Abs. 2 KSchG). Ein solches Erfordernis liegt vor, wenn der Arbeitskräftebedarf im Betrieb auf Dauer gesunken ist.

---

[274] *Schüren*, Arbeitszeitverkürzung und Flexibilisierung - Kostensenkung durch Arbeitszeitabbau und bedarfsorientierte Arbeitszeiten aus arbeitsrechtlicher Sicht, Brennpunkte des Arbeitsrechts 1995, 129 ff.; MünchArbR/*Schüren*, § 162 Rn. 230.
[275] *Richardi*; BetrVG, § 102 Rn. 51, 57.
[276] *Richardi*, BetrVG, § 102 Rn. 255.
[277] *Richardi*, BetrVG, § 102 Rn. 258: § 139 BGB greift nicht; es wäre sinnwidrig, anzunehmen, daß der Arbeitgeber sein Angebot nur bei wirksamer Kündigung gelten lassen wolle; er begehrt ja vordergründig die Änderung der Vertragsbedingungen und nicht die Beendigung des Arbeitsverhältnisses.

Das Ziel, zur Entlastung des Arbeitsmarktes mehr Einstellungen vornehmen zu können, reicht hingegen zur Begründung einer Änderungskündigung im hier zu verstehenden Umfang nicht aus. Denn § 1 Abs. 2 KSchG stellt für die Frage der sozialen Rechtfertigung auf die betrieblichen Verhältnisse ab, was die Einbeziehung von Interessen Außenstehender regelmäßig verbietet[278]. Andererseits kann man aber auch nicht vom Arbeitgeber verlangen, daß er im Einzelfall bei einem im Betrieb notwendigen Arbeitszeitabbau anstatt Entlassungen Arbeitszeitverkürzungen mit dem Mittel der Änderungskündigung durchsetzt[279]. Falls es sich beim Übergang auf das durch die Änderungskündigung angebotene Beschäftigungsverhältnis zugleich um eine Versetzung handelt, ist neben der Mitbestimmung bei der Änderungskündigung das Mitbestimmungsrecht des § 99 BetrVG zu beachten[280].

[278] *Löwisch*, Arbeits- und sozialrechtlichen Hemmnisse einer weiteren Flexibilisierung der Arbeitszeit, RdA 1984, 197 (199).

[279] MünchArbR/*Schüren*, § 162 Rn. 219; *BAG* 19.5.1993 E 73, 151 = AP Nr. 31 zu § 2 KSchG 1969 = SAE 1994, 150 = NZA 1993, 1075; *Sowka/Köster*, Teilzeitarbeit und geringfügige Beschäftigung, 1993, S. 74.

[280] Beim Übergang von einem Vollzeit- in ein Teilzeitarbeitsverhältnis handelt es sich aber nicht um eine mitbestimmungspflichtige Versetzung, s. hierzu: 5. Kapitel B. V. 7. a und 4. Kapitel C. I. 2. a und C. I. 2. b.

5. Kapitel: Ausgewählte Gestaltungsformen der flexiblen Arbeitszeit und deren betriebsverfassungsrechtliche Problematik

Die Vielzahl der unter dem Schlagwort „flexible Arbeitszeit" im Schrifttum genannten Modelle läßt sich nicht zuletzt wegen der sehr uneinheitlichen Begriffsbildungen nur schwer einteilen. Grundsätzlich lassen sich flexible Arbeitszeiten nach den Kriterien der Lage und der Dauer der Arbeitszeit gliedern. Hierbei bildet - wie bereits erwähnt - die Lage der Arbeitszeit den chronologischen und die Dauer der Arbeitszeit den chronometrischen Ansatz[281]. Bei den meisten heute praktizierten Modellen läßt sich eine Flexibilität sowohl bezüglich der Dauer als auch bezüglich der Lage der Arbeitszeit feststellen.
Die Eingliederung der Modelle in Kategorien hängt zudem maßgeblich vom zeitlichen Bezugsrahmen ab. Der Grad der Flexibilisierung in der jeweiligen Kategorie folgt aus dem Ausmaß der täglich möglichen Schwankungen der Arbeitszeit. Im folgenden sollen (flexible) Teilzeit, Job-Sharing, Kapazitätsorientierte variable Arbeitszeit (KAPOVAZ), Jahresarbeitszeit und Altersteilzeit behandelt werden. Diese Modelle erfassen nur einen Teil der in der Praxis verwendeten Arbeitszeitformen. Für andere praktizierte Arbeitszeitmodelle sei an dieser Stelle lediglich auf bereits vorliegende Abhandlungen verwiesen[282].

A. Gleitende Arbeitszeit

Infolge der allgemeinen Verkürzung der Wochenarbeitszeiten versuchen viele Arbeitgeber durch das Praktizieren gleitender Arbeitszeit eine bessere Abstimmung des Personaleinsatzes bei schwankendem Arbeitsanfall, eine Ausweitung der Ansprechzeiten besonders bei kunden- und produktionsbezogenen Dienstleistungen sowie den Abbau teurer Überstundenzuschläge durch zeitweises Ausdehnen der individuellen Arbeitszeiten zu erreichen. Bereits im Jahre 1967

---

[281] *Schuh/Schultes-Jaskolla/Stitzel*, Alternative Arbeitszeitstrukturen, in: *Marr*, Arbeitszeitmanagement, 2. Aufl., 1993, S. 87 ff.; zur Unterscheidung zwischen chronometrischen und chronologischen Arbeitszeitmodellen s. auch: *May/Mohr*, Probleme und Realisierungschancen individueller Arbeitszeitmodelle, 1985, S. 20 ff.; *Wildemann*, Arbeitszeitmanagement, 1992, S. 50 ff; *Bäcker*, Teilzeitarbeit und individuelle Arbeitszeitflexibilisierung, WSI-Mitteilungen 1981, 194 (195).

[282] Um Beispiele zu nennen: *Bellgardt*, Flexible Arbeitszeitsysteme, 1987, S. 20 ff.; *Helmold*, Möglichkeiten und Probleme des Managements flexibler Arbeitszeiten, 1989, S. 12 ff.; *Hölting*, Flexible Arbeitszeitgestaltung, Voraussetzungen, Modelle, Individualrechtliche Probleme, Diss., Köln 1999; *Linnenkohl/Rauschenberg*, Arbeitszeitflexibilisierung, 1996.

wurde in der Messerschmidt-Bölkow-Blohm GmbH in München aus den genannten Gründen erstmals ein Gleitzeitmodell eingeführt[283].

I. Begriff und praktizierte Formen

1. Begriff

Gleitende Arbeitszeit ist die betriebliche Arbeitszeitform, bei der die Arbeitnehmer abweichend von der betrieblichen Regelarbeitszeit Beginn und Ende, zum Teil daneben auch die Dauer der individuellen täglichen Arbeitszeit innerhalb bestimmter Grenzen unter Einhaltung der tarif- oder einzelvertraglich vereinbarten Wochenarbeitszeit im Rahmen eines bestimmten Abrechnungszeitraums selbst bestimmen können[284]. Kennzeichen gleitender Arbeitszeiten ist demnach die bewegliche Gestaltung der Arbeitszeitlage und –verteilung, wodurch Abweichungen von der starren Arbeitszeit mit festem Arbeitsbeginn und Arbeitsende sowie von der schematisch gleichmäßigen Arbeitszeitverteilung auf die Werktage und Kalenderwochen erreicht werden können. Die Verteilung des vereinbarten Arbeitsdeputats kann innerhalb eines mehr oder weniger bestimmten Rahmens auch durch den Arbeitnehmer selbst erfolgen. Dies ist das Identifikationsmerkmal der Gleitzeit[285].

2. Praktizierte Formen

Man unterscheidet zwischen einfacher Gleitzeit und qualifizierter gleitender Arbeitszeit.

---

[283] *Rauschenberg*, Flexibilisierung und Neugestaltung der Arbeitszeit, 1993, S. 29; *Hillert*, Rechtsfragen der gleitenden Arbeitszeit, BB 1970, 216; *Hardt*, Probleme der Flexibilisierung der Arbeitszeit aus arbeitsrechtlicher Sicht, 1986, S. 20; *Roth*, Praxis-Report Gleitzeit, Handbuch der Zeiterfassung, 1975, S. 11: bereits 1955 wurde bei der Werkzeugmaschinengroßhandlung Hoffmann in München variable Arbeitszeit (ohne Kernzeit) praktiziert, ohne das Arbeitszeitmodell als variabel zu bezeichnen; 1965 referierte die als Missionarin der Variablen Arbeitszeit bekannte Frau Christel Kämmerer über variable Arbeitszeit; eines dieser Seminare wurde von Vertretern von Messerschmidt-Bölkow-Blohm besucht; es folgten Diskussionen und Überlegungen bei Messerschmidt-Bölkow-Blohm, die letztendlich zu der Einrichtung einer Gleitzeit-Spanne morgens und abends von je einer Stunde führten.

[284] *Zmarzlik/Anzinger*, ArbZG, 1995, § 3 Rn. 33; MünchArbR/*Anzinger*, § 218 Rn. 54; *Garbers*, Rechtsfragen der gleitenden Arbeitszeit, DB 1972, 1871; *Zmarzlik*, AR-Blattei SD 240, Rn. 117; Kasseler Handbuch/*Schliemann*, 2.5 Rn. 179 ff.; Kasseler Handbuch/*Meyer*, 2.5 Rn. 1197.

[285] *Schüren*, Gleitzeitsysteme – Inhaltsschranken der "Zeitsouveränität", AuR 1996, 381.

a) Einfache Gleitzeit

Die einfache Gleitzeit ist eine Arbeitszeitform, bei der der Arbeitnehmer die Möglichkeit hat, innerhalb einer bestimmten Zeitspanne Beginn und Ende der täglichen Arbeitszeit frei zu wählen[286]. Die Freiheit des Arbeitnehmers bezieht sich insoweit also lediglich auf die Lage der Arbeitszeit innerhalb des vorgegebenen Gleitzeitrahmens.

b) Qualifizierte Gleitzeit

Bei der qualifizierten Gleitzeit ist der Arbeitnehmer sowohl hinsichtlich Lage als auch Dauer der Arbeitszeit beweglich[287]. Er ist nicht an ein bestimmtes Tagessoll an Arbeitsstunden, das er innerhalb des Gleitzeitrahmens zu leisten hat, gebunden, sondern kann innerhalb der Grenzen des ArbZG an den verschiedenen Tagen unterschiedlich lange arbeiten.

In Betriebsvereinbarungen werden häufig bestimmte Zeiträume festgelegt, innerhalb derer Soll oder Haben auf dem Gleitzeitkonto auszugleichen sind. Zudem werden häufig Kernzeiten festgelegt, während derer der Arbeitnehmer anwesend sein muß[288].

c) Präsenzarbeitszeit oder Vertrauensgleitzeit

Anstelle von Kernzeiten entscheidet man sich seit einiger Zeit auch vermehrt für Präsenzarbeitszeiten. Hierbei wird auf eine Kernarbeitszeit verzichtet; der Arbeitnehmer entscheidet eigenverantwortlich unter Berücksichtigung seiner konkreten Aufgaben, wann er diese erledigt. Seine Präsenz erstreckt sich auf den Zeitraum, der zur Erfüllung der jeweiligen Aufgaben erforderlich ist. Wenn zusätzlich noch auf eine Zeiterfassung verzichtet wird, handelt es sich um Vertrauensgleitzeit.

---

[286] *Zmarzlik*, AR-Blattei SD 240, Rn. 118; *Linnenkohl/Kilz*, Mitbestimmungsrechte beim Einführen von Gleitzeitarbeit, AuA 1993, 238 (239); *Reichold*, Zeitsouveränität im Arbeitsverhältnis: Strukturen und Konsequenzen, NZA 1998, 395.

[287] *Zmarzlik*, AR-Blattei SD 240, Rn. 119; *Dräger*, Beteiligung des Betriebsrats bei der Einführung flexibler Arbeitszeitsysteme, 1986, S. 26 ff; *Linnenkohl/Kilz*, Mitbestimmungsrechte beim Einführen von Gleitzeitarbeit, AuA 1993, 239; *Reichold*, Zeitsouveränität im Arbeitsverhältnis: Strukturen und Konsequenzen, NZA 1998, 396; *Reichold* nennt die qualifizierte Gleitzeit variable Gleitzeit; *Farthmann*, Rechtsfragen zur gleitenden Arbeitszeit, WSI-Mitteilungen 1972, 109.

[288] *Linnenkohl/Kilz*, Mitbestimmungsrechte beim Einführen von Gleitzeitarbeit, AuA 1993, 238 (239); was in einer Betriebsvereinbarung zur Gleitzeit geregelt werden soll, ist übersichtlich dargestellt bei: *Ulber/Kock*, Gleitzeit und Umsetzung der tariflichen Arbeitszeitverkürzung, AiB 1986, 31 (38 f.); zu Arbeitszeitkonten vgl.: *Seifert*, Arbeitszeitkonten – Modelle für mehr Zeitsouveränität oder absatzorientiertes Zeitmanagement?, WSI-Mitteilungen 1996, 442 ff.

Vertrauensgleitzeit als Ausdruck des Übertragens der Arbeitsplatzsouveränität bzw. der Zeitsouveränität auf die Mitarbeiter selbst bedeutet demnach, daß Mitarbeiter – innerhalb der durch die Erfüllung ihrer Aufgabe gegebenen Rahmenbedingungen und der notwendigen Koordination mit Kollegen und Führungskräften – eigenverantwortlich unter Berücksichtigung ihrer persönlichen Interessen und ohne die Notwendigkeit von formalisierten Nachweisen über ihre Arbeitszeit disponieren können[289]. Der Arbeitnehmer sorgt eigenverantwortlich für seine Präsenz. Es geht darum, das Kontrollinstrument der elektronischen Zeiterfassung abzuschaffen, um die Mitarbeiter von der sogenannten Zeitverbrauchsmentalität in Richtung Ergebnisorientierung zu lenken[290]. Hierbei darf aber nicht vergessen werden, daß ein Verzicht auf die Zeiterfassung problematisch sein kann, weil die Zeiterfassung wichtige und notwendige Informationen für das Arbeitszeitmanagement liefern kann. In der Praxis wird Gleitzeit derzeit häufig noch mit einer Kernarbeitszeit von vier bis sechs Stunden sowie zwei bis vierstündigen Ein- und Ausgleitspannen, gehandhabt[291]. Innerhalb der dadurch vorgegebenen Grenzen erfüllt der Arbeitnehmer seine Arbeitspflicht. Aufgrund der Erfahrungen der Siemens AG mit der kernlosen Vertrauensgleitzeit[292] ist zu erwarten, daß eine reduzierte Kernzeit bis hin zu ihrem Wegfall Zukunft - vor allem bei qualifizierterem Personal - immer häufiger anzutreffen sein wird.

d) Festlegung der Arbeitszeit entsprechend den Grundsätzen der Billigkeit

Auch bei der gleitenden Arbeitszeit muß die Festlegung der eigenen Arbeitszeit innerhalb des vorgegebenen Gleitzeitrahmens den Grundsätzen der Billigkeit entsprechen. Die Arbeitszeit muß ausgewogen sein, d.h. sie muß neben den eigenen Arbeitszeitwünschen des Mitarbeiters stets auch die Bedürfnisse der Abteilung und des Betriebes berücksichtigen und die zuverlässige Erledigung der anstehenden Arbeitsaufgabe sicherstellen. Das folgt aus § 315 BGB. Die praktische Bedeutung dieser Beschränkung der Gestaltungsfreiheit der Arbeitnehmer

---

289 *Fröhlich*, Vertrauensgleitzeit – Wie sie bei der Siemens AG gehandhabt wird, AuA 1999, 159; *Schüren*, Gleitzeitsysteme – Inhaltsschranken der "Zeitsouveränität", AuR 1996, 381; ein Beitrag von *Langholz* aus dem Jahre 1972 zeigt, daß damals eine Gleitzeitregelung ohne Kontrolle noch für nicht realisierbar gehalten wurde: *Langholz*, Die Kontrolle der gleitenden Arbeitszeit, DB 1972, 580 ff.; MünchArbR/*Schüren*, § 165 Rn. 27 ff.

290 *Adamski*, Vertrauensarbeitszeit ... oder mehr Vertrauen in die Arbeitszeit, AuA 1999, 154; *Reichold*, Zeitsouveränität im Arbeitsverhältnis: Strukturen und Konsequenzen, NZA 1998, 393 (396); *ders.*, Mitbestimmung trotz Arbeitszeitsouveränität – Zur Anpassung des Betriebsverfassungsrechts an die Postmoderne, in: FS für Günther Wiese, 1998, 409 (418).

291 *Hegner*, Erfolgsfaktor Zeit, S. 41.

292 *Fröhlich*, Vertrauensgleitzeit – Wie sie bei der Siemens AG gehandhabt wird, AuA 1999, 159 ff.

zeigt sich erst dort deutlich, wo die Gleitzeit - wie zum Beispiel beim Verzicht auf eine Kernzeit - weite Spielräume eröffnet[293].

e) Probleme der Handhabung von Gleitzeit

Die gleitende Arbeitszeit bringt insoweit Vorteile für die Arbeitnehmer, als daß sie die Eckpunkte ihrer Arbeitszeit freier gestalten können; daneben birgt sie aber auch den Nachteil, daß das Pünktlichkeits- und Fehlzeitenrisiko weitgehend vom Arbeitgeber auf den Arbeitnehmer übergeht[294].
Bei der Vertrauensgleitzeit stellt sich zudem die Frage, wie genau die Aufzeichnungen nach § 16 Abs. 2 ArbZG in Bezug auf über die werktägliche Arbeitszeit nach § 3 S. 1 ArbZG hinausgehende Arbeitszeiten zu erfolgen haben. Der Aufzeichnungspflicht nach § 16 Abs. 2 ArbZG wird genügt, wenn zum Beispiel die einzelnen Arbeitnehmer im Auftrag des Arbeitgebers die von ihnen geleistete Arbeitszeit in Lohnlisten oder Arbeitszeitkarteien festhalten. Die Aufzeichnungen sind zwei Jahre aufzubewahren[295]. Für die Erfüllung der Nachweispflicht ist jedoch der Arbeitgeber verantwortlich[296]. Das bedeutet letztlich, daß es – auch bei der Vertrauensarbeitszeit – kein Arbeitszeitmodell ohne jegliche Zeiterfassung gibt. Im Ergebnis ist aus Praktikabilitätsgründen eine elektronische Zeiterfassung auch weiterhin die sinnvollste Lösung; diese dient dann nicht mehr einer Kontrolle, ob die zu leistende Arbeitszeit tatsächlich erbracht wird, sondern sie soll vielmehr dokumentieren, ob die Grenzen des ArbZG eingehalten werden und ob gegebenenfalls Überstunden zu vergüten sind.

II. Verbreitung der Gleitzeitarbeit

Seit den 70er Jahren ist in Westdeutschland ein stetiger Zuwachs der Gleitzeitbeschäftigung zu verzeichnen. Auf der Basis einer Mikrozensus-Zusatzbefragung von Oktober 1972 ermittelte das Statistische Bundesamt einen Anteil von nur 6 % der 22,7 Millionen Beschäftigten, also 1,36 Millionen Erwerbstätige, die ihre Arbeitsleistung in Gleitzeitmodellen erbrachten[297]. 1980

---

293 *Schüren*, Grundformen flexibler Arbeitszeitgestaltung und ihre Steuerungssysteme, in: FS für Wolfgang Gitter, 1995, S. 901 (906 f.); *ders.*, Gleitzeitsysteme – Inhaltsschranken der "Zeitsouveränität, AuR 1996, 381 (382 f.).

294 *Farthmann*, Rechtsfragen zur gleitenden Arbeitszeit, WSI-Mitteilungen 1972, 109.

295 *Neumann/Biebl*, ArbZG, § 16 Rn. 5 f.

296 *Zmarzlik/Anzinger*, ArbZG, 1995, § 16 Rn. 12.

297 MünchArbR/*Anzinger*, § 218 Rn. 57;*Teriet*, in: Bundesministerium für Arbeits- und Sozialordnung (Hrsg.), Die Gleitzeitarbeit – Entwicklungsstand und Perspektiven in der Bundesrepublik Deutschland, 1981, S. 16; Mikrozensus-Zusatzbefragung in: WiSta 1974, S. 424.

arbeiteten bereits 12 %, 1987 ca. 14 %[298], 1993 bereits 22 % der Beschäftigten in Gleitzeit[299]. Bis 1995 hat sich in Westdeutschland die Zahl der Gleitzeitbeschäftigten auf 28 % der Beschäftigten erhöht; auch in den neuen Bundesländern hat die Gleitzeitarbeit seit der Vereinigung mit 17 % bereits einen Verbreitungsgrad erreicht, für den die Gleitzeitarbeit in den alten Bundesländern mehr als 15 Jahre brauchte[300].

Angestellte arbeiten in den alten Bundesländern mit einem Anteil von 36 % besonders häufig in Gleitzeit, es folgen Beamte mit 31 % und Arbeiter mit 13 %. In den neuen Bundesländern sind 27 % der Angestellten und 6 % der Arbeiter Gleitzeitarbeitnehmer. Insgesamt können 71 % der Gleitzeitbeschäftigten ihre Arbeitszeiten in Lage und Dauer und ungefähr 25 % nur hinsichtlich der Lage variieren[301].

III. Gesetzliche Grundlagen

Vor der Einführung der gleitenden Arbeitszeit ist zu prüfen, ob ihr keine gesetzlichen oder tarifvertraglichen Bestimmungen entgegenstehen. Die gleitende Arbeitszeit ist im Arbeitszeitgesetz nicht ausdrücklich geregelt. Seine Vorschriften geben den praktizierten Formen der gleitenden Arbeitszeit jedoch einen einzuhaltenden Rahmen vor, innerhalb dem die gleitende Arbeitszeit frei vereinbart werden kann.

Kernstück der Flexibilisierung der Arbeitszeit ist § 3 S. 2 ArbZG, wonach unter gewissen Bedingungen die werktägliche Arbeitszeit auf bis zu zehn Stunden verlängert werden kann. Die Möglichkeit der Verlängerung der werktäglichen Arbeitszeit auf bis zu zehn Stunden nach § 3 S. 2 ArbZG ist nicht auf bestimmte Fälle beschränkt und kann daher aus jedem Grund oder Anlaß, so auch für die gleitende Arbeitszeit, genutzt werden[302]. Die Arbeitszeit eines Arbeitnehmers an einem einzelnen Arbeitstag darf aber die 10-Stunden-Grenze des § 3 S. 2

[298] MünchArbR/*Anzinger*, § 218 Rn. 57.

[299] *Ulber/Kock*, Gleitzeit und Umsetzung der tariflichen Arbeitszeitverkürzung, AiB 1986, 31 (in Anlehnung an BMAS 1981, 29).

[300] Die Gewohnheiten der Arbeitnehmer im Hinblick auf die Ausnutzung der Gleitzeitspannen werden ausführlich dargestellt von: *Bosch, A./Ellguth/Promberger*, Gleitzeit: Wieviel Zeitautonomie ist gefragt?, WSI-Mitteilungen 1992, 51 ff.

[301] *Schilling/Bauer/Groß*, Arbeitszeiten, Arbeitszeitwünsche und Zeitverwendung in Deutschland, Ergebnisse einer aktuellen Beschäftigtenbefragung in West- und Ostdeutschland, WSI-Mitteilungen 1996, 432 (437); in diesem Beitrag befindet sich zudem noch umfangreiches Zahlenmaterial zur Teilzeitarbeit.

[302] *Zmarzlik/Anzinger*, ArbZG, 1995, § 3 Rn. 19, 35; *Neumann/Biebl*, ArbZG, § 3 Rn. 5; die Bedeutung des § 3 S. 2 ArbZG für die Arbeitszeitflexibilisierung hebt auch *Schliemann* hervor: Kasseler Handbuch, 2.5 Rn. 36.

ArbZG nicht überschreiten[303]. Außerdem muß die Verlängerung der Arbeitszeit ausgeglichen werden; der Ausgleich erfolgt durch eine entsprechende Verkürzung, für die § 3 S. 2 ArbZG zwei Ausgleichszeiträume zur Wahl stellt: sechs Kalendermonate oder 24 Wochen[304]. Der Ausgleich einer Arbeitszeitverlängerung über acht Stunden muß nach § 3 S. 2 ArbZG so erfolgen, daß im Durchschnitt acht Stunden werktäglich innerhalb des für den Betrieb maßgeblichen Ausgleichszeitraums nicht überschritten werden. Die Summe der tatsächliche geleisteten Arbeitszeit im Abrechnungszeitraum muß sich im Rahmen der kraft Gesetzes für diesen Zeitraum zugelassenen Gesamtarbeitszeit halten[305].
Bei der Wahl und der (jederzeit möglichen) Änderung des Ausgleichszeitraumes hat der Betriebsrat nach § 87 Abs. 1 Nr. 2 BetrVG ein Mitbestimmungsrecht[306].

IV. Beteiligungs- und Mitbestimmungsrechte des Betriebsrates bei der Einführung gleitender Arbeitszeit

Die Einführung der gleitenden Arbeitszeit und die Änderung ihrer Modalitäten unterliegt dem Mitbestimmungsrecht des Betriebsrates[307].

1. Regelungsbedürftige Punkte

Die Einführung der gleitenden Arbeitszeit erfordert bei Abschluß einer Betriebsvereinbarung Regelungen über die Lage der täglichen Arbeitszeit, über Kernzeiten und Gleitzeitspannen. Außerdem müssen die Durchführungsmodalitäten für erforderliche Veränderungen festgelegt sein. Es sind weiter Bestimmungen über eventuell nötige Absprachen mit Kollegen erforderlich. Zeiten, zu denen ein Ansprechpartner zur Verfügung stehen muß, müssen fixiert werden. Schließlich hat eine Festlegung des Ausgleichszeitraums und eine Regelung

---

303 *Zmarzlik/Anzinger*, ArbZG, 1995, § 3 Rn. 17, 35.
304 *Zmarzlik/Anzinger*, ArbZG, 1995, § 3 Rn. 20; *Neumann/Biebl*, ArbZG, § 3 Rn. 8.
305 *Zmarzlik/Anzinger*, ArbZG, 1995, § 3 Rn. 25, 35.
306 *Zmarzlik/Anzinger*, ArbZG, 1995, § 3 Rn. 23; *Neumann/Biebl*, ArbZG, § 3 Rn. 9; Kasseler Handbuch/*Schliemann*, 2.5 Rn. 198.
307 S. hierzu v.a. die Ausführungen in diesem Kapitel unter A. IV. 3. a; zudem: Staudinger/*Richardi* (1999), vor § 611 Rn. 1154; *Hackh*, Gleitende Arbeitszeit, 1971, S. 104; *Zmarzlik/Anzinger*, ArbZG, 1995, § 3 Rn. 36; *Dräger*, Beteiligung des Betriebsrats bei der Einführung flexibler Arbeitszeitsysteme, 1986, S. 140; *Wiese*, GK-BetrVG, § 87 Rn. 334; *Heisig*, Arbeitsentgelt- und Arbeitszeitregelungen im Spannungsfeld zwischen tariflicher und betriebsvereinbarungsrechtlicher Normsetzungsbefugnis, 1991, S. 251; die Mitbestimmung beim Einführen von Gleitzeit hatte auch schon vor dem BetrVG 1972 zu erfolgen, vgl. § 56 BetrVG 1952 und *Eckert*, Die Gleitzeit, Berichte des Deutschen Industrieinstituts, 1971, Nr. 7, S. 24.

über das Verfahren zum Ausgleich von Zeitguthaben und Zeitschulden, über Verfallklauseln, die Kontrolle der Arbeitszeit und das Verhältnis zu Mehrarbeit und Überstunden zu erfolgen[308].

Bei der qualifizierten Gleitzeit sind noch detailliertere Regelungen erforderlich als bei der einfachen Gleitzeit, weil hier auch die Dauer der Arbeitszeit am jeweiligen Tag flexibel ist. Die individuelle Arbeitszeit muß dem betrieblichen Ablauf angepaßt werden. Ihre Freizügigkeit muß mit der geschuldeten Leistung in Einklang gebracht werden.

2. Unterrichtung und Beratung

Bei der Einführung von Gleitzeitarbeit sind verschiedene Beteiligungsrechte des Betriebsrates zu beachten.

a) Unterrichtung in wirtschaftlichen Angelegenheiten

Bei dem Katalog der wirtschaftlichen Angelegenheiten in § 106 Abs. 3 BetrVG, die durch die Einführung von gleitender Arbeitszeit berührt sein könnten, kommt eine Subsumtion unter den Begriff Rationalisierungsvorhaben (§ 106 Abs. 3 Nr. 4 BetrVG) oder Fabrikations- bzw. Arbeitsmethode (§ 106 Abs. 3 Nr. 5 BetrVG) in Betracht.

Es ist zwar der Fall, daß die Arbeitnehmer insbesondere bei qualifizierter Gleitzeit ihre Arbeitszeit an den Arbeitsanfall anpassen und die Arbeitsvorgänge somit zweckmäßiger und wirtschaftlicher gestalten können. Dennoch wird die Leistung des Betriebs durch die Einführung von gleitender Arbeitszeit nicht erhöht und es kommt auch nicht zu einer Änderung der Modalitäten der Erbringung der Arbeitsleistung der Mitarbeiter. Außerdem verringert sich der Aufwand menschlicher Arbeit durch die Leistung der Arbeit zu anderen Zeiten nicht[309]. Daher sind weder § 106 Abs. 3 Nr. 4 BetrVG noch § 106 Abs. 3 Nr. 5 BetrVG einschlägig[310].

Eine Subsumtion unter die beschränkte Generalklausel des § 106 Abs. 3 Nr. 10 BetrVG ist nicht sachgerecht, da die Interessen der Arbeitnehmer durch ein Gleitzeitmodell nicht wesentlich berührt werden. Hierunter fallen vorwiegend Maßnahmen, die in irgendeiner Weise auf das Unternehmen in seinem Bestand Auswirkungen haben. In der Regel ergeben sich durch die Umstellung von fe-

---

[308] *Wiese*, GK-BetrVG, § 87 Rn. 335; *Gutzeit*, Die Mitbestimmung des Betriebsrats bei Fragen der Arbeitszeit, BB 1996, 106 (111); *Ulber/Kock*, Gleitzeit und Umsetzung der tariflichen Arbeitszeitverkürzung, AiB 1986, 31 (38 f.).

[309] A. A. *Fitting*, BetrVG, § 106 Rn. 40; *Fitting* subsumiert die Einführung von Gleitzeitmodellen unter § 106 Abs. 3 Nr. 5 BetrVG; *Fabricius*, GK-BetrVG, § 106 Rn. 113.

[310] S auch Ausführungen im 4. Kapitel B. I. 2. a und B. I. 2. b.

sten Arbeitszeiten auf gleitende Arbeitszeit auch keine personellen Konsequenzen, die einen für den Arbeitnehmer bedeutsamen Vorgang darstellen könnten, so daß sich eine Unterrichtung des Betriebsrates auf die Mitteilung beschränkt, daß keine personellen Konsequenzen zu erwarten sind.
§ 106 Abs. 3 Nr. 10 BetrVG ist als beschränkte Generalklausel immer dann einschlägig, wenn eine Maßnahme unter keine andere Fallgruppe des § 106 Abs. 3 BetrVG fällt[311]. Daher sollte die Unterrichtung darüber, daß keine personellen Folgen zu erwarten sind, konsequenterweise erfolgen.

b) Unterrichtung und Beratung bei der Gestaltung der arbeitstechnischen Organisation

In Betrieben, die gleitende Arbeitszeit einführen, ergeben sich Einwirkungen auf die Arbeitsabläufe, worüber der Betriebsrat nach § 90 Nr. 3 BetrVG zu informieren ist[312]. Bei gleitender Arbeitszeit ist eine Koordination durch Arbeitnehmer, die ihre Aufgaben in notwendiger Zusammenarbeit erledigen, erforderlich. Diese Koordination des Zusammenwirkens der Arbeitnehmer in einer zeitlichen Folge innerhalb eines Arbeitssystems fällt unter den Regelungsbereich des § 90 Nr. 3 BetrVG[313]. Für die Koordination bedarf es der Information und Kommunikation. Außerdem sind Regelungen für die Arbeitsverteilung oder für zeitgebundene Aufgaben nötig.

c) Informationsrecht nach § 80 Abs. 2 BetrVG

Der Betriebsrat hat nach § 80 Abs. 2 BetrVG dort ein Informationsrecht, wo durch die Einführung der gleitenden Arbeitszeit die organisatorische Ausgestaltung betroffen ist. Fragen der Lage der Arbeitszeit fallen nicht unter das Informationsrecht, sondern unter das Mitbestimmungsrecht nach § 87 Abs. 1 Nr. 2. Der Betriebsrat muß die Möglichkeit erhalten, die Vereinbarkeit des jeweiligen Gleitzeitmodells mit den Schutznormen für Arbeitnehmer (zum Beispiel: ArbZG, TzBfG) zu prüfen (§ 80 Abs. 1 Nr. 1 BetrVG). Hierfür sind ihm die erforderlichen Unterlagen zur Verfügung zu stellen, § 80 Abs. 2 S. 2 BetrVG. Der Betriebsrat ist demnach bereits bei der Entscheidung über die Einführung eines bestimmten Gleitzeitsystems umfassend zu beteiligen.

---

[311] S. zum Streit, ob es sich bei dem Katalog in § 106 Abs. 3 BetrVG um eine abschließende Aufzählung handelt oder nicht: Kapitel 4 B. I. 2.
[312] S. hierzu auch 4. Kapitel B. III. 1.
[313] *Fitting*, § 90 Rn. 32.

3. Mitbestimmung

Bei der Einführung von gleitender Arbeitszeit ergeben sich auch Mitbestimmungsrechte des Betriebsrates; diese können bei der einfachen und bei der qualifizierten Gleitzeit verschieden ausgeprägt sein.

a) Umfang des Mitbestimmungsrechts bezüglich Beginn und Ende der täglichen Arbeitszeit einschließlich der Pausen sowie Verteilung der Arbeitszeit auf die einzelnen Wochentage

Das Mitbestimmungsrecht des Betriebsrates nach § 87 Abs. 1 Nr. 2 BetrVG umfaßt auch eine Arbeitszeitregelung mit variablem Arbeitsbeginn und Arbeitsende.
Soweit es um die Rolle des Betriebsrates bei der Einführung und Gestaltung sowie Überwachung flexibler Arbeitszeitsysteme geht, ist § 87 Abs. 1 Nr. 2 BetrVG einschlägig[314]. Daher ist auch die Einführung der gleitenden Arbeitszeit[315] und deren Abschaffung[316] mitbestimmungspflichtig. Das gilt sowohl für die einfache als auch für die qualifizierte Gleitzeit.
Mitbestimmungspflichtig ist die Festlegung des Gleitzeitrahmens. Zudem erfolgt eine Mitbestimmung bei der Bestimmung von Lage und Dauer der Kernzeit, während der der Arbeitnehmer auf jeden Fall im Betrieb arbeiten muß. Schließlich kann der Betriebsrat noch bei der Fixierung des Ausgleichszeitraums und bei Pausenregelungen mitbestimmen[317]. Die Kernzeiten geben insbesondere bei der qualifizierten Gleitzeit eine am jeweiligen Tag zu leistende Mindestarbeitszeit vor.

---

[314] *Reichold*, Zeitsouveränität im Arbeitsverhältnis: Strukturen und Konsequenzen, NZA 1998, 393 (399); *BAG* 18.4.1989 AP Nr. 33 zu § 87 BetrVG 1972 Arbeitszeit = EzA § 87 BetrVG Arbeitszeit Nr. 35 = SAE 1990, 62 m. Anmerkung *Buschmann*, AiB 1989, 358 f; in der Entscheidung geht es um eine aufgrund des Mitbestimmungsrechts des § 87 Abs. 1 Nr. 2 BetrVG eingeführte Betriebsvereinbarung zur gleitenden Arbeitszeit.

[315] *BAG* 18.4.1989 AP Nr. 33 zu § 87 BetrVG 1972 Arbeitszeit = EzA § 87 BetrVG 1972 Arbeitszeit Nr. 35 = SAE 1990, 62; MünchArbR/*Matthes*, § 334 Rn. 51; *Zmarzlik/Anzinger*, ArbZG, 1995, § 1 Rn. 43; *Zmarzlik*, Arbeitszeit, AR-Blattei SD 240, Rn. 30, 126; *Farthmann*, Die Mitbestimmung des Betriebsrats bei der Regelung der Arbeitszeit, RdA 1974, 65 (66); *ders.*, Rechtsfragen zur gleitenden Arbeitszeit, WSI-Mitteilungen 1972, 109 (113); *Klebe*, DKK-BetrVG, § 87 Rn. 80; *Glaubitz*, HSG-BetrVG, §87 Rn. 165.

[316] *Buschmann/Ulber*, Flexibilisierung, 1989, S. 134.

[317] *Dräger*, Beteiligung des Betriebsrats bei der Einführung flexibler Arbeitszeitsysteme, 1986, S. 150; *Fritsch*, Flexible Arbeitszeitformen und Mitbestimmung, AuA 1990, 293; *Gutzeit*, Die Mitbestimmung des Betriebsrats bei Fragen der Arbeitszeit, BB 1996, 106 (111).

aa) Gleitzeitspanne bei der einfachen Gleitzeit

Da bei der einfachen Gleitzeit nur die Lage der täglichen Arbeitszeit flexibel ist, die Dauer jedoch starr bleibt, bedarf es hier keiner Regelungen über die Gesamtarbeitszeit, Übertragungsfälle (Zeitguthaben, -schulden), Mindest- und Höchstarbeitszeiten und die Berechnung von krankheits- oder dienstreisebedingten Abwesenheiten.

§ 87 Abs. 1 Nr. 2 BetrVG ist bei der einfachen Gleitzeit nur insoweit tangiert, als es um die Gleitzeitspanne für die Aufnahme der Arbeit geht.

Das Arbeitsende ergibt sich bei der einfachen Gleitzeit wegen der feststehenden Dauer der Arbeitszeit bereits aus dem durch den Arbeitnehmer innerhalb der Gleitzeitspanne gewählten Anfangszeitpunkt. Die Dauer der täglichen Arbeitszeit unterliegt nur insoweit der Mitbestimmung des Betriebsrates, als das Mitbestimmungsrecht über die Lage der Arbeitszeit reicht. § 87 Abs. 1 Nr. 2 BetrVG weist hinsichtlich der Dauer der Arbeitszeit nur den Arbeitstag als Anknüpfungspunkt auf[318]. Im Falle einer Wahl eines Anfangszeitpunkts der Arbeit durch den Arbeitnehmer ergibt sich bei der einfachen Gleitzeit ein fester Zeitpunkt für die Beendigung der täglichen Arbeitszeit. Dieser Zeitpunkt ist der Bestimmung des Arbeitgebers entzogen und unterfällt damit auch nicht der Mitbestimmung des Betriebsrates[319].

bb) Mitbestimmung bei der qualifizierten Gleitzeit

Bei der qualifizierten Gleitzeit werden Lage und Dauer der Arbeitszeit durch die Gesamtarbeitszeit, den Gleitzeitrahmen, durch eventuell vorgegebene Kernzeiten, durch Übertragungsregelungen und individuelle Entscheidungen des Arbeitnehmers beeinflußt. Eine Mitbestimmung des Betriebsrates kommt freilich nur in Betracht, soweit keine gesetzliche oder tarifliche Regelung besteht. Bei der Gesamtarbeitszeit wird meist ein einschlägiger Tarifvertrag vorhanden sein. Dies soll bei der vorliegenden Darstellung jedoch außer Betracht bleiben; die Dauer der abzuleistenden Arbeitszeit in einer bestimmten Bezugsperiode unterliegt ohnehin nicht der Mitbestimmung nach § 87 Abs. 1 Nr. 2 BetrVG[320].

Regelungen über den Ausgleich oder die Übertragung von Zeitguthaben oder – schulden nehmen zumindest mittelbar Einfluß auf die Lage der Arbeitszeit. Ein Arbeitnehmer, der die Anordnung des Verfalls eines Zeitguthabens zu erwarten

---

318 § 87 Abs. 1 Nr. 2 BetrVG bezieht sich nur auf die Dauer der Arbeitszeit an einem einzelnen Arbeitstag; die vorgegebene wöchentliche Arbeitszeit wird auf die einzelnen Wochentage verteilt; s. hierzu auch 4. Kapitel C. II. 3. a) bb.

319 *Schüren*, Grundformen flexibler Arbeitszeitgestaltung und ihre Steuerungssysteme, in: FS für Wolfgang Gitter, S. 901 (909).

320 S. hierzu Ausführungen im 4. Kapitel C. II. 3. a) bb.

hat, wird sich, soweit es seine Arbeitsaufgabe zuläßt, seine Arbeitszeit so einteilen, daß ihm kein Guthaben verloren geht. Hiervon ist wiederum mittelbar auch die Lage der Arbeitszeit der anderen Arbeitnehmer betroffen, wenn ein gewisses Koordinationserfordernis unter den Arbeitnehmern besteht. Regelungen über den Ausgleich oder die Übertragung von Zeitguthaben oder –schulden sind insoweit unter das Mitbestimmungsrecht nach § 87 Abs. 1 Nr. 2 BetrVG zu subsumieren. Die Grenze zum Anwendungsbereich des § 87 Abs. 1 Nr. 3 BetrVG ist dabei nur schwer zu ziehen; einige Autoren nehmen daher lediglich eine Subsumtion unter § 87 Abs. 1 Nr. 3 BetrVG vor[321]. Das taktische Vorgehen des Arbeitnehmers zur Vermeidung eines Guthabenverfalls hat aber weniger mit einer vorübergehenden Verkürzung oder Verlängerung der Arbeitszeit, als vielmehr mit einer Entscheidung im Hinblick auf die Lage der Arbeitszeit zu tun.

cc) Pausenregelungen

Sowohl bei der einfachen als auch bei der qualifizierten Gleitzeit hat der Betriebsrat bezüglich der jeweiligen Pausenregelungen ein Mitbestimmungsrecht. Dies gilt aber nur insoweit, als das Arbeitszeitgesetz einen Regelungsspielraum offen läßt.

dd) Kollektivtatbestand

Auch hier stellt sich die Frage, ob ein mitbestimmungspflichtiger Kollektivtatbestand vorliegen kann, wenn ein Arbeitnehmer beispielsweise mit dem Arbeitgeber vereinbart, daß er über den in einer Betriebsvereinbarung zur Gleitzeit festgesetzten Zeitpunkt des Arbeitsendes hinaus arbeitet.

Es handelt sich insoweit zwar um einen Einzelfall; dennoch ist die Mitbestimmung nicht ausgeschlossen. Wenn nur ein Arbeitnehmer betroffen ist, so ist dieser Arbeitnehmer mindestens so schutzbedürftig wie ein Kollektiv. Jeder einzelne Arbeitnehmer ist zugleich Bestandteil des betrieblichen Kollektivs. Seine Arbeitsbedingungen berühren die Interessen des Kollektivs und haben sich ganz konkret und auch individuell nach einer geltenden Betriebsvereinbarung zu

---

[321] *Reichold*, Mitbestimmung trotz Arbeitszeitsouveränität? Zur Anpassung des Betriebsverfassungsrechts an die Postmoderne, in: FS für Günther Wiese zum 70 Geburtstag, 1998, S. 409 (422); MünchArbR/*Matthes*, § 335 Rn. 23; a.A. insoweit *Dräger*, Beteiligungsrechte des Betriebsrats bei der Einführung flexibler Arbeitszeitsysteme, 1986, S. 149; oftmals wird in der Literatur nicht genau danach differenziert, ob die Mitbestimmung bezüglich des Ausgleichs von Arbeitszeitkonten unter § 87 Abs. 1 Nr. 2 BetrVG oder unter § 87 Abs. 1 Nr. 3 BetrVG zu subsumieren ist: so zum Beispiel auch bei *Schwerdtner*, Die Reichweite der Mitbestimmungsrechte nach § 87 Abs. 1 Nr. 2, 3 BetrVG bei Teilzeitbeschäftigten mit variabler Arbeitszeit, DB 1983, 2763 (2770).

richten[322]. Eine Berührung der Interessen des Kollektivs ist schon durch die notwendige Koordination unter den Arbeitnehmern gegeben. Wenn ein Arbeitnehmer sich bereit erklärt, länger zu arbeiten, so stellt sich das Problem des zusätzlichen Arbeitseinsatzes für die anderen Arbeitnehmer nicht mehr.

b) Das Mitbestimmungsrecht bei der vorübergehenden Verkürzung oder Verlängerung der betriebsüblichen Arbeitszeit

Der Tatbestand des § 87 Abs. 1 Nr. 3 BetrVG kommt vor allem zum Tragen, wenn es, wie häufig auch bei Teilzeitkräften, um die Anordnung bzw. Duldung von Überstunden geht.

Keine mitbestimmungspflichtigen Überstunden liegen vor, wenn Arbeitnehmer innerhalb einer Gleitzeitordnung länger als üblich arbeiten, um sich ein Zeitguthaben zu schaffen oder um einen Zeitrückstand auszugleichen. Erst wenn das Zeitguthaben über die Sollarbeitszeit im Ausgleichszeitraum hinausgeht, handelt es sich um Mehrarbeit, hinsichtlich derer der Betriebsrat mitzubestimmen hat. Mitbestimmungspflichtige Überstunden sind auch dann gegeben, wenn vom Arbeitnehmer verlangt wird, daß dieser länger arbeitet, als er im Rahmen der Gleitzeitordnung an dem betreffenden Tag freiwillig arbeiten wollte[323]. Die Gleitzeitordnung muß regeln, wie die angeordneten Überstunden erfaßt werden. Es kann zum Beispiel vereinbart werden, daß eine Arbeit nur dann als Mehrarbeit gilt und der Arbeitnehmer nur dann zu deren Leistung verpflichtet ist, wenn eine ausdrücklichen Anordnung als Mehrarbeit erfolgt ist[324].

Regelungen über Arbeitszeitkonten, die ab einem gewissen Übersoll etwa Überstundenbezahlung oder gar Verfall anordnen, die Stunden also im Ausgleichszeitraum dem Ausgleich entziehen, sind nach § 87 Abs. 1 Nr. 3 BetrVG mitbestimmungspflichtig[325]. Der Betriebsrat hat zum Beispiel auch dann mitzube-

---

[322] So *Buschmann* in seiner Anmerkung zu *BAG* 18.4.1989 AP Nr. 33 zu § 87 BetrVG 1972 Arbeitszeit in AiB 1989, 358; s. auch *BAG* 22.2.1983 AP Nr. 2 zu § 23 BetrVG = EzA § 23 BetrVG 1972 Nr. 9 = SAE 1984, 182 = NJW 1984, 196: das *BAG* hat in seiner sog. "Unterlassungsentscheidung" die Mitbestimmung bei "freiwilligen Überstunden" auch für den Fall ausdrücklich anerkannt, daß nur ein Arbeitnehmer betroffen ist, da nur das betriebliche Bedürfnis an der konkreten Arbeitszeitregelung und nicht die numerische Zahl der betroffenen Arbeitnehmer maßgeblich sei; s. auch: *Sprick*: Arbeitszeitbegriff und mitbestimmungspflichtige Tatbestände i. S. d. § 87 I Nr. 2, 3 BetrVG, Diss. 1997, S. 29 f.

[323] Zur Mehrarbeit bei Gleitzeit und zur Mitbestimmung s.: *Buschmann*, Gleitende Arbeitszeit, AiB 1981, 155 f.

[324] MünchArbR/*Matthes*, § 335 Rn. 23; *Buschmann*, Gleitende Arbeitszeit, AiB 1981, 155 f.

[325] *Reichold*, Mitbestimmung trotz Arbeitszeitsouveränität? Zur Anpassung des Betriebsverfassungsrechts an die Postmoderne, in: FS für Günther Wiese zum 70 Geburtstag, 1998, S. 409 (422); MünchArbR/*Matthes*, § 335 Rn. 23; *Klevemann*, Die Mitbestimmungsrechte des Betriebsrats bei der "Flexibilisierung" der Arbeitszeit, AiB 1984, 90 (93); a.A. insoweit

stimmen, wenn eine Betriebsvereinbarung über Gleitzeit die Überschreitung eines Zeitguthabens von etwa 20 Stunden am Ende des Erfassungszeitraums nicht erlaubt, der Arbeitgeber aber darüber hinausgehende Arbeitsleistungen – ohne besondere Anordnung – entgegennimmt[326]. Es kommt dann mittelbar zu einer vorübergehenden Verlängerung der Arbeitszeit.

c) Mitbestimmung bei der Einführung und Anwendung von technischen Überwachungseinrichtungen

Soweit bei Modellen gleitender Arbeitszeit zum Zwecke der Erfassung, Speicherung und Kontrolle der Arbeitsleistung technische Hilfsmittel eingesetzt werden, bedarf deren Aufstellung, Bedienung und Verwendung der Mitbestimmung nach § 87 Abs. 1 Nr. 6 BetrVG[327].
Durch Zeiterfassungsgeräte wird die Leistung und das Verhalten der Arbeitnehmer, das Kommen und Gehen, erfaßt. Die Daten bezüglich des Kommens und Gehens können in irgendeiner Weise für den Rückschluß auf das Verhalten und die Leistung der Arbeitnehmer verwendet werden. Die objektive Eignung der technischen Einrichtung reicht für das Mitbestimmungsrecht nach § 87 Abs. 1 Nr. 6 BetrVG bereits aus[328]. Auf eine Verwendungsabsicht des Arbeitgebers zum Zwecke der Überwachung und Verwertung der gewonnenen Daten kommt es nicht an[329]. So wird der Arbeitgeber bei der Vertrauensgleitzeit die Zeiterfassung nicht mehr zur Überprüfung von Verhalten und Leistung der Arbeitnehmer nutzen wollen. Denn die Zeiterfassung dient in solchen Fällen der Dokumentationspflicht nach § 16 Abs. 2 ArbZG. Dennoch ist eine Mitbestimmung des Betriebsrates im Hinblick auf die Eignung zur Überprüfung der Leistung der Arbeitnehmer durchzuführen, wenn Zeiterfassungsgeräte in einem Betrieb installiert werden.

Dräger, Beteiligungsrechte des Betriebsrats bei der Einführung flexibler Arbeitszeitsysteme, 1986, S. 149; zur Nutzung von Arbeitszeitkonten durch die Arbeitnehmer vgl.: *Seifert*, Arbeitszeitkonten – Modelle für mehr Zeitsouveränität oder absatzorientiertes Zeitmanagement, WSI-Mitteilungen 1996, 442 ff.

[326] *Wiese*, GK-BetrVG, § 87 Rn. 401 m.w.N.

[327] *Dräger*, Beteiligung des Betriebsrats bei der Einführung flexibler Arbeitszeitsysteme, 1986, S. 147; MünchArbR/*Matthes*, § 338 Rn. 19; hingegen faßt *Klevemann* die Arbeitszeitkontrolle als Annexkompetenz unter § 87 Abs. 1 Nr. 2 BetrVG: *Klevemann*, Die Mitbestimmungsrechte des Betriebsrats bei der "Flexibilisierung" der Arbeitszeit, AiB 1984, 90 (93).

[328] S. 4. Kapitel C. II. 3. d) aa; genaue Darstellung: MünchArbR/*Matthes*, § 338 Rn. 30 ff. (34) m.w.N.

[329] S. hierzu bereits 4. Kapitel C. II. 3. d.

d) Mitbestimmung bei Fragen der betrieblichen Lohngestaltung

Nicht unter den Tatbestand des § 87 Abs. 1 Nr. 10 BetrVG fällt zum Beispiel beim Praktizieren von Arbeitszeitkonten die Frage, ob und ab welcher Grenze Abzüge vom Gehalt des folgenden Monats wegen vorhergehender Fehlstunden erfolgen dürfen. Es handelt sich hierbei nicht um Regelungen der Art und Weise der Lohnfindung, sondern um eine Regelung der Lohnhöhe. Es wird lediglich die Grenze festgelegt, ab der eine Minderleistung entsprechend die Gegenleistung mindert. Ebenso wird durch die Bestimmung einer Obergrenze des Zeitguthabens nur festgelegt, daß das vereinbarte Entgelt nur innerhalb des vorgegebenen Rahmens fällig wird.

Probleme der Überstundenbezahlung bei Zeitguthaben oder des Verfalls von Arbeitsstunden bei Zeitschulden unterliegen daher nicht der Mitbestimmung nach § 87 Abs. 1 Nr. 10 BetrVG, sondern sind unter § 87 Abs. 1 Nr. 3 BetrVG zu subsumieren. Hingegen ist die Bezahlung der Mehrarbeit und die Frage, wann eine solche vorliegt, ein Problem der betrieblichen Lohngestaltung im Sinne des § 87 Abs. 1 Nr. 10 BetrVG. Wie die über den vorgegebenen Rahmen geleistete Arbeit zu bezahlen ist, entzieht sich der individualvertraglichen Vereinbarung. Werden Regelungen getroffen, die Gründe und Voraussetzungen festlegen, nach denen die über die Obergrenze des vorgegebenen Arbeitszeitrahmens hinausgehende Arbeitszeit zu vergüten ist, so besteht ein Mitbestimmungsrecht nach § 87 Abs. 1 Nr. 10 BetrVG[330].

B. Teilzeitarbeit

Teilzeitarbeit ist die gegenüber vergleichbarer Vollzeitarbeit verkürzte Dauer der arbeitsvertraglich geschuldeten Arbeitszeit im Betrieb[331]. Sie wird oft als flexible Form der Arbeitszeitgestaltung bezeichnet. Dies ist jedoch nicht immer zutreffend. Allein aus der Tatsache, daß ein Arbeitnehmer teilzeitbeschäftigt ist, folgt nicht zugleich, daß Lage oder Dauer der Arbeitszeit einseitig veränderbar sind[332]. Es gibt auch Teilzeitarbeitnehmer, die an starre Arbeitszeiten gebunden sind.

---

[330] *Dräger*, Beteiligung des Betriebsrates bei der Einführung flexibler Arbeitszeitsysteme, 1986, S. 151.

[331] *Schaub*, Arbeitsrechtshandbuch, 2000, § 44 Rn. 2, 5; MünchArbR/*Schüren*, § 162 Rn. 1; *BAG* 12.1.1994 E 75, 236 = AP Nr. 112 zu § 242 BGB Gleichbehandlung = EzA § 2 BeschFG 1985 Nr. 32 = NZA 1994, 993; *BAG* 15.11.1994 AP Nr. 39 zu § 2 BeschFG 1985 = EzA § 2 BeschFG 1985 Nr. 37 = SAE 1996, 262 = NZA 1995, 936; s. auch § 2 Abs. 1 S. 1 TzBfG.

[332] *Linnenkohl/Rauschenberg*, Arbeitszeitflexibilisierung, 1996, S. 27.

I. Der Begriff „Teilzeitarbeit"

Der Begriff der Teilzeitarbeit ergibt sich aus § 2 Abs. 1 TzBfG, der teilweise mit § 2 Abs. 2 BeschFG identisch ist und im übrigen auf der Bestimmung 3 Nr. 1 der Rahmenvereinbarung vom 7.6.1997 zur Richtlinie des Rates 97/81/EG vom 15.12.1997[333] beruht.

1. Der Begriff der Teilzeitarbeit nach § 2 Abs. 1 TzBfG

Teilzeitbeschäftigt ist nach § 2 Abs. 1 TzBfG „ein Arbeitnehmer, dessen regelmäßige Wochenarbeitszeit kürzer als die eines vergleichbaren vollzeitbeschäftigten Arbeitnehmers" ist. Unter Abgrenzung zur Vollzeit liegt Teilzeit dann vor, wenn ein befristetes oder unbefristetes Arbeitsverhältnis sich von anderen Arbeitsverhältnissen dadurch unterscheidet, daß die vereinbarte regelmäßige Arbeitszeit wesentlich kürzer ist als die regelmäßige betriebliche, branchenübliche oder allgemein übliche Arbeitszeit[334].

2. Der Begriff der Teilzeitarbeit unter Einbeziehung der Bestimmung 3 Nr. 1 der Rahmenvereinbarung vom 7.6.1997 zur Richtlinie des Rates 97/81/EG vom 15.12.1997

Die Definition in § 2 Abs. 1 S. 1 TzBfG entspricht im Wesentlichen der Legaldefinition in § 2 Abs. 2 BeschFG und in der Bestimmung 3 Nr. 1 der Rahmenvereinbarung vom 7.6.1997 zur Richtlinie des Rates 97/81/EG vom 15.12.1997, die aufgrund eines Verfahrens nach Art. 3 und 4 des Maastrichter Abkommens zur Sozialpolitik (ASP) zustande gekommen ist und bis zum 20.1.2000 in nationales Recht umgesetzt werden mußte[335]. Der Umsetzungspflicht genügte bereits das Beschäftigungsförderungsgesetz 1985.

---

[333] ABlEG 1998 Nr. L 14, S. 9 ff.; abgedruckt zum Beispiel auch in: *Buschmann/Dieball/Stevens-Bartol*, TZA, 1997, Anhang, S. 400 ff.

[334] MünchArbR/*Schüren*, § 161 Rn. 3; *Becker*, Arbeitsrechtliche Probleme der Teilzeitbeschäftigung, 1970, S. 38 f.; Kasseler Handbuch/*Meyer*, 2.5 Rn. 1207; Kasseler Handbuch/*Linck*, 4.2 Rn. 2.

[335] Richtlinie 97/81/EG des Rates vom 15.12.1997 zu der von UNICE, CEEP und EGB geschlossenen Rahmenvereinbarung über Teilzeitarbeit – Anhang: Rahmenvereinbarung über Teilzeitarbeit, ABlEG 1998 Nr. L 14, S. 9 ff.; abgedruckt z.B. auch in: *Buschmann/Dieball/Stevens-Bartol*, TZA, 1997, Anhang, S. 400 ff.; die Rahmenvereinbarung soll entsprechend ihrer Präambel ein Beitrag zur allgemeinen europäischen Beschäftigungsstrategie sein; die Bestimmung 1 legt als Ziel der Vereinbarung fest, daß Diskriminierungen von Teilzeitbeschäftigten beseitigt werden sollen und die Qualität der Teilzeitar-

§ 2 Abs. 1 S. 2, 3 TzBfG und § 3 Nr. 2 RV-TzA beschreiben neben dem Begriff der Teilzeit auch den des „vergleichbaren Vollzeitbeschäftigten". Danach ist der „vergleichbare Vollzeitbeschäftigte" ein Vollzeitbeschäftigter desselben Betriebes mit derselben Art von Arbeitsverhältnis oder Beschäftigungsverhältnis, der in der gleichen oder einer ähnlichen Arbeit bzw. Beschäftigung tätig ist, wobei auch Betriebszugehörigkeitsdauer, Qualifikation, besondere Fertigkeiten und andere Erwägungen zu berücksichtigen sind. Gibt es nach dieser Definition keinen vergleichbaren Vollzeitbeschäftigten in einem Betrieb, so erfolgt der Vergleich nach der Bestimmung in § 2 Abs. 1 S. 3 TzBfG anhand des anwendbaren Tarifvertrages oder, sofern ein solcher nicht existiert, in Übereinstimmung mit den im jeweiligen Wirtschaftszweig geltenden gesetzlichen oder tarifvertraglichen Bestimmungen. Existiert danach ein vergleichbarer Vollzeitbeschäftigter nicht, so wird auf die allgemein übliche, d.h. die in der Mehrheit der Wirtschaftsbranchen tarifübliche Wochenarbeitszeit als Vergleichsmaßstab zurückgegriffen[336].

3. Verkürzte Arbeitszeit

Die Legaldefinition des § 2 Abs. 1 TzBfG erfaßt nicht alle Formen der Teilzeitarbeit[337]. Sie steht vielmehr - auch nach der jetzigen Gesetzeslage - systematisch in einem Zusammenhang mit dem in § 4 Abs. 1 TzBfG als Generalklausel festgelegten Gebot der Gleichbehandlung von teilzeit- und vollzeitbeschäftigten Arbeitnehmern eines Betriebes. Teilzeitarbeit als Tatbestand des Arbeitslebens beschränkt sich nicht hierauf, sondern es geht bei ihr vielmehr allgemein um den Sachverhalt, daß bei einem Arbeitnehmer die mit ihm vereinbarte Dauer der regelmäßigen Arbeitszeit kürzer ist als die allgemein übliche Arbeitszeit[338]. Es wird dabei begrifflich den Entwicklungen des Arbeitszeitrechts Rechnung getragen. Maßgebend ist die Arbeitszeit des Betriebs, so daß ein Arbeitnehmer in einem Betrieb des Unternehmens Teilzeitbeschäftigter, dagegen in einem ande-

---

beit verbessert werden soll; s. zudem: *Schmidt*, Die neue EG-Richtlinie zur Teilzeitarbeit, NZA 1998, 576 ff.

[336] Vgl. zur Abgrenzung zwischen Voll- und Teilzeitbeschäftigten: MünchArbR/*Schüren*, § 161 Rn. 3.

[337] *Richardi*, Das Gleichbehandlungsgebot für Teilzeitarbeit und seine Auswirkungen auf Entgeltregelungen, NZA 1992, 625.

[338] *Richardi*, Das Gleichbehandlungsgebot für Teilzeitarbeit und seine Auswirkungen auf Entgeltregelungen, NZA 1992, 625; *Becker*, Arbeitsrechtliche Probleme der Teilzeitbeschäftigung, 1970, S. 38 f.; *Becker-Schaffner*, Die Rechtsprechung im Bereich der Teilzeitbeschäftigung, DB 1986, 1773; MünchArbR/*Schüren*, § 161 Rn. 2.

ren Vollzeitbeschäftigter sein kann[339]. Vergleichsmaßstab nach dem Teilzeitgesetz ist jeweils die regelmäßige Wochenarbeitszeit; unerheblich ist die zeitliche Lage der Arbeitszeit. Gibt es im Betrieb keine vergleichbaren Vollzeitbeschäftigten, so wird auf die „sonst übliche" Arbeitszeit abgestellt.
Als Merkmal der Teilzeitarbeit gilt auch, daß die Arbeitszeit dauerhaft und nicht nur vorübergehend verkürzt ist. Das Gesetz spricht von einer regelmäßig verkürzten Wochenarbeitszeit. Regelmäßig ist ein Geschehen, das nach einer bestimmten festen Ordnung in gleichmäßigen Abständen in gleichförmiger Aufeinanderfolge wiederkehrt. Entscheidend ist die Gleichförmigkeit des Geschehens über eine bestimmte Dauer hinweg[340]. Durch das Merkmal der nicht nur vorübergehenden Verkürzung der Arbeitszeit kann eine Abgrenzung der Teilzeitarbeit zu Kurzarbeitsverhältnissen, Arbeitsfreistellungen oder Eintagsarbeitsverhältnissen vorgenommen werden. Weitreichende Einigkeit besteht darin, daß auf die Teilzeitarbeit gesetzliche, tarifliche und betriebliche Normen anwendbar sind, soweit nicht ihre tatbestandlichen Voraussetzungen nur auf die Vollzeitarbeit zugeschnitten sind[341].

II. Verbreitung der Teilzeitarbeit

Der Anteil der Teilzeitbeschäftigten an der Gesamtzahl der Arbeitnehmer ist seit 1960 stetig gestiegen[342].

1. Allgemeine Verbreitung

1960 arbeiteten nur 4% der abhängig Beschäftigten in Teilzeit, 1970 waren es 7 % und 1980 waren es schon 12 %[343]. Im Fünf-Jahreszeitraum von 1988 bis

---

[339] *Schaub*, Die Arbeit in den verschiedenen Formen des Teilzeitarbeitsverhältnisses, BB 1990, 1069.

[340] *Lipke*, GK-TzA, Art. 1 § 2 Rn. 18; *BAG* 7.11.1984 E 47, 160 = AP Nr. 59 zu § 1 LohnFG = EzA § 1 LohnFG Nr. 72 = SAE 1985, 210 = NZA 1985, 360.

[341] *Bitzer*, Teilzeitarbeit und Betriebsverfassung, BUV 1972, 293 (294 f.).

[342] Auch der Entwurf eines Gesetzes über Teilzeitarbeit und befristete Arbeitsverträge und zur Änderung und Aufhebung arbeitsrechtlicher Bestimmungen (BT-Drucks. 14/4374) weist in seiner Zielsetzung auf die lange Tradition von Teilzeitarbeit hin.

[343] *Pulte/Westphal*, Teilzeitarbeit und betriebliche Mitbestimmung, 1997, Rn. 1; MünchArbR/*Anzinger*, § 218 Rn. 42; *Langmaack*, Teilzeitarbeit und Arbeitszeitflexibilisierung: ein arbeitsrechtlicher Leitfaden für die betriebliche Praxis, 1996, S. 17; s. auch MünchArbR/*Schüren*, § 161 Rn. 11: *Schüren* geht von einem im Jahre 1970 höheren Anteil der Teilzeitbeschäftigten aus. Nach seinen Angaben, die er auf Untersuchungen der Bundesanstalt für Arbeit stützt, betrug der Anteil der Teilzeitbeschäftigten im Jahre 1970 schon 11,5 % und 1997 dagegen nur 13,8 % in den alten Bundesländern und 10,9 % in den neuen Bundesländern. Diese Zahlen weichen von den Angaben von Mikrozensus enorm ab.

1993 stieg die Zahl der Teilzeitbeschäftigten in Westdeutschland von 2,1 auf 2,8 Millionen[344]. Unmittelbar nach Inkrafttreten des BeschFG 1985[345] zeigte sich, daß es durchaus praxisgestaltende Wirkung entfaltete. Zum einen nahm die Anzahl der befristeten Arbeitsverhältnisse zu, zum anderen ergab sich aber auch insbesondere eine Ausweitung von Teilzeitarbeit. Im Jahr 1995 haben im gesamten Bundesgebiet etwa 16 bis 18 % der Arbeitnehmer eine Teilzeitbeschäftigung ausgeübt. Derzeit sind bei 32,5 Millionen abhängig Erwerbstätigen rund 6,3 Millionen Arbeitnehmer teilzeitbeschäftigt, was einer Teilzeitquote von 19,5 % entspricht[346].
Angesichts des heute größeren Betriebszeitbedarfs und des wachsenden Interesses an Teilzeitarbeit bei den Arbeitnehmern werden immer häufiger auch andere Teilzeitformen als die Halbtagsarbeit mit Vormittagslage praktiziert. Die individuellen Arbeitszeitpräferenzen der Teilzeitinteressenten konzentrieren sich auf ein Wochenpensum zwischen 21 und 35 Stunden.

2. Verbreitung unter den weiblichen Arbeitnehmern

Geschlechtsspezifische Unterschiede zeigen sich vor allem bei dem Wunsch nach einer Wochenarbeitszeit von weniger als 20 Stunden, der überwiegend bei Frauen existiert[347]. Wohl auch aus diesem Grund wird Teilzeitarbeit nicht nur in der Bundesrepublik, sondern in der gesamten Europäischen Gemeinschaft nach wie vor überwiegend von Frauen ausgeübt. So betrug der Anteil der weiblichen Teilzeitarbeitnehmer 1995 in der Bundesrepublik 87,4 %, gemeinschaftsweit 81,1 %[348]. An diesen Zahlen hat sich bis 1999 nichts geändert[349]. Die Teilzeitquote beträgt bei Frauen etwa 39 % und bei Männern etwa 3 %[350].

---

344 *Sowka*, Teilzeitarbeit - ausgewählte Rechtsprobleme, DB 1994, 1873; *Arndt*, Teilzeitarbeit, NZA, Beil. 3/1989, 8; nach Arndt gab es bereits 1989 zwischen 3,3 und 3,8 Mio. Teilzeitbeschäftigte.

345 BGBl. I S. 710.

346 S. Entwurf eines Teilzeitgesetzes vom 27.9.2000 (BT-Drucks. 14/4374) unter A. Zielsetzung sowie in der Begründung unter A. Allgemeiner Teil unter Bezugnahme auf Mikrozensus 1999; in den Niederlanden arbeiten bereits 38 % aller Arbeitnehmer in Teilzeit, s. hierzu: *Waas*, Gesetzlicher Anspruch auf Teilzeitarbeit in den Niederlanden, NZA 2000, 583.

347 "Die Welt" vom 09.09.1997: "Teilzeit ist überwiegend Frauensache"; 1996 gab es bundesweit ca. 6,3 Millionen Erwerbstätige, die im Durchschnitt weniger als 32 Stunden pro Woche arbeiteten – 85% davon waren Frauen; im Gegensatz dazu lag 1993 der Frauenanteil bei Teilzeitbeschäftigten bei 86,2%; *Arndt*, Teilzeitarbeit, NZA, Beil. 3 /1989, 8: *Arndt* geht sogar von 90-95 % Frauenanteil für das Jahr 1989 aus.

348 Eurostat Jahrbuch 1996, 121; *Schmidt*, Die neue EG-Richtlinie zur Teilzeitarbeit, NZA 1998, 576; detaillierte Zahlenangaben finden sich bei *Dieball*, in: Buschmann/Dieball/Stevens-Bartol, TZA, 1997, Europäisches Recht, Rn. 62 ff.; *Langmaack*,

III. Ausgestaltungsformen bei Teilzeitmodellen

Je nach vereinbarter Arbeitszeitmenge besteht eine breite Palette von Gestaltungsmöglichkeiten für die Arbeitszeitverteilung. Die individuell vereinbarte Teilzeit kann sowohl gleichmäßig als auch ungleichmäßig auf die jeweiligen Bezugszeiträume verteilt werden[351].

Insbesondere die ungleichmäßige Verteilung des individuellen Arbeitszeitvolumens muß nicht nur auf den engen Rahmen eines Tages oder einer Woche beschränkt werden, sondern kann auch innerhalb eines Monats, eines Halbjahres oder eines Jahres erfolgen.

So könnte zum Beispiel kraft vertraglicher Vereinbarung eine individuelle Arbeitszeitmenge von 80 Stunden pro Monat oder von 800 Stunden pro Jahr vereinbart werden, deren Lage dann in Absprache mit dem Betriebsrat im vorhinein, etwa für die Dauer eines Vierteljahres, festgelegt wird. Möglich ist auch eine Blockteilzeitarbeit, die zunehmend an Bedeutung gewinnt. Hierbei handelt es sich um Vollzeitarbeit an einigen Tagen in der Woche, z.B. 2,5 Tage in der Woche oder fünf Tage innerhalb von zwei Wochen. Bei der Leistung von Blockteilzeitarbeit muß hinsichtlich der Länge der täglichen Arbeitszeit § 3 S. 1 ArbZG beachtet werden.

IV. Gesetzliche Grundlagen der Teilzeitarbeit

Nachdem frühere Bestrebungen zur Verabschiedung eines gemeinschaftsrechtlichen Instruments zur Regelung der Teilzeitarbeit gescheitert waren[352], gelang dem Europäischen Rat am 15.12.1997 die Verabschiedung der Richtlinie 97/81/EG zu der von UNICE[353], CEEP[354] und EGB[355] am 06.06.1997 unterzeichneten Rahmenvereinbarung über Teilzeitarbeit (RV-TzA)[356].

Teilzeitarbeit und Arbeitszeitflexibilisierung: ein arbeitsrechtlicher Leitfaden für die betriebliche Praxis, 1996, S. 17; MünchArbR/*Schüren*, § 161 Rn. 13.

349 Entwurf eines Teilzeitgesetzes vom 27.9.2000 (BT-Drucks. 14/4374) in der Begründung in A. Allgemeiner Teil unter Bezugnahme auf Mikrozensus 1999.

350 MünchArbR/*Anzinger*, § 218 Rn. 42.

351 *Hegner*, Erfolgsfaktor Zeit, 1995, S. 26.

352 Die Initiativen zur gemeinschaftsweiten Rechtsangleichung im Bereich der Teilzeitarbeit zwischen 1979 und 1996 werden dargestellt von *Dieball*, in: Buschmann/Dieball/ Stevens-Bartol, TZA, Europäisches Recht, Rn. 17 ff..

353 Union der Industrie- und Arbeitgeberverbände Europas.

354 Europäischer Zentralverband der öffentlichen Wirtschaft.

355 Europäischer Gewerkschaftsbund.

356 Richtlinie 97/81/EG des Rates vom 15.12.1997 zu der von UNICE, CEEP und EGB geschlossenen Rahmenvereinbarung über Teilzeitarbeit – Anhang: Rahmenvereinbarung über Teilzeitarbeit, ABlEG 1998, Nr. L 14, S. 9 ff.

Die Richtlinie beschränkt sich inhaltlich im wesentlichen darauf, in Art. 1 und Art. 2 die Durchführung der am 06.06.1997 zwischen den europäischen Sozialpartnern (UNICE, CEEP, EGB) geschlossenen Rahmenvereinbarung über Teilzeitarbeit bis zum 20.01.2000 anzuordnen. Materielle Neuerungen zum Teilzeitrecht finden sich daher nicht in der Richtlinie selbst, sondern vielmehr in der ihr als Anhang beigefügten Rahmenvereinbarung[357]. Der Geltungsbereich der Rahmenvereinbarung erstreckt sich nach § 2 Nr. 1 RV-TzA auf Teilzeitbeschäftigte, die nach den Rechtsvorschriften, Tarifverträgen oder Gepflogenheiten in dem jeweiligen Mitgliedsstaat einen Arbeitsvertrag haben oder in einem Arbeitsverhältnis stehen. Der Verweis auf die nationalen Rechtsvorschriften stellt zugleich einen Verweis auf den nationalen Arbeitnehmerbegriff dar.

Durch das Teilzeitgesetz vom 21.12.2000 wurde die Richtlinie 97/81/EG in nationales Recht umgesetzt, was im Wesentlichen bereits durch das Beschäftigungsförderungsgesetz 1985 gewährleistet war. Nach dem TzBfG ergibt sich die rechtliche Zulässigkeit von Teilzeitarbeit ohne weiteres aus §§ 2, 6 ff. TzBfG, die die Teilzeitarbeit an mehreren Stellen erwähnen[358]. Im Rahmen einer erweiterten Fürsorgepflicht statuiert § 6 Abs. 2 TzBfG für den Arbeitgeber sogar die Pflicht, Arbeitnehmer, die den Wunsch nach einer Veränderung ihrer Arbeitszeit zum Ausdruck gebracht haben, über eventuell vorhandene entsprechende Arbeitsplätze im Betrieb zu unterrichten.

V. Beteiligungs- und Mitbestimmungsrechte des Betriebsrates bei Teilzeitmodellen

Der persönliche Wirkungsbereich der Beteiligungsrechte des Betriebsrates erstreckt sich grundsätzlich auf alle Arbeitnehmer des Betriebes (§ 5 BetrVG). Auf den zeitlichen Umfang der Beschäftigung kommt es nicht an, so daß auch Teilzeitkräfte von Beteiligungsrechten des Betriebsrates erfaßt werden[359].

---

[357] Eine Beurteilung der EG-Richtlinie zur Teilzeitarbeit 97/81/EG vom 15.12.1997 nimmt *Schmidt* vor: *Schmidt*, Die neue EG-Richtlinie zur Teilzeitarbeit, NZA 1998, 576 ff.

[358] S. dazu auch *Löwisch*, Das Beschäftigungsförderungsgesetz 1985, BB 1985, 1200 (1203); *Schaub*, Teilzeitbeschäftigung und befristete Arbeitsverhältnisse als Formen einer Personalentscheidung, BB 1988, 2253 ff; *Lindemann/Simon*, Neue Regelungen zur Teilzeitarbeit, BB 2001, 146 ff.; *Hromadka*, Das neue Teilzeit und Befristungsgesetz, NJW 2001, 400 ff.; *Lakies*, Das Teilzeit- und Befristungsgesetz, DZWIR 2001, 1 ff.; *Kleinsorge*, Teilzeitarbeit und befristete Arbeitsverträge – Ein Überblick über die Neuregelung, MDR 2001, 181 ff.; *Hartwig*, Aktuelles zur Teilzeitarbeit, FA 2/2001, 34 ff.

[359] MünchArbR/*Matthes*, § 325 Rn. 5; *BAG* 13.10.1987 E 56, 197 = AP Nr. 24 zu § 87 BetrVG 1972 Arbeitszeit = NZA 1988, 251; Bestätigung von *BAG* 13.10.1987 durch *BAG* 14.3.1989 Az.: 1 ABR 77/87 NV; *Plander*, Kapazitätsorientierte variable Arbeitszeit als Gegenstand von Tarifverträgen und Betriebsvereinbarungen, AuR 1987, 281.

1. Unternehmerfreiheit

Die Frage des „Ob" einer Einführung von Teilzeitarbeit ist Gegenstand der Unternehmerfreiheit. Inwieweit ein bestimmter Arbeits- oder Dienstleistungsbedarf mit Vollzeit- und inwieweit er mit Teilzeitkräften abgedeckt wird, gehört zum Bereich der „Unternehmenspolitik" und ist mitbestimmungsfrei[360]. Aus diesem Grund ist eine betriebliche Personalpolitik, die darauf abzielt, bei Neueinstellungen keine Teilzeitarbeitsverhältnisse zu begründen, grundsätzlich zulässig. Sie verstößt auch nicht gegen das Gebot der Gleichbehandlung in § 4 Abs. 1 TzBfG, weil sich dieses nur auf bereits im Betrieb beschäftigte Arbeitnehmer bezieht[361]. Kommt es im Zusammenhang mit der Personalauswahl zu einer mittelbaren Geschlechtsdiskriminierung, so ist im Einzelfall vorrangig die mittelbare Geschlechtsdiskriminierung vorrangig zu prüfen, weil eine Ungleichbehandlung wegen des Geschlechts überhaupt nicht zu rechtfertigen ist, insofern im Unterschied zu § 4 Abs. 1 TzBfG also auch sachliche Gründe für eine Rechtfertigung ausscheiden. Eine geschlechtsspezifische Ungleichbehandlung, die bei Teilzeitbeschäftigten regelmäßig in Form der mittelbaren Frauendiskriminierung auftritt, liegt nicht vor, wenn die Ungleichbehandlung durch objektive Faktoren bedingt ist, die mit einer Diskriminierung wegen des Geschlechts nichts zu tun haben.
Bezüglich des „Wie" von Teilzeitarbeit ist die Unternehmerfreiheit durch die Beteiligungsrechte des Betriebsrates begrenzt.

2. Umfang des Mitbestimmungsrechts bezüglich Beginn und Ende der täglichen Arbeitszeit einschließlich der Pausen sowie Verteilung der Arbeitszeit auf die einzelnen Wochentage

Es besteht ein erzwingbares Mitbestimmungsrecht des Betriebsrates nach § 87 Abs. 1 Nr. 2 BetrVG bei Regelungen über Lage und Verteilung der Arbeitszeit, soweit eine gesetzliche oder tarifliche Regelung fehlt. Vorliegend wird – wie

---

[360] Staudinger/*Richardi* (1999), vor § 611 Rn. 1155; BAG 19.5.1993 E 73, 151 = AP Nr. 31 zu § 2 KSchG 1969 = EzA § 1 KSchG Betriebsbedingte Kündigung Nr. 73 = SAE 1994, 150 = NZA 1993, 1075; *Linnenkohl/Rauschenberg*, Arbeitszeitflexibilisierung, 1996, S. 41; *Sowka*, Teilzeitarbeit - ausgewählte Rechtsprobleme, DB 1994, 1873 (1879); *Stege/Weinspach*, § 87 Rn. 64 d; *Glaubitz*, HSG-BetrVG, § 87 Rn. 163.

[361] So bereits für § 2 Abs. 1 BeschFG: MünchArbR/*Schüren*, § 162 Rn. 3; *Langmaack*, Teilzeitarbeit und Arbeitszeitflexibilisierung: ein arbeitsrechtlicher Leitfaden für die betriebliche Praxis, 1996, S. 61.

bereits ausgeführt – vertreten, daß auch bei Einzelmaßnahmen mit kollektivem Bezug ein Mitbestimmungsrecht gegeben ist[362].
Die Vorschrift des § 87 Abs. 1 Nr. 2 BetrVG bezieht sich gleichermaßen auf vollzeit- und teilzeitbeschäftigte Arbeitnehmer[363]. Aus diesem Grunde kann der Betriebsrat seine Mitbestimmungsrechte für Teilzeitbeschäftigte in gleicher Weise zum Ausdruck bringen wie für Vollzeitbeschäftigte. Nach der Entscheidung des *BAG* vom 13.10.1987 hat „die geringere Dauer der wöchentlichen Arbeitszeit keinen Einfluß auf den Umfang der Mitbestimmung"[364]. Sowohl Reichweite wie auch Einschränkungen der Mitbestimmung für Teilzeitbeschäftigte beurteilen sich nicht anders als bei Vollzeitbeschäftigten. Für Einschränkungen im persönlichen Anwendungsbereich des § 87 Abs. 1 Nr. 2 BetrVG gibt weder dessen Wortlaut noch der Zweck dieser Vorschrift etwas her. Teilzeitarbeitnehmer bedürfen zumindest im gleichen Ausmaß des Schutzes der betrieblichen Interessenvertretungen wie vollzeitbeschäftigte Arbeitnehmer. Daher hat der Betriebsrat bei Teilzeitbeschäftigten unter anderem über die Mindestdauer der täglichen Arbeitszeit, die Höchstzahl der wöchentlichen Beschäftigungstage, die Mindestzahl freier Samstage, die Dauer der Pausen sowie über die Zahl der Schichten mitzubestimmen[365].
Auch *Buschmann* vertritt die Ansicht, daß Teilzeit grundsätzlich nicht „einzelfallträchtiger" ist als Vollzeit. Daher sei die Mitbestimmung des Betriebsrates bei Teilzeit nicht von minderer Qualität als bei Vollzeitbeschäftigten[366]. Bereits vor der Entscheidung des Bundesarbeitsgerichts vom 13.10.1987 wurde vertreten, daß bei der Mitbestimmung nach § 87 Abs. 1 Nr. 2 BetrVG kein Unterschied zwischen Voll- und Teilzeitbeschäftigten bestehe[367]. Außerdem wollte auch der Gesetzgeber die Beteiligungsrechte des Betriebsrates durch das Beschäftigungsförderungsgesetz nicht mindern; dies folgt schon aus der Zielset-

---

[362] S. Ausführungen im 4. Kapitel C. II. 3.a) cc; ErfK/*Hanau/Kania*, § 87 BetrVG Rn. 30.

[363] *Bitzer*, Teilzeitarbeit und Betriebsverfassung, BUV 1972, 293 (297, 303); ErfK/*Hanau/Kania*, § 87 BetrVG Rn. 30; *BAG* 13.10.1987 E 56, 197 = AP Nr. 24 zu § 87 BetrVG 1972 Arbeitszeit = NZA 1988, 251; *BAG* 28.9.1988 AP Nr. 29 zu § 87 BetrVG 1972 Arbeitszeit = NZA 1989, 184.

[364] *BAG* 13.10.1987 E 56, 197 = AP Nr. 24 zu § 87 BetrVG 1972 Arbeitszeit = NZA 1988, 251; s hierzu auch: *Buschmann*, Mitbestimmung bei Teilzeit – Entscheidungen des Bundesarbeitsgerichts vom 13.Oktober, AiB 1987, 253 (255); *ders.*, in: Buschmann/Dieball/Stevens-Bartol, TZA, § 87 BetrVG Rn. 12; *Hermann*, Mitbestimmung bei Teilzeitarbeit, AnwBl 1989, 28 ff.

[365] *BAG* 13.10.1987 E 56, 197 = AP Nr. 24 zu § 87 BetrVG Arbeitszeit = NZA 1988, 251.

[366] *Buschmann*, Mitbestimmung bei Teilzeit – Entscheidungen des Bundesarbeitsgerichts vom 13.Oktober, AiB 1987, 253 (255); *Buschmann*, Mitbestimmung bei Teilzeitbeschäftigung, NZA 1986, 177 (180).

[367] *Buschmann*, Mitbestimmung bei Teilzeitbeschäftigung, NZA 1986, 177 (180).

zung der Aufwertung der Teilzeitarbeit im Regierungsentwurf zur Regelung der Teilzeitarbeit[368]. Nach Inkrafttreten des TzBfG gilt nichts anderes.

Die Frage, ob ein Arbeitgeber Teilzeitarbeit einführt, unterliegt seiner unternehmerischen Entscheidungsfreiheit. Daher ist ein Mitbestimmungsrecht des Betriebsrates nach § 87 Abs. 1 Nr. 2 BetrVG insoweit nicht gegeben[369]. Streitig ist, ob sich das Mitbestimmungsrecht auch auf die Gesamtdauer der Arbeitspflicht des Arbeitnehmers (Wochen-, Monats-, Jahresarbeitszeit), die sog. Arbeitszeitmenge, erstreckt. Dies ist bei teilzeitbeschäftigten Arbeitnehmern ebenso zu verneinen wie bei vollzeitbeschäftigten. Die geringere Dauer der wöchentlichen Arbeitszeit hat keinen Einfluß auf den Umfang der Mitbestimmungsrechte; eine Mitbestimmung des Betriebsrates bezüglich der Dauer der wöchentlichen Arbeitszeit selbst hat nicht zu erfolgen[370].

Das „Wie" der Einführung von Teilzeitarbeit, die Begrenzungspunkte der täglichen Arbeitszeit („Beginn und Ende"), Lage und Dauer der Pausen und die Verteilung der gegenüber der Normalarbeitszeit ständig verkürzten Teilzeitarbeit auf die Arbeitstage sind dagegen mitbestimmungspflichtig[371].

3. Das Mitbestimmungsrecht bei der vorübergehenden Verkürzung oder Verlängerung der betriebsüblichen Arbeitszeit

Dem Betriebsrat steht ein Mitbestimmungsrecht bei der vorübergehenden Verkürzung oder Verlängerung der betriebsüblichen Arbeitszeit auch bei Teilzeitarbeitnehmern zu (§ 87 Abs. 1 Nr. 3 BetrVG), vorausgesetzt, es handelt sich nicht um Einzelfälle ohne kollektiven Bezug[372]. Arbeiten in einem Betrieb so-

---

368 BT-Drucks. 10/2102, S. 17; abgedruckt auch bei *Lipke*, GK-TzA, Einl. Rn. 109 ff.; *Kilian*, Arbeitszeit und Mitbestimmung des Betriebsrats, 1981, S. 188; *Lipke*, GK-TzA, Art. 1 § 2 Rn. 425; *Fritsch*, Flexible Arbeitszeitformen und Mitbestimmung, AuA 1990, 293.

369 U. a.: *Sowka*, Teilzeitarbeit - ausgewählte Rechtsprobleme, DB 1994, 1873 (1879).

370 S. Ausführungen im 4. Kapitel C. II. 3. a) bb; außerdem: Staudinger/*Richardi* (1999), vor § 611 Rn. 1155; *BAG* 18.8.1987 E 56, 18 (33) = AP Nr. 23 zu § 77 BetrVG 1972 = NZA 1987, 779; *BAG* 14.3.1989 Az.: 1 ABR 77/87 NV; *BAG* 21.11.1978 AP Nr. 2 zu § 87 BetrVG 1972 Arbeitszeit = EzA § 87 BetrVG 1972 Arbeitszeit Nr. 7; *BAG* 13.10.1987 E 56, 197 = AP Nr. 24 zu § 87 BetrVG Arbeitszeit = NZA 1988, 251; *BAG* 13.1.1987 E 54, 87 = AP Nr. 22 zu § 87 BetrVG 1972 Arbeitszeit = EzA § 87 BetrVG 1972 Arbeitszeit Nr. 22 = NZA 1987, 388.

371 *Fritsch*, Flexible Arbeitszeitformen und Mitbestimmung, AuA 1990, 293.

372 *Lipke*, GK-TzA, Art. 1 § 2 Rn. 430; *BAG* 8.6.1982 AP Nr. 7 zu § 87 BetrVG 1972 Arbeitszeit = EzA § 87 BetrVG 1972 Arbeitszeit Nr. 12 = SAE 1983, 144; *BAG* 23.7.1996 AP Nr. 68 zu § 87 BetrVG Arbeitszeit = EzA § 87 BetrVG 1972 Nr. 56 = NZA 1997, 274; kollektive Interessen können auch berührt sein, wenn der Arbeitgeber nur für einen Arbeitnehmer Überstunden anordnen will: *BAG* 11.11.1986 AP Nr. 21 zu § 87 BetrVG 1972 Arbeitszeit = EzA § 87 BetrVG 1972 Arbeitszeit Nr. 21 = NZA 1987, 207; *Sprick*, Arbeits-

wohl Vollzeit- wie Teilzeitbeschäftigte, so gibt es auf jeden Fall mehrere betriebsübliche Arbeitszeiten[373]. Es ist nicht auf die im Betrieb am häufigsten anzutreffende Arbeitszeit abzustellen. Vielmehr ist die im Betrieb jeweils für bestimmte Arbeitsplätze und Arbeitnehmergruppen geltende regelmäßige Arbeitszeit maßgeblich.
Deren vorübergehende Verkürzung oder Verlängerung unterliegt der Mitbestimmung des Betriebsrates. Betriebsüblich bei Teilzeitbeschäftigten ist deshalb deren individualrechtlich vereinbarte jeweilige Arbeitszeit. Die Verlängerung (oder Verkürzung) dieser Arbeitszeit bedarf jeweils der vorherigen Zustimmung des Betriebsrates[374]. Das Mitbestimmungsrecht nach § 87 Abs. 1 Nr. 3 BetrVG besteht unabhängig davon, ob den Teilzeitbeschäftigten Überstundenzuschläge erst ab Überschreiten der vollen Arbeitszeit oder schon bei Überschreiten der Teilzeit geschuldet werden[375]. Kollektive Interessen der Arbeitnehmer des Betriebs können bereits berührt sein, wenn der Arbeitgeber nur für einen Arbeitnehmer Überstunden anordnen will[376], weil dann gerade die restlichen für die Überstunden in Frage kommenden Arbeitnehmer keine Überstunden leisten müssen bzw. dürfen.

4. Die Mitbestimmung über Zeit, Ort und Art der Auszahlung der Arbeitsentgelte

Die Bezugsperioden für die Entlohnung können andere als die betriebsüblichen Regelungen erfordern. Dies gilt insbesondere für flexible Arbeitszeitmodelle.

---

zeitbegriff und mitbestimmungspflichtige Tatbestände i. S. d. § 87 I Nr. 2, 3 BetrVG, Diss. 1997, S. 29 f.

[373] *BAG* 23.7.1996 AP Nr. 68 zu § 87 BetrVG 1972 Arbeitszeit = EzA § 87 BetrVG 1972 Arbeitszeit Nr. 56 = NZA 1997, 274.

[374] *BAG* 16.7.1991 AP Nr. 44 zu § 87 BetrVG Arbeitszeit = EzA § 87 BetrVG 1972 Arbeitszeit Nr. 48 = NZA 1992, 70; *BAG* 23.7.1996 AP Nr. 68 zu § 87 BetrVG 1972 Arbeitszeit = EzA § 87 BetrVG 1972 Arbeitszeit Nr. 56 = NZA 1997, 274; *Buschmann*, in: Buschmann/Dieball/Stevens-Bartol, TZA, § 87 BetrVG Rn. 18; *Stege/Weinspach*, BetrVG, § 87 Rn. 73 f; *Wiese*, GK-BetrVG, § 87 Rn. 382, 400.

[375] *BAG* 23.7.1996 AP Nr. 68 zu § 87 BetrVG 1972 Arbeitszeit = EzA § 87 BetrVG 1972 Arbeitszeit Nr. 56 = NZA 1997, 274; *BAG* AP Nr. 72 zu § 2 BeschFG 1985 = NZA 1999, 939 = EzA § 2 BeschFG 1985 Nr. 60; s. auch *BAG* 23.4.1998 Az.: 6 AZR 558/96 NV.

[376] *Sprick*, Arbeitszeitbegriff und mitbestimmungspflichtige Tatbestände i. S. d. § 87 I Nr. 2, 3 BetrVG, Diss. 1997, S. 29 f.; *Farthmann*, Die Mitbestimmung des Betriebsrats bei der Regelung der Arbeitszeit, RdA 1974, 65 (68); *BAG* 16.7.1991 AP Nr. 44 zu § 87 BetrVG Arbeitszeit = EzA § 87 BetrVG 1972 Arbeitszeit Nr. 48 = NZA 1992, 70; *BAG* 23.7.1996 AP Nr. 68 zu § 87 BetrVG 1972 Arbeitszeit = EzA § 87 BetrVG 1972 Arbeitszeit Nr. 56 = NZA 1997, 274.

Die Festsetzung der Bezugszeiträume für die Lohnzahlung ist bei flexibler Teilzeitarbeit nach § 87 Abs. 1 Nr. 4 BetrVG mitbestimmungspflichtig.

5. Mitbestimmung bei der Einführung und Anwendung von technischen Überwachungseinrichtungen

Eine Mitbestimmung bei der Einführung von Zeiterfassungsgeräten zum Zwekke der Überprüfung der Arbeitszeit der Teilzeitbeschäftigten ist mitbestimmungspflichtig[377].

6. Ausschreibung von Arbeitsplätzen

Ein wichtiges Initiativrecht des Betriebsrates enthielt im Zusammenhang mit Teilzeitarbeit auch § 93 S. 3 BetrVG. Nach dieser Regelung konnte der Betriebsrat anregen, daß Arbeitsplätze auch als Teilzeitarbeitsplätze ausgeschrieben werden. § 93 S. 3 BetrVG bestimmte zudem, daß, wenn der Arbeitgeber dazu bereit ist, Arbeitsplätze auch mit Teilzeitbeschäftigten zu besetzen, hierauf in den Ausschreibungen hinzuweisen ist[378]. § 93 S. 2 und 3 BetrVG wurden durch das TzBfG aufgehoben. Seit dem 1.1.2001 verpflichtet § 7 Abs. 1 TzBfG, für Teilzeitarbeit geeignete Arbeitsplätze auch als Teilzeitarbeitsplätze auszuschreiben. Vom Wortlaut her geht diese Vorschrift weiter als der alte § 93 S. 3 BetrVG. Da eine Nichtbeachtung des § 7 Abs. 1 TzBfG nicht sanktioniert ist und die Beweislast bezüglich der Eignung des Arbeitsplatzes als Teilzeitarbeitsplatz beim Arbeitnehmer liegt, wird diese Vorschrift aber trotzdem in der Praxis keine allzu große Wirkung haben[379].

7. Personelle Einzelmaßnahmen

Im Bereich der Mitbestimmung bei personellen Einzelmaßnahmen im Teilzeitarbeitsverhältnis ist vor allem die Frage, ob der Übergang von einem Vollzeitin ein Teilzeitarbeitsverhältnis als Versetzung zu qualifizieren ist, umstritten.

a) Versetzung

Der Übergang von einem Teilzeitarbeitsverhältnis in ein Vollzeitarbeitsverhältnis oder umgekehrt, ohne daß sich im übrigen rechtlich erheblich die Arbeitsumstände ändern, stellt keine Versetzung im Sinne von § 95 Abs. 3 BetrVG

---

[377] S. hierzu 4. Kapitel C. II. 3. d und 5. Kapitel A. IV. 3. c.

[378] *Richardi*, BetrVG, § 93 Rn. 4.

[379] S. hierzu auch 4. Kapitel C. II. 3 d und 5. Kapitel A. IV. 3. c; *Ehler*, Unterlassene Ausschreibung als Teilzeitarbeitsplatz, BB 2001, 1146 ff.; *Schloßer*, Stellenausschreibung auch als Teilzeitarbeitsplatz – ein Gebot ohne Sanktion, BB 2001, 411 ff.

dar[380]. Eine bloße, auch erhebliche Veränderung der Lage der Arbeitszeit der Arbeitnehmer reicht hierfür nicht aus; daher ist eine Zustimmung des Betriebsrates beim Übergang von Teilzeit in Vollzeit oder umgekehrt nicht einzuholen[381]. Für die alleinige Veränderung der Dauer der Arbeitszeit - Übergang vom Vollzeit- in ein Teilzeitarbeitsverhältnis und umgekehrt - gilt nichts anderes[382]. Der Arbeitsbereich im Sinne von § 95 Abs. 3 BetrVG wird weder durch die Dauer noch durch die Lage der Arbeitszeit bestimmt[383]. Daher erfolgt mangels einer Versetzung auch keine Mitbestimmung nach § 99 BetrVG.

b) Einstellung

Der Betriebsrat hat bei der Einstellung von Teilzeitbeschäftigten die gleichen personellen Mitwirkungsrechte wie bei der Einstellung eines Vollzeitbeschäftigten nach § 99 Abs. 1 BetrVG[384]. Dem Betriebsrat steht aber kein Widerspruchsrecht gegen die Einstellung eines Teilzeitbeschäftigten mit der Begründung, es sollten nur Vollzeitbeschäftigte eingestellt werden, zu. Denkbar wäre aber, daß der Betriebsrat darauf verweist, daß die Besorgnis bestehe, daß bereits im Betrieb beschäftigte Arbeitnehmer Nachteile erleiden könnten (§ 99 Abs. 2 Nr. 3 BetrVG) oder daß der betroffene Arbeitnehmer selbst der Gefahr einer Benachteiligung aufgrund der Teilzeitarbeit ausgesetzt sei, ohne daß dies aus betrieblichen oder in der Person des Arbeitnehmers liegenden Gründen gerechtfertigt wäre (§ 99 Abs. 2 Nr. 4 BetrVG).

8. Kündigungen

Auch bei einer Kündigung oder Änderungskündigung eines Teilzeitarbeitnehmers hat eine Anhörung des Betriebsrates nach § 102 Abs. 1 BetrVG zu erfolgen. Es kann beispielsweise der Fall eintreten, daß ein Arbeitgeber mit einem Teilzeitarbeitnehmer andere Arbeitszeitmodalitäten vereinbaren möchte. Wenn

---

[380] *BAG* 19.2.1991 E 67, 225 = AP Nr. 25 zu § 95 BetrVG 1972 = EzA § 95 BetrVG 1972 Nr. 23 = SAE 1992, 300 = NZA 1991, 601; *BAG* 16.7.1991 E 68, 155 = AP Nr. 28 zu § 95 BetrVG 1972 = EzA § 95 BetrVG 1972 Nr. 25 = SAE 1992, 309 = NZA 1992, 180; Staudinger/*Richardi* (1999), vor § 611 Rn. 1204; *Sowka*, Teilzeitarbeit - ausgewählte Rechtsprobleme, DB 1994, 1873 (1879); MünchArbR/*Schüren*, § 164 Rn. 41.

[381] *Schüren*, in: Teilzeit, Hrsg. Bundesministerium für Arbeit und Sozialordnung, 2000, Kap. 8.3; *Buschmann*, in: Buschmann/Dieball/Stevens-Bartol, TZA, § 87 BetrVG Rn. 6; zum Versetzungsbegriff: s. Erörterung im 4. Kapitel C. I. 2. a.

[382] *BAG* 16.7.1991 E 68, 155 ff. = AP Nr. 28 zu § 95 BetrVG 1972 = EzA § 95 BetrVG 1972 Nr. 25 = SAE 1992, 309 = NZA 1992, 180.

[383] GL-*Löwisch*, BetrVG, § 99 Rn. 18 a; *Stege/Weinspach*, BetrVG, §§ 99-101 Rn. 158 a; MünchArbR/*Blomeyer*, § 48 Rn. 59.

[384] *Schaub*, Teilzeitbeschäftigung und befristete Arbeitsverhältnisse als Formen einer Personalentscheidung, BB 1988, 2253.

eine einvernehmliche Regelung scheitert, kann der Arbeitgeber eine Änderungskündigung aussprechen. Diese muß, sofern der Betrieb unter das Kündigungsschutzgesetz fällt, im Einzelfall nach §§ 1, 2 KSchG dringend betrieblich erforderlich und deshalb gerechtfertigt sein. Außerdem muß die Arbeitszeitänderung zumutbar sein. Der Betriebsrat ist auch bei der Änderungskündigung anzuhören. Er kann aus den in § 102 Abs. 3 BetrVG aufgeführten Gründen widersprechen. So kann es etwa sein, daß für den Arbeitnehmer an einem anderen Arbeitsplatz im selben Betrieb oder in einem anderen Betrieb des Unternehmens eine Weiterbeschäftigungsmöglichkeit besteht (§ 102 Abs. 3 Nr. 3 BetrVG) oder daß der Arbeitnehmer mit einer möglichen Weiterbeschäftigung zu geänderten Vertragsbedingungen einverstanden ist (§ 102 Abs. 3 Nr. 5 BetrVG). Widerspricht der Betriebsrat und erhebt der betroffene Arbeitnehmer Kündigungsschutzklage, so kann der Arbeitnehmer verlangen, daß der Arbeitgeber ihn bis zum rechtskräftigen Abschluß des Kündigungsschutzprozesses bei unveränderten Arbeitsbedingungen weiterbeschäftigt (§ 102 Abs. 5 BetrVG).

VI. Verbot der unterschiedlichen Behandlung

§ 4 Abs. 1 TzBfG untersagt die schlechtere Behandlung von teilzeitbeschäftigten Arbeitnehmern gegenüber vergleichbaren vollzeitbeschäftigten Arbeitnehmern wegen der Teilzeitbeschäftigung, es sei denn, sachliche Gründe rechtfertigen eine unterschiedliche Behandlung[385].

§ 2 Abs. 1 BeschFG untersagte noch eine „unterschiedliche" Behandlung wegen der Teilzeitarbeit. Da jetzt von einer „schlechteren" Behandlung die Rede ist, ist nach dem Wortlaut des Gesetzes nur diese verboten. Dementsprechend ist eine unterschiedliche Behandlung nach § 4 Abs. 1 TzBfG jetzt grundsätzlich in Form einer Besserbehandlung möglich. Der Arbeitnehmer trägt die Beweislast bezüglich der Merkmale einer Ungleichbehandlung. Die Darlegungs- und Beweislast für das Vorliegen eines die Ungleichbehandlung rechtfertigenden sachlichen Grundes liegt nach dem in § 4 Abs. 1 TzBfG formulierten Regel-

[385] Der Grundsatz der Nichtdiskriminierung ist auch in § 4 der Rahmenvereinbarung über Teilzeitarbeit zur Richtlinie 97/81/EG vom 15.12.1997 und dementsprechend jetzt auch in § 4 TzBfG enthalten; da der Grundsatz der Nichtdiskriminierung im deutschen Arbeitsrecht durch § 2 Abs. 1 BeschFG bereits umfassend gewährleistet wurde, bedurfte es zur Umsetzung des § 4 der Rahmenvereinbarung eigentlich keiner weiteren Aktivitäten des deutschen Gesetzgebers; eine Umsetzung erfolgte aber dennoch durch das Gesetz über Teilzeitarbeit und befristete Arbeitsverträge vom 21.12.2000, BGBl. I S. 1966; s. hierzu auch *Schmidt*, Die neue EG-Richtlinie zur Teilzeitarbeit, NZA 1998, 576 (577 ff).

Ausnahme-Schema beim Arbeitgeber[386]. Die praktische Bedeutung des § 4 Abs. 1 TzBfG ist groß; als individualarbeitsrechtliche Norm begründet § 4 Abs. 1 TzBfG einen unmittelbaren Anspruch des Teilzeitbeschäftigten auf gleiche Behandlung[387]. Für die Beantwortung der Frage, ob eine Benachteiligung eines Teilzeitarbeitnehmers gerechtfertigt ist, sind drei Prüfungsschritte vorzunehmen[388].

1. Ungleichbehandlung

Zuerst muß man sich fragen, ob in Anwendung einer Regelung zur Arbeitszeit wesentlich Gleiches ungleich behandelt wird. Hierbei ist dann noch zu klären, ob nicht nur eine unterschiedliche, sondern sogar eine ungleiche bzw. schlechter Behandlung vorliegt.

Bei einer unterschiedlichen Behandlung liegt nicht zugleich auch eine Ungleichbehandlung vor. Es ist beispielsweise denkbar, daß alle Arbeitnehmer ab einer Grenze von 38,5 Arbeitsstunden pro Woche Zuschläge erhalten. Diese Grenze ist bei einem Vollzeitarbeitnehmer schneller erreicht als bei einem Teilzeitarbeitnehmer. Eine unterschiedliche Behandlung liegt insoweit vor. Dennoch könnte man argumentieren, es handle sich nicht um eine Ungleichbehandlung, weil die Regelung ausnahmslos für alle Arbeitnehmer gelte und bis zum Erreichen der Wochenarbeitszeit einer Vollzeitkraft die gleiche Dauer der Arbeitszeit gleich vergütet werde. Man stützte sich früher bei der unterschiedlichen Behandlung von Voll- und Teilzeitkräften bezüglich Zuschlagszahlungen auf den Zweck von Mehrarbeitszuschlägen. Eine erhöhte Belastung durch Mehrarbeit oder Überstunden sei nur bei Überschreiten der regelmäßigen Wochenarbeitszeit einer Vollzeitkraft gegeben. Außerdem wären Teilzeitkräfte im Vergleich zu Vollzeitkräften dann begünstigt, wenn sie in mehrere Arbeitsverhältnissen stehen und dann bei gleicher Arbeitszeit wie eine Vollzeitkraft eine höhere Vergütung erzielen könnten[389]. Zweck von Mehrarbeitsregelungen in Tarifverträgen ist es aber vor allem, den Arbeitgeber durch Kostendruck bei

---

[386] So für das BeschFG 1985: *Lipke*, GK-TzA, Art. 1 § 2 Rn. 101; *BAG* 29.1.1992 AP Nr. 18 zu § 2 BeschFG 1985 = EzA § 2 BeschFG 1985 Nr. 19 = NZA 1992, 1037; ErfK/*Preis*, § 2 BeschFG Rn. 61 f.; Kassler Handbuch/*Linck*, 4.2 Rn. 156.

[387] *Lipke*, GK-TzA, Art. 1 § 2 Rn. 94.

[388] S. hierzu für das BeschFG MünchArbR/*Schüren*, § 161 Rn. 63 ff.; das TzBfG ändert insoweit nichts an der vorzunehmenden Prüfung.

[389] So argumentiert z.B. *Lipke*, GK-TzA, Art. 1 § 2 Rn. 143, wobei er in diesem Zusammenhang auch zugibt, daß ein Teilzeitarbeitnehmer, der in mehreren Beschäftigungsverhältnissen steht und keine Überstundenzuschläge erhält bei Überschreiten einer Gesamtarbeitszeit einer Vollarbeitskraft benachteiligt wird, weil er sogar dann noch keine Überstundenzuschläge erhält.

Anordnung von Überstunden dazu zu veranlassen, diese nur in absoluten Ausnahmefällen anzuordnen. Dies kann zu einem potentiellen Beschäftigungseffekt und zur Sicherung der Dispositionsfreiheit der Arbeitnehmer bezüglich der Freizeit führen. Diese Begründung überzeugt. Eine Einschränkung der Dispositionsfreiheit bezüglich der Freizeit kann auch bei einem Teilzeitarbeitnehmer vorliegen, wenn er Überstunden leistet. Eine Überstundenvergütung sollte daher bereits ab Überschreiten der vertraglichen Arbeitszeit erfolgen. Anderenfalls könnte es sogar zu einer verdeckten Diskriminierung kommen, weil Teilzeit immer noch überwiegend von Frauen ausgeübt wird (Art. 3 Abs. 2 GG)[390].

Auch nach der Rechtsprechung des *BAG* kann neben der unterschiedlichen Behandlung bei Überstundenvergütungen eine Ungleichbehandlung vorliegen, wenn ein Arbeitnehmer bei Überschreiten der persönlichen Wochenarbeitszeit bis zum Erreichen der wöchentlichen Arbeitszeit einer Vollzeitkraft ein niedrigeres Entgelt erhält als eine Vollzeitkraft. Es wird dann wesentlich Gleiches, nämlich das Überschreiten der persönlichen Wochenarbeitszeit, bei Voll- und Teilzeitkräften ungleich behandelt[391]. Die Ungleichbehandlung ist in diesen Fällen offensichtlich, weil der Teilzeitarbeitnehmer bei Überschreiten seiner

---

[390] *Schüren*, Überstundenzuschläge für Teilzeitkräfte, NZA 1993, 529 (530) m.w.N.; *Sowka/Köster*, Teilzeitarbeit und geringfügige Beschäftigung, 1993, S. 48: *Sowka* und *Köster* sind in Bezug auf die Überstundenbezahlung für Teilzeitkräfte anderer Ansicht als *Schüren*; mit Blick auf die Zweckrichtung von Überstundenzuschlägen (Kompensation einer erhöhten Belastung) gehen sie von einer Wirksamkeit von tariflichen Bestimmungen aus, die eine Überstundenzuschläge für Teilzeitkräfte erst ab Überschreiten der Wochenarbeitszeit einer Vollzeitkraft vorsehen; s. auch Kasseler Handbuch/*Linck*, 4.2 Rn. 231 ff.

[391] S. *BAG* 21.4.1999 AP Nr. 72 zu § 2 BeschFG = EzA § 2 BeschFG 1985 Nr. 60 = NZA 1999, 939: Teilzeit- und Vollzeitbeschäftigte wurden in dieser Entscheidung insofern unterschiedlich behandelt, als Teilzeitbeschäftigte bei Überschreiten ihrer individuell geschuldeten wöchentlichen Arbeitsstundenzahl bis zum Erreichen der geschuldeten Pflichtstundenzahl einer Vollzeitkraft *überhaupt keine oder nur eine erheblich niedrigere Vergütung* erhalten als vollzeitbeschäftigte Arbeitnehmer. Der Vergleich mit einem Vollzeitbeschäftigten war in der Entscheidung der entscheidende Vergleichsmaßstab. Das *BAG* hat sich der Rechtsprechung des *EuGH* – Urteil vom 15.12.1994 AP Nr. 7 zu § 611 BGB Teilzeit – angeschlossen. Eine Ungleichbehandlung im Sinne von Art. 119 EGV (Art. 141 n.F.) liegt danach vor, wenn für die gleiche Stundenzahl nicht die gleiche Gesamtvergütung bezahlt wird. Gegen eine Differenzierung zwischen § 2 Abs. 1 BeschFG (jetzt § 4 Abs. 1 TzBfG) und Art. 119 EGV sprechen nach der Entscheidung des *EuGH* Praktikabilitätsgründe. Es kann daher offen bleiben, ob auch ein Verstoß gegen § 2 Abs. 1 BeschFG (§ 4 TzBfG) vorliegt. Das *BAG* bejahte eine Ungleichbehandlung wegen der Teilzeit, weil die Dauer der Arbeitszeit das Kriterium für die Differenzierung hinsichtlich der unterschiedlichen Arbeitsbedingungen darstellte; s. hierzu auch die Ausführungen von *Schüren*, Überstundenzuschläge für Teilzeitkräfte, NZA 1993, 529 (530 f.); *ders.*, Der Anspruch der Teilzeitbeschäftigten auf Überstundenzuschläge, RdA 1990, 18 ff.; *BAG* 15.12.1998 E 90, 303 = AP Nr. 71 zu § 2 BeschFG 1985 = EzA § 2 BeschFG 1985 Nr. 59 = NZA 1999, 882.

persönlichen Wochenarbeitszeit unabhängig von der Frage, ob ihm da schon Überstundenzuschläge zustehen, schlechter vergütet wird. Es ist also stets eine Ungleichbehandlung gegeben, wenn einziges Differenzierungskriterium die Arbeitszeitdauer ist[392]. In der Rechtsprechung des *EuGH* und des *BAG* ist eine Tendenz zur Anbindung der Zuschläge an aktuelle Tarifregelungen und damit an die Arbeitszeit von Vollzeitkräften erkennbar[393]. Die Bedeutung der Streitfrage nimmt bei flexiblen Arbeitszeitmodellen immer mehr ab, weil die dadurch ermöglichte bedarfsorientierte Umverteilung der Arbeitszeit zur Folge hat, daß auch immer weniger zuschlagspflichtige Überstunden anfallen[394]. Außerdem bestimmt § 4 Abs. 1 S. 2 TzBfG jetzt, daß einem teilzeitbeschäftigten Arbeitnehmer das Arbeitsentgelt mindestens in dem Umfang zu gewähren ist, der dem Anteil seiner Arbeitszeit an der Arbeitszeit eines vergleichbaren vollzeitbeschäftigten Arbeitnehmers entspricht.

2. Sachlicher Grund

Eine eventuelle Ungleichbehandlung ist nur bei Vorliegen eines sachlichen Grundes gerechtfertigt (§ 4 Abs.1 TzBfG). Die Frage, ob ein sachlicher Grund gegeben ist, der die unterschiedliche Behandlung wesentlich gleicher Tatbestände rechtfertigen könnte, stellt den zweiten Prüfungsschritt dar. Es ist zu prüfen, ob die Motive für die Ungleichbehandlung akzeptabel und die damit verknüpften Tatsachen wahr sind. So ist zum Beispiel nach der Entscheidung des *BAG* vom 21.4.1999[395] eine Ungleichbehandlung von Voll- und Teilzeitbeschäftigten bei Überstundenzuschlägen beim Überschreiten der jeweiligen Wochenstundenzahl nicht durch sachliche Gründe gerechtfertigt.

Als mögliche Gründe für eine Schlechterstellung von Teilzeitbeschäftigten gegenüber Vollzeitbeschäftigten betrachtet das *BAG* die Arbeitsleistung, die Qualifikation, die Berufserfahrung oder die soziale Lage des jeweiligen Teilzeitarbeitnehmers[396]. Außerdem können unterschiedliche Arbeitsplatzanforderungen, Begünstigungen aus Gründen der Besitzstandswahrung oder Leistungen für den

---

[392] MünchArbR/*Schüren*, § 161 Rn. 66; *BAG* 1.11.1995 AP Nr. 46 zu § 2 BeschFG 1985 = NZA 1996, 816;

[393] *EuGH* 15.12.1994 E I 1994, 5727 = AP Nr. 7 zu § 611 BGB Teilzeit = NZA 1995, 218; *BAG* 21.4.1999 AP Nr. 72 zu 2 BeschFG 1985 = NZA 1999, 939.

[394] S. hierzu auch MünchArbR/*Schüren*, § 162 Rn. 141 ff.

[395] *BAG* 21.4.1999 AP Nr. 72 zu § 2 BeschFG = EzA § 2 BeschFG 1985 Nr. 60 = NZA 1999, 939.

[396] Auch die Gesetzesbegründung nennt exemplarisch Qualifikation und soziale Lage, s. hierzu amtl. Begründung des Reg.-Entw., BT-Drucks. 10/2102, S. 26; allgemein zu den Rechtfertigungsgründen s. ErfK/*Preis*, § 2 BeschFG Rn. 36 ff.; Kasseler Handbuch/*Linck*, 4.2 Rn. 93 ff.

Ausgleich besonderer Belastungen, die erst ab einem Überschreiten einer bestimmten Stundenzahl auftreten, eine Ungleichbehandlung rechtfertigen. Ob ein Rechtfertigungsgrund gegeben ist, unterliegt im Übrigen der Entscheidung im Einzelfall.

3. Gruppenbildung

Die dritte und abschließende Frage ist, ob eine korrekte Gruppenbildung vorgenommen wurde, also, ob die Abgrenzung zwischen begünstigten und benachteiligten Arbeitnehmern in unmittelbarem Zusammenhang mit dem angeführten, für tragfähig befundenen sachlichen Grund steht[397].

4. § 4 Abs. 1 TzBfG als Verbotsgesetz

Die Vorschrift des § 4 Abs. 1 TzBfG beschränkt sich ihrer Zielrichtung nach - im Unterschied zum arbeitsrechtlichen Gleichbehandlungsgrundsatz[398] - nicht auf die Pflicht zur Gleichbehandlung innerhalb des durch Vertrag festgelegten Gestaltungsspielraums, sondern sie enthält zudem ein Verbotsgesetz, das der Vertragsfreiheit zum Schutze ausgleichender Gerechtigkeit eine Grenze zieht[399]. Teilzeitarbeitnehmer sollen bezüglich der vertraglichen Gestaltung ihrer Arbeitsverhältnisse nicht wegen der Teilzeit schlechter wie ihre vollzeitbeschäftigten Kollegen behandelt werden, soweit dafür kein sachlicher Grund vorliegt.

5. Prüfungsmaßstab des § 4 Abs. 1 TzBfG

Eine Ungleichbehandlung „wegen der Teilzeitarbeit" liegt immer dann vor, wenn die Dauer der Arbeitszeit das Kriterium darstellt, an das die Differenzierung hinsichtlich der unterschiedlichen Arbeitsbedingungen anknüpft[400]. Unter-

---

[397] *Schüren*, Überstundenzuschläge für Teilzeitkräfte, NZA 1993, 529 (530); BAG 9.2.1989 E 61, 77 = AP Nr. 4 zu § 2 BeschFG 1985 = EzA § 2 BeschFG 1985 Nr. 2 = NZA 1989, 593.

[398] S. Rspr. zum arbeitsrechtlichen Gleichbehandlungsgrundatz: *BAG* 6.4.1982 E 38, 232 (241) = AP Nr. 1 zu § 1 BetrAVG – Gleichbehandlung = EzA § 1 BetrAVG Nr. 16 = SAE 1982, 256 = NJW 1982, 2013; s. hierzu: *Ahrend/Förster/Rühmann*, Betriebliche Altersversorgung für Teilzeitbeschäftigte (?), DB 1982, 1563 ff; *Langmaack*, Teilzeitarbeit und Arbeitszeitflexibilisierung: ein arbeitsrechtlicher Leitfaden für die betriebliche Praxis, 1996, S. 37 ff.

[399] *Richardi*, Das Gleichbehandlungsgebot für Teilzeitarbeit und seine Auswirkung, NZA 1992, 625 (626); *Sowka/Köster*, Teilzeitarbeit und geringfügige Beschäftigung, 1993, S. 12; die Rechtsprechung zum Gleichbehandlungsgebot ist dargestellt auch bei *Peifer*, Die Teilzeitbeschäftigung in der neueren Rechtsprechung des BAG, ZfA 1999, 271 (274 ff., 291 ff.).

[400] *BAG* 29.1.1992 AP Nr. 18 zu § 2 BeschFG 1985 = EzA § 2 BeschFG 1985 Nr. 19 = NZA 1992, 1037.

schiedlich beurteilt wurde die Frage, ob es sich bei § 2 Abs. 1 BeschFG im Grunde nur um einen Gleichbehandlungsgrundsatz handelt, der Ungleichbehandlungen nur für den Fall des Fehlens eines sachlichen rechtfertigenden Grundes verbietet und ansonsten erlaubt. Das BAG und ein Teil der Literatur kamen zu dem Ergebnis, daß § 2 Abs. 1 BeschFG lediglich die bisherige Rechtslage zum arbeitsrechtlichen Gleichbehandlungsgrundsatz konkretisiere und ihn festschreibe[401]; aus diesem Grunde wurde vertreten, die praktische Relevanz der Regelung sei gering. Dem kann nicht gefolgt werden, weil § 2 Abs. 1 BeschFG und jetzt auch § 4 Abs. 1TzBfG über den arbeitsrechtlichen Gleichbehandlungsgrundsatz hinausgehen, indem sich das durch sie statuierte Benachteiligungsverbot uneingeschränkt auch auf den Lohn beziehen[402]. Dem arbeitsrechtlichen Gleichbehandlungsgrundsatz geht hingegen eine privatautonome Vereinbarung zwischen Arbeitgeber und Arbeitnehmer über den Lohn vor. Zudem ist es nach dem arbeitsrechtlichen Gleichbehandlungsgrundsatz grundsätzlich möglich, als sachlichen Grund für eine Ungleichbehandlung wirtschaftliche und marktbedingte Gesichtspunkte anzuführen[403]. Genau dies sollte bei Teilzeitbeschäftigten nach § 2 Abs. 1 BeschFG nicht möglich sein. Schutzzweck des § 2 Abs. 1 BeschFG war, der mittelbaren Diskriminierung der überwiegend teilzeitbeschäftigten Frauen entgegenzutreten. Dem widerspräche eine Ausnutzung des marktbedingten Überangebots von Teilzeitkräften durch die Vereinbarung niedrigerer Löhne. Das Verbot einer Ausnutzung des Überangebots von Teilzeitkräften durch niedrigere Entlohnung hat aber eine Gleichstellung und nicht nur eine Gleichbehandlung der Teilzeitbeschäftigten mit Vollzeitbeschäftigten zur Folge. Umgekehrt gibt es für Vollzeitbeschäftigte keine dem § 2 Abs. 1 BeschFG bzw. dem § 4 Abs. 1 TzBfG entsprechende Norm. Daher ist bei Vollzeitarbeitnehmern, bei denen Ungleichbehandlungen nach dem arbeits-

---

[401] *BAG* 25.10.1994 AP Nr. 40 zu § 2 BeschFG 1985 = EzA § 2 BeschFG 1985 Nr. 38 = NZA 1995, 730; *Schüren*, Neue rechtliche Rahmenbedingungen der Arbeitszeitflexibilisierung, RdA 1985, 22 (23); *ders.*, Die Gestaltungsfreiheit der Tarifvertragsparteien beim sachlichen Grund in § 2 Abs. 1 BeschFG 1990, ZTR 1992, 355; *ders,*. MünchArbR, § 161 Rn. 44; *Sowka/Köster*, Teilzeitarbeit und geringfügige Beschäftigung, 1993, S. 12; *Buschmann*, in: Buschmann/Dieball/Stevens-Bartol, TZA, § 2 BeschFG 1985 Rn. 4; *Colneric*, Aktuelle Probleme der Teilzeitarbeit, Brennpunkte des Arbeitsrechts 1995, 93 (103); *Lipke*, Individualrechtliche Grundprobleme der Teilzeitarbeit, AuR 1991, 76 (78); *Lorenz*, Das Beschäftigungsförderungsgesetz, DB 1985, 1077 (1079); *ders.*, Beschäftigungsförderungsgesetz, NZA 1985, 473 (474); *Schaub*, Teilzeitbeschäftigung und befristete Arbeitsverhältnisse als Formen einer Personalentscheidung, BB 1988, 2253 (2254); ErfK/*Preis*, § 2 BeschFG Rn. 2 u. 22.

[402] *Fastrich*, Gleichbehandlung und Gleichstellung, RdA 2000, 65 (75).

[403] S. ErfK/*Preis*, § 2 BeschFG Rn. 22; *BAG* 23.8.1995 E 80, 354 = AP Nr. 134 zu § 242 BGB Gleichbehandlung = EzA § 242 BGB Gleichbehandlung Nr. 69.

rechtlichen Gleichbehandlungsgrundsatz beurteilt werden, eine Schlechtervergütung im Vergleich zu Teilzeitarbeitnehmern je nach Arbeitsmarktlage möglich[404]. Für § 4 Abs. 1 TzBfG kann insoweit nichts anderes gelten, da er weitgehend mit der Vorschrift des § 2 Abs. 1 BeschFG übereinstimmt.

Der arbeitsrechtliche Gleichbehandlungsgrundatz erstreckt sich nur auf Maßnahmen, die der Arbeitgeber dem Arbeitnehmer gegenüber einseitig vornimmt[405]. § 4 Abs. 1 TzBfG gilt im Unterschied hierzu auch für vertragliche Regelungen[406].

Außerdem spricht vieles dafür, den Anwendungsbereich des arbeitsrechtlichen Gleichbehandlungsgrundsatzes nicht nur auf den jeweiligen Betrieb zu beschränken, sondern auf das Unternehmen zu erstrecken[407]. Es ist sinnvoll, auf die Identität des Arbeitgebers und die Vergleichbarkeit der betroffenen Arbeitnehmer abzustellen. Danach könnte sich ein Arbeitnehmer auf den arbeitsrechtlichen Gleichbehandlungsgrundsatz auch gegenüber einem Arbeitgeber mit mehreren Betrieben berufen[408]. Auf § 4 Abs. 1 TzBfG kann sich ein Teilzeitbeschäftigter eines Betriebes hingegen nicht stützen, wenn er verlangt, mit einem Vollzeitbeschäftigten in einem anderen Betrieb seines Arbeitgebers gleichbehandelt zu werden[409]. All diese Unterschiede zwischen § 4 Abs. 1 TzBfG und dem arbeitsrechtlichen Gleichbehandlungsgrundsatz zeigen, daß die Vorschriften des § 2 Abs. 1 BeschFG bzw. des heutigen § 4 Abs. 1 TzBfG den arbeitsrechtlichen Gleichbehandlungsgrundsatz nicht konkretisiert haben, sondern durch die Anordnung einer Gleichstellung über dessen Anwendungsbereich hinausgehen.

Benachteiligungen zwischen vergleichbaren Teilzeitarbeitnehmern können nur aufgrund des allgemeinen arbeitsrechtlichen Gleichbehandlungsgrundsatzes

---

[404] *Fastrich*, Gleichbehandlung und Gleichstellung, RdA 2000, 65 (76).

[405] MünchKomm/*Müller-Glöge*, § 611 Rn. 453.

[406] *Richardi*, Das Gleichbehandlungsgebot für Teilzeitarbeit und seine Auswirkung, NZA 1992, 625 (626); *Sowka/Köster*, Teilzeitarbeit und geringfügige Beschäftigung, 1993, S. 13; Lipke, GK-TzA, Art. 1 § 2 Rn. 89; *BAG* 15.11.1994 AP Nr. 39 zu § 2 BeschFG 1985 = EzA § 2 BeschFG 1985 Nr. 37 = SAE 1996, 262 = NZA 1995, 936; *BAG* 29.1.1992 AP Nr. 18 zu § 2 BeschFG 1985 = EzA § 2 BeschFG 1985 Nr. 19 = NZA 1992, 1037; *BAG* 15.11.1990 E 66, 220 = AP Nr. 11 zu § 2 BeschFG 1985 = DB 1991, 865; *BAG* 25.1.1989 E 61, 43 = AP Nr. 2 zu § 2 BeschFG 1985 = EzA § 2 BeschFG 1985 Nr. 1.

[407] Dies ist umstritten. Für einen Betriebsbezug: u.a. Kasseler Handbuch/*Künzl*, 2.1 Rn. 859. Für einen Unternehmensbezug: ErfK/*Preis* § 611 BGB Rn. 847; MünchKomm/*Müller-Glöge*, § 611 Rn. 452; MünchArbR/Richardi, § 14 Rn. 9; Schaub, Arbeitsrechtshandbuch, 2000, § 112 Rn. 15. Für einen Unternehmensbezug argumentiert auch BAG 18.11.998 AP Nr. 162 zu § 242 BGB Gleichbehandlung = EzA § 242 BGB Gleichbehandlung Nr. 79.

[408] MünchArbR/*Schüren*, § 161 Rn. 50 f.

[409] MünchArbR/*Schüren*, § 161 Rn. 51 m.w.N.

ausgeglichen werden[410]. § 4 Abs. 1 TzBfG begründet Gleichbehandlungsansprüche nur für bereits im Betrieb beschäftigte Teilzeitkräfte; Arbeitsplatzbewerber können aus § 4 Abs. 1 TzBfG keine Ansprüche auf Gleichbehandlung bei Einstellungen herleiten[411]. Dies entspricht sowohl dem gesetzgeberischen Ziel als auch dem Wortlaut der Vorschrift[412].

Der Begriff des Verbots der unterschiedlichen Behandlung im Sinne von § 2 Abs. 1 BeschFG erfaßt nach der Rechtsprechung des *BAG* das gesamte rechtserhebliche Handeln des Arbeitgebers[413]. Das gleiche muß für § 4 Abs. 1 TzBfG gelten.

Der Anwendungsbereich der Vorschrift umfaßt damit auch Arbeitsbedingungen wie Freistellungen oder betriebliche Weiterbildungen von Betriebsräten oder die Lage der Arbeitszeit. Dementsprechend ist der Arbeitgeber bei der Teilzeitarbeit hinsichtlich der Lage der Arbeitszeit[414] nicht nur an die Beteiligungsrechte des Betriebsrates, sondern auch an das Verbot unterschiedlicher Behandlung in § 4 Abs. 1 TzBfG gebunden, wobei diesbezüglich jedoch festzuhalten ist, daß kollektive Arbeitsbedingungen in Betriebsvereinbarungen oder Tarifverträgen ebenfalls dem Benachteiligungsverbot dieser Vorschrift unterfallen[415].

Ein Verstoß gegen das Diskriminierungsverbot des § 2 BeschFG und damit auch des § 4 TzBfG führt zur Teilnichtigkeit der diskriminierenden Regelung des Arbeitsvertrages[416]. Der Arbeitnehmer hat einen Anspruch auf Gleichbehandlung.

Wie die vertragliche Regelung bei Gleichbehandlung auszusehen hat, ergibt sich aus den Regelungen für Vollzeitbeschäftigte, was einer Anpassung nach oben gleichkommt[417].

---

410 *Lipke*, GK-TzA, Art. 1 § 2 Rn. 94; MünchArbR/*Schüren*, § 161 Rn. 55 f.; ErfK/*Preis*, § 2 BeschFG Rn. 9; a.A. *BAG* 15.11.1990 E 66, 220 = AP Nr. 11 zu § 2 BeschFG 1985 = NZA 1991, 346 f.; Kasseler Handbuch/*Linck*, 4.2 Rn. 88 f.

411 MünchArbR/*Schüren*, § 161 Rn. 53 und § 162 Rn. 3; Lipke, GK-TzA, Art. 1 § 2 Rn. 104.

412 BT-Drucks. 10/2102, S. 26.

413 *BAG* 25.1.1989 E 61, 43 (46) = AP Nr. 2 zu § 2 BeschFG 1985 = EzA § 2 BeschFG 1985 Nr. 1; *Sowka/Köster*, Teilzeitarbeit und geringfügige Beschäftigung, 1993, S. 13.

414 *Buschmann*, in: Buschmann/Dieball/Stevens-Bartol, TZA, § 2 BeschFG 1985, Rn. 14.

415 MünchArbR/*Schüren*, § 161 Rn. 48; *ders.*, Anm. zu *BAG* 11.3.1992 AP Nr. 1 BeschFG 1985; *Buschmann*, in: Buschmann/Dieball/Stevens-Bartol, § 6 BeschFG Rn. 20 ff.; *BAG* 28.10.1992 AP Nr. 66 zu § 112 BetrVG 1972; *BAG* 25.10.1994 AP Nr. 40 zu § 2 BeschFG 1985; a.A. *Lipke*, GK-TzA, Art. 1 § 2 Rn. 86.

416 ErfK/*Preis*, § 2 BeschFG Rn. 63.

417 *Buschmann*, in: Buschmann/Dieball/Stevens-Bartol, TZA, § 2 BeschFG 1985 Rn. 16; MünchArbR/*Schüren*, § 161 Rn. 91 ff.; ErfK/*Preis*, § 2 BeschFG Rn. 65.

C. Job-Sharing

Das Job-Sharing (Arbeitsplatzteilung) ist eine Arbeitszeitform, die ihren Ursprung im amerikanischen Wirtschafts- und Arbeitsleben hat[418]. Es ist Anfang der achtziger Jahre auch in der deutschen Arbeitsrechtswissenschaft intensiv diskutiert worden[419].

I. Begriffsbestimmung

Eine Arbeitsplatzteilung liegt nach § 13 Abs. 1 TzBfG vor, wenn der Arbeitgeber mit mehreren Arbeitnehmern vereinbart, daß diese sich die Arbeitszeit an einem Arbeitsplatz teilen. Die Definition des Job-Sharers stellt allein auf die Dauer der Arbeitszeit der Teilnehmer ab. Insoweit sollen nach der gesetzlichen Definition das im amerikanischen Recht unterschiedene Job-Pairing und Job-Splitting gleich behandelt werden[420]. Im Beschäftigungsförderungsgesetz 1985 war das Job-Sharing in § 5 geregelt. Durch das Teilzeitgesetz haben sich keine grundlegenden Neuerungen für diese Arbeitszeitgestaltung ergeben.

Arbeitsplatzteilung ist möglich, wenn der Arbeitsplatz zeitlich und funktional teilbar ist[421]. Es muß sich dabei nicht unbedingt um einen Vollzeitarbeitsplatz handeln. Auch ein Teilzeitarbeitsplatz kann zwischen Arbeitnehmern geteilt

---

418 *Franke*, Der Job-Sharing-Arbeitsvertrag, 1983, S. 1; *Eich*, Das Job-sharing-Arbeitsverhältnis, Personalpolitische, arbeitsrechtliche und sozialversicherungsrechtliche Fragen, DB, Beil. 9/1982, 1; *Goos*, Der Job-sharing-Arbeitsvertrag, DB 1980, 2339; *Schüren*, Job Sharing, Diss. 1983, S. 19: "in den Vereinigten Staaten wurde Ende der sechziger Jahre mit der praktischen Erprobung von Job-Sharing begonnen"; *ders.*, Gegenseitige Vertretungspflicht der Teammitglieder beim Job Sharing, BB 1983, 706 ff.; bereits 1977 hat *Teriet* das Job-Sharing vorgestellt: *Teriet*, Job-Sharing – eine neue Form der Arbeitsvertragsgestaltung, Personal 1977, 214 ff.; *Ulber*, Der "Job-sharing-Vertrag", Eine Auseinandersetzung mit den bisherigen Modellvorschlägen, BB 1982, 741.

419 Um Beispiele zu nennen: *Schüren*, Job Sharing, Diss. 1983; *ders.*, Gegenseitige Vertretungspflicht der Teammitglieder beim Job Sharing – Rechtliche Grenzen der Gestaltungsmöglichkeiten, BB 1983, 706; *Danne*, GK-TzA, Art. 1 § 5 Rn. 1 ff.; *Danne*, Das Job-sharing, Seine arbeits- und sozialversicherungsrechtliche Beurteilung nach Inkrafttreten des Beschäftigungsförderungsgesetzes 1985, 1986; *Eich*, Das Job-Sharing-Arbeitsverhältnis, Personalpolitische, arbeitsrechtliche und sozialversicherungsrechtliche Fragen, DB, Beil. 9/1982, 1 ff.; *Goos*, Der Job-sharing-Arbeitsvertrag, DB 1980, 2339; *v. Hoyningen-Huene*, Rechtliche Gestaltungsmöglichkeiten beim Job-Sharing-Arbeitsverhältnis, BB 1982, 1240; *Koeve*, Das Job-Sharing-Arbeitsverhältnis, AuR 1983, 75; *Linnenkohl/Bauerochse*, Job Sharing: Eine besondere Form der Teilzeitarbeit, BB 1981, 1845.

420 *Löwisch/Schüren*, Aktuelle arbeitsrechtliche Fragen von Teilzeitarbeit und kürzerer Arbeitszeit, BB 1984, 925 (928).

421 *Reichold*, Zeitsouveränität im Arbeitsverhältnis: Strukturen und Konsequenzen, NZA 1998, 393 (396).

werden[422]. Die Job-Sharer haben grundsätzlich selbständige und in ihrem Bestand nicht voneinander abhängige Arbeitsverträge[423] und schulden die Arbeitsleistung nicht als Gruppe insgesamt, sondern als einzelne Arbeitnehmer (Betriebsgruppe[424]).
Charakteristisch am Job-Sharing ist die Zeitsouveränität der Arbeitnehmer, die ihre Arbeitszeit in gegenseitiger Abstimmung innerhalb der normalen Betriebszeit selbst festlegen (§ 317 BGB)[425]. Neben dem Arbeitszeitdeputat und der Arbeitsaufgabe wird auch die zur durchgängigen Arbeitsplatzbesetzung notwendige Arbeitsplatzplanung als ständige eigenverantwortliche Regelungsaufgabe vereinbart[426].

1. Abgrenzung zu Job-Splitting

Das Job-Sharing ist vom Job-Splitting zu unterscheiden. Dieses liegt vor, wenn eine Vollzeitstelle in zwei voneinander unabhängige Teilzeitstellen geteilt wird. Den Arbeitnehmern wird dabei keine arbeitszeitliche Selbstbestimmung eingeräumt. Das Job-Splitting setzt folglich keinen Informationsaustausch voraus und erfordert keine Arbeitszeitabstimmung der „Partner"[427].

2. Abgrenzung zu Job-Pairing

Weiter ist das Job-Sharing vom sogenannten Job-Pairing zu unterscheiden. Unter Job-Pairing wird verstanden, daß sich mehrere Arbeitnehmer in einer soge-

---

422 *Mosler*, Teilzeitarbeit, AR-Blattei SD1560, Rn 257.
423 *Buschmann*, in: Buschmann/Dieball/Stevens-Bartol, TZA, § 5 BeschFG 1985 Rn. 16; a.A. *Ulber*, Der "Job-sharing-Vertrag", Eine Auseinandersetzung mit bisherigen Modellvorschlägen, BB 1982, 741 (744): *Ulber* war der Meinung, daß die Job-Sharer untereinander in einem Abhängigkeitsverhältnis stehen sollten, da dies die Position des Arbeitgebers stärken würde; er favorisierte daher eine Verbindung der Teamkollegen durch ein Gesamtschuldverhältnis; die gesetzlichen Regelungen im Beschäftigungsförderungsgesetz von 1985 zum Job-Sharing beseitigten aber die Probleme, auf die *Ulber* hinwies, weitgehend; im amerikanischen Modell schuldet eine Eigengruppe insgesamt die Arbeitsleistung, s. hierzu: *Linnenkohl/Bauerochse*, Job-sharing: Eine besondere Form der Teilzeitarbeit, BB 1981, 1845.
424 Zum Begriff der Betriebsgruppe: MünchKomm/*Müller-Glöge*, § 611 Rn. 513, 515.
425 *Linnenkohl/Rauschenberg*, Arbeitszeitflexibilisierung, 1996, S. 128; *Eich*, Das Job-sharing-Arbeitsverhältnis, Personalpolitische, arbeitsrechtliche und sozialversicherungsrechtliche Fragen, DB, Beil. 9/1982, 1; *Linnenkohl/Bauerochse*, Job-sharing: Eine besondere Form der Teilzeitarbeit, BB 1981, 1845; MünchArbR/*Schüren*, § 166 Rn. 91 f.
426 *Reichold*, Zeitsouveränität im Arbeitsverhältnis: Strukturen und Konsequenzen, NZA 1998, 393 (396).
427 *Danne*, GK-TzA, Art. 1 § 5 Rn. 18; *Buschmann*, in: Buschmann/Dieball/Stevens-Bartol, TZA, § 5 BeschFG 1985 Rn. 11.

nannten Eigengruppe einen Arbeitsplatz im Rahmen eines von ihnen aufgestellten Arbeitsplans teilen, aber gemeinsam die Verantwortung für die Erledigung der übertragenen Arbeiten übernehmen[428]. Die Job-Pairer müssen ebenfalls selbständig für die erforderliche Kommunikation untereinander sorgen[429]. Sie schulden dem Arbeitgeber eine gemeinsame Arbeitsleistung, die in einem einheitlichen Arbeitsvertrag durch das Team versprochen wird und auch nur einheitlich wieder gekündigt werden kann.

3. Abgrenzung zu Split-Level-Sharing

Schließlich ist das Job-Sharing noch vom Split-Level-Sharing abzugrenzen. Die Besonderheit des Split-Level-Sharing-Modells ist darin zu sehen, daß die Arbeitsplatzaufteilung funktional, d.h. nach Arbeitsinhalten erfolgt. Das Modell bietet sich insbesondere dort an, wo Aufgaben mit unterschiedlichen fachlichen Qualifikationen aufgeteilt werden sollen. Unerläßliche Voraussetzung für dieses Modell ist die Möglichkeit der Teilung der jeweiligen Arbeitsaufgaben[430].
§ 13 Abs. 1 TzBfG unterscheidet nicht explizit zwischen den verschiedenen Gestaltungsformen[431]. Aber gerade beim Job-Splitting handelt es sich nicht um eine Arbeitsplatzteilung, sondern wohl eher um ein normales Teilzeitarbeitsverhältnis. § 13 Abs. 1 TzBfG ist auch beim Job-Pairing nicht einschlägig, weil er keine Gestaltungen erfaßt, bei denen die Arbeitsleistung durch eine Gruppe geschuldet wird.

II. Verbreitung von Job-Sharing-Modellen

Empirische Untersuchungen belegen, daß förmliche Job-Sharing-Verträge auch nach Inkrafttreten des BeschFG außerordentlich selten waren. Das TzBfG wird hieran, da es die Regelungen zum Job-Sharing vom BeschFG übernommen hat, nichts ändern. Umfragen der IG Metall vom Oktober 1996 ergaben, daß Job-Sharing anders als KAPOVAZ und Abrufarbeit in der Praxis nur eine marginale Rolle spielen. Nach einer BDA-Umfrage wurden Job-Sharing-Teilzeitverträge

---

[428] *Buschmann*, in: Buschmann/Dieball/Stevens-Bartol, TZA, § 5 BeschFG 1985, Rn. 12; *Danne*, GK-TzA, Art. 1 § 5 Rn. 21; zum Begriff der Eigengruppe: MünchKomm/*Müller-Glöge*, § 611 Rn. 513 f.

[429] *Schüren*, Job Sharing, Diss. 1983, Rn. 74; *Reichold*, Zeitsouveränität im Arbeitsverhältnis: Strukturen und Konsequenzen, NZA 1998, 393 (397).

[430] *Schüren*, Job Sharing, Diss. 1983, Rn. 75; *Linnenkohl/Rauschenberg*, Arbeitszeitflexibilisierung, 1996, S. 129.

[431] Die unterschiedlichen Formen werden dargestellt bei *Schüren*, Gegenseitige Vertretungspflicht der Teammitglieder beim Job Sharing, BB 1983, 706 ff.; *ders.*, Job Sharing, 1983, S. 94 ff; *Danne*, Das Job-sharing, 1986, S. 119 ff.

nur in 1,8 % der befragten Betriebe abgeschlossen. Ihr Anteil unter den entsprechenden Neueinstellungen insgesamt kam auf 0,1 %, davon die Hälfte in der Metallindustrie[432].

Aus Arbeitnehmersicht könnte ein Zuwachs an Zeitsouveränität die Akzeptanz von Job-Sharing fördern. Für eine bessere Praktikabilität der Arbeitsplatzteilung wäre es nötig, gesetzliche Voraussetzungen für eine reibungslosere Umsetzung und Durchführung des Job-Sharing zu schaffen. Eine grundsätzliche Vertretungspflicht der Arbeitnehmer untereinander, die nur in bestimmten Einzelfällen abbedungen werden kann, wäre sehr hilfreich[433]. Der Arbeitgeber sähe sich dann nicht mehr der Situation ausgesetzt, daß der eigentlich durch mehrere Personen besetzte Arbeitsplatz durch Urlaub, Krankheit etc. unbesetzt ist und er sich nach - eventuell nicht eingearbeiteten - Vertretungen umsehen muß.

III. Gesetzliche Grundlagen für das Job-Sharing

Die Arbeitsplatzteilung ist in § 13 TzBfG geregelt. Sie erfordert eine förmliche arbeitsvertragliche Vereinbarung[434]. Da beim Job-Pairing die Eigengruppe immer als Gruppe in Rechtsbeziehung zum Arbeitgeber steht, ist die Regelung des § 13 Abs. 1 TzBfG bei dieser Ausgestaltung nicht einschlägig. § 13 Abs. 1 TzBfG normiert nämlich ausdrücklich, daß der Arbeitgeber mit „mehreren Arbeitnehmern" die Teilung des Arbeitsplatzes „vereinbart".

1. Rechtsbeziehung zwischen den Teamkollegen

Zwischen den einzelnen Job-Sharern auf demselben Arbeitsplatz bestehen keine Rechtsbeziehungen. Sie stehen in einer tatsächlichen Gemeinschaft, die regelmäßig durch den Arbeitgeber begründet wird. Obwohl die Partner die Verpflichtung zur ständigen Besetzung des Arbeitsplatzes übernommen haben, stehen sie in keinem Gesamtschuldverhältnis (§ 421 BGB). Bei einem Gesamtschuldverhältnis könnte der Arbeitgeber nach seinem Belieben die Arbeitsleistung ganz oder zum Teil von einem Arbeitnehmer verlangen. Dagegen sind die

---

[432] *Buschmann*, in: Buschmann/Dieball/Stevens-Bartol, TZA, § 5 BeschFG 1985 Rn. 3.

[433] Die Probleme bei einer gegenseitigen Vertretungspflicht stellte bereits 1983 *Schüren* dar: *Schüren*, Gegenseitige Vertretungspflicht der Teammitglieder beim Job Sharing, BB 1983, 706 ff.; heute findet sich zu der Problematik eine gesetzliche Regelung in § 13Abs. 1 S. 2, 3 TzBfG.

[434] *Fitting*, BetrVG, § 5 Rn. 52; *Danne*, Das Job-sharing, S. 40; *Buschmann*, in: Buschmann/Dieball/Stevens-Bartol, TZA, § 5 BeschFG 1985 Rn. 18, vgl. dort auch § 4 BeschFG 1985 Rn. 50 ff.; vgl. zudem *Danne*, GK-TzA, Art. 1 § 5 Rn. 24 ff., der eine schriftliche Vereinbarung empfiehlt.

Job-Sharer nicht einmal dann zur Leistung der ganzen Arbeit verpflichtet, wenn einer von ihnen verhindert ist.

2. Vertretungspflicht

Nach § 13 Abs. 1 TzBfG sind Vereinbarungen über Arbeitsplatzteilung unwirksam, wonach die in die Arbeitsplatzteilung einbezogenen Arbeitnehmer generell zur gegenseitigen Vertretung verpflichtet sind. Von diesem Grundsatz bestehen zwei Ausnahmen: zum einen sind Vertretungsvereinbarungen wirksam, wenn der Job-Sharer der Vertretung im konkreten Einzelfall zugestimmt hat[435]; zum anderen liegt eine Pflicht zur Vertretung auch dann vor, wenn sie für den Fall dringender betrieblicher Gründe im Arbeitsvertrag vorgesehen ist und im Einzelfall dem Arbeitnehmer zumutbar ist.

Bei der zweiten Ausnahme ist problematisch, daß die Begriffe „dringende betriebliche Gründe" und „Zumutbarkeit" unbestimmte Rechtsbegriffe sind und daher eine einzelvertragliche Vereinbarung nur schwer ausformuliert werden kann. Fest steht, daß ein dringender betrieblicher Grund nicht durch die Tatsache des Ausfalls eines Arbeitnehmers indiziert wird. Vielmehr müssen besondere Gesichtspunkte wie z.B. kurze Lieferfrist oder drohende Gefahr erheblicher Schäden vorliegen. Es muß sich um einen unvorhersehbaren Fall handeln, dem vom Arbeitgeber nicht anders als durch Arbeitseinsatz eines anderen Job-Sharers begegnet werden kann[436].

Bei der Prüfung der Zumutbarkeit sind die Gründe zu berücksichtigen, die den Arbeitnehmer bewogen haben, ein Teilzeitarbeitsverhältnis zu wählen, z.B. die Versorgung schulpflichtiger Kinder. Die Zumutbarkeit hängt auch davon ab, wann dem Arbeitnehmer der Vertretungsfall mitgeteilt worden ist[437].

Unproblematisch ist die Vereinbarung der Vertretung für den Einzelfall; diese Vereinbarung kann auch konkludent geschlossen werden, gegebenenfalls durch einfache Aufnahme der Arbeit, der der Arbeitgeber nicht widerspricht; es handelt sich dann um eine konkret individuelle Einzelfallentscheidung von Arbeitnehmer und Arbeitgeber, die nicht vorab nach abstrakten Merkmalen geregelt werden kann.

---

[435] Vgl. hierzu *Buschmann*, in: Buschmann/Dieball/Stevens-Bartol, TZA, § 5 BeschFG Rn. 27 und *Danne*, GK-TzA, Art. 1 § 5 Rn. 89.

[436] *Buschmann*, in: Buschmann/Dieball/Stevens-Bartol, TZA, § 5 BeschFG 1985 Rn. 30; *Danne*, GK-TzA, Art. 1 § 5 Rn. 92; *Müll*, Flexible Arbeitszeiten und ihre soziale Absicherung, ZTR 2000, 111 (113).

[437] *Buschmann*, in: Buschmann/Dieball/Stevens-Bartol, TZA, § 5 BeschFG 1985 Rn. 33; *Danne*, GK-TzA, Art. 1 § 5 Rn. 93.

IV. Beteiligungs- und Mitbestimmungsrechte des Betriebsrates beim Job-Sharing

Ein Mitbestimmungsrecht des Betriebsrates bezüglich des „Ob" der Einführung des Job-Sharing besteht nach geltendem Recht nicht[438], da die Entscheidung hierüber keine Entscheidung über die Lage der Arbeitszeit darstellt[439]. Entscheidet sich der Arbeitgeber für die Einführung von Job-Sharing, so hat er bezüglich des „Wie" des Job-Sharing die Mitbestimmungsrechte des Betriebsrates zu beachten.

Der Betriebsrat kann bereits vor Einführung der Arbeitsplatzteilung Beteiligungsrechte ausüben. Ausweislich der Begründung des Gesetzgebers sollten die geltenden Vorschriften der Beteiligungsrechte des Betriebsrates durch das BeschFG 1985 nicht berührt werden[440]. In § 7 TzBfG wird jetzt die Ausschreibungs- und Informationspflicht des Arbeitgebers bezüglich freier Arbeitsplätze geregelt. Aus diesem Grund wurden die Sätze 2 und 3 in § 93 BetrVG, die die Ausschreibung von freien Arbeitsplätzen auch als Teilzeitarbeitsplätze regelten, gestrichen, so daß man für das Teilzeit- und Befristungsgesetz nicht mehr ohne weiteres davon ausgehen kann, daß die Beteiligungsrechte des Betriebsrats unberührt bleiben.

Das Job-Sharing weist zwar Elemente der Teilzeit auf, es läßt sich aber mitbestimmungsrechtlich nicht einfach mit einer der praktizierten Teilzeitformen gleichstellen. Vielmehr bringen Job-Sharing-Modelle Regelungen mit sich, die unter einem anderen Blickwinkel betrachtet werden müssen. Dabei darf jedoch der systematische Zusammenhang zu anderen Teilzeitformen nicht außer Betracht bleiben.

Im Vorfeld der betrieblichen Einführung des Job-Sharings kann die Verpflichtung des Arbeitgebers bestehen, den Betriebsrat gemäß §§ 90 Nrn. 3 und 4, 92[441]

---

[438] *Richardi*, BetrVG, § 87 Rn. 333 a.E.; *Danne*, GK-TzA, Art. 1 § 5 Rn. 158.

[439] *Heinze*, Flexible Arbeitszeitmodelle, NZA 1997, 681 (686); *Eich*, Das Job-sharing-Arbeitsverhältnis, Personalpolitische, arbeitsrechtliche und sozialversicherungsrechtliche Fragen, DB, Beil. 9, 1 (10); *v. Hoyningen-Huene*, Rechtliche Gestaltungsmöglichkeiten beim Job-sharing-Arbeitsverhältnis, BB 1982, 1240 (1246); *Richardi*, Die Mitbestimmung des Betriebsrats bei flexibler Arbeitszeitgestaltung, NZA 1994, 593 (595); *Schwerdtner*, Die Reichweite der Mitbestimmungsrechte nach § 87 I Nr. 2, 3 BetrVG bei Teilzeitbeschäftigten mit variabler Arbeitszeit.

[440] BT-Drucks. 10/2102, S. 17; abgedruckt auch bei *Lipke*, GK-TzA, Einl. Rn. 109 ff.

[441] Zur Mitbestimmung bei der Personalplanung vgl. *v. Hoyningen-Huene*, Rechtliche Gestaltungsmöglichkeiten beim Job-sharing-Arbeitsverhältnis, BB 1982, 1240 (1246): *v. Hoyningen-Huene* bejaht ein Unterrichtungs- und Beratungsrecht bei der Personalplanung bei kollektiven Maßnahmen.

und 106 BetrVG[442] hinsichtlich der Arbeitsorganisation und Arbeitszeitregelung des Job-Sharing zu informieren. Diese frühzeitigen Informationsrechte des Betriebsrates sind nach *Koeve*[443] schon deshalb unerläßlich, weil die mit dem Job-Sharing verbundene Individualisierung und Entstandardisierung der Arbeitsorganisation und der Arbeitszeitregelung der betrieblichen Interessenvertretung partiell entzogen werde. *Koeve* bezieht sich diesbezüglich vor allem auf das Mitbestimmungsrecht des Arbeitgebers nach § 87 Abs. 1 Nr. 5 BetrVG bei der Urlaubsplanung, was nicht ganz verständlich ist, weil die Urlaubszeiten auf die konkreten Arbeitszeiten der Job-Sharing-Arbeitnehmer eher geringen Einfluß haben. *Koeve* führt aus, daß ein Mitbestimmungsrecht des Betriebsrates in jedem Einzelfall bestehe, wenn der Arbeitnehmer mit dem Arbeitgeber bezüglich der Bestimmung der Urlaubszeit keine übereinstimmende Lösung erzielen kann[444]. Wenn aber die Arbeitnehmer die Vertretung bei Krankheit, Urlaub u. a. selbst regeln können, handele es sich um individuelle Absprachen, die dann dem Mitbestimmungsrecht des Betriebsrates nach § 87 Abs. 1 Nr. 5 BetrVG entzogen wären[445].
Nicht nur bei der Planung des Urlaubs, sondern auch bei der Planung der Arbeitszeiten der Job-Sharing-Arbeitnehmer, die untereinander festlegen, wer wann arbeitet, wird der Betriebsrat weniger beteiligt. Die Job-Sharing-Arbeitnehmer unterliegen bei der Festlegung des jeweiligen Arbeitseinsatzes einem gewissen Einigungszwang, wenn sie die Möglichkeit der Arbeitsplatzteilung nicht verlieren wollen. Je mehr Einigungsprobleme unter den Job-Sharing-Partner auftauchen, um so unattraktiver wird dieses Arbeitszeitmodell für den Arbeitgeber. Aus diesem Grund wird der Betriebsrat von den Arbeitnehmern über Probleme bei der Festlegung der Arbeitszeit wohl meist auch nicht informiert. Da somit bei der Einführung von Job-Sharing in einem Betrieb wegen einer zunehmenden Anzahl von Individualvereinbarungen die Verminderung der Rechte des Betriebsrates zu befürchten ist, ist eine Beteiligung bereits vor der Einführung des neuen Arbeitszeitmodells geboten.

---

[442] *Klevemann*, Die Mitbestimmungsrechte des Betriebsrats bei der "Flexibilisierung" der Arbeitszeit, AiB 1984, 90 ff., 107 ff. (109).
[443] *Koeve*, Das Job-Sharing-Arbeitsverhältnis, AuR 1983, 75 (79).
[444] *Richardi*, BetrVG, § 87 Rn. 509; *Glaubitz*, HSG-BetrVG, § 87 Rn. 278.
[445] *Koeve*, Das Job-Sharing-Arbeitsverhältnis, AuR 1983, 75 (79).

1. Unterrichtung in wirtschaftlichen Angelegenheiten

Die Einführung von Arbeitsplatzteilung könnte zu einem Übergang zur Gruppenarbeit im Sinne von § 106 Abs. 3 Nr. 5 BetrVG[446] führen. Dies ist beim Job-Pairing der Fall, da die Teamkollegen ihr Arbeitsaufgabe als Gruppe erfüllen. Beim klassischen Job-Sharing, bei dem jeder Teamkollege als Einzelperson eine arbeitsvertragliche Bindung eingeht, kann von einer Erledigung der Aufgaben als Gruppe im Sinne des § 106 Abs. 3 Nr. 5 BetrVG nicht die Rede sein. Es handelt sich bei den Arbeitsverhältnissen der Job-Sharing-Partner um in ihrem Bestand voneinander unabhängige Arbeitsverhältnisse. Die Arbeitsleistung des einzelnen Partners steht in keinem Zusammenhang zu der Leistung eines anderen Teamkollegen. Die Job-Sharing-Partner koordinieren lediglich die Lage des jeweiligen Arbeitseinsatzes untereinander.

2. Unterrichtung und Beratung bei der Gestaltung der arbeitstechnischen Organisation

Nach § 90 BetrVG hat der Arbeitgeber den Betriebsrat rechtzeitig über die Planung der Arbeitsabläufe (Abs. 1 Nr. 3) oder der Arbeitsplätze (Abs. 1 Nr. 4) zu unterrichten.

Danne geht davon aus, daß von der Einführung des Job-Sharing die Planung der Arbeitsplätze nicht berührt werde[447]. Damit seien lediglich die Anordnung der Arbeitsmittel und die Einflüsse der Arbeitsumgebung auf den Arbeitsplatz erfaßt; die organisatorische Ausgestaltung der Arbeit gehöre demgegenüber zu den Arbeitsabläufen im Sinne der Nr. 3[448], die die organisatorische, örtliche und räumliche Anordnung des Arbeitsprozesses, insbesondere den Einsatz der Arbeitnehmer, betreffe. Hierunter fällt z.B. die Einführung von Gruppenarbeit, Fließbandarbeit oder Einzelarbeit. *Danne* sieht bei der Einführung von Job-Sharing Parallelen zu diesen Vorgängen nach § 90 Abs. 1 Nr. 3 BetrVG; nach

---

446 *Klevemann*, Die Mitbestimmungsrechte des Betriebsrats bei der "Flexibilisierung" der Arbeitszeit, AiB 1984, 90 ff., 107 ff. (109); *Eich*, Das Job-sharing-Arbeitsverhältnis, Personalpolitische, arbeitsrechtliche und sozialversicherungsrechtliche Fragen, DB, Beil. 9/1982, 1 (7).

447 *Danne*, GK-TzA, Art. 1 § 5 Rn. 159), a.A. *Dräger*, Beteiligung des Betriebsrates bei der Einführung flexibler Arbeitszeitsysteme, 1986, S. 155 f; *Koeve*, Das Job-Sharing-Arbeitsverhältnis, AuR 1983, 75 (79); *Koeve* geht ohne weitere Begründung von einer Beteiligung des Betriebsrats sowohl nach § 90 Abs. 1 Nr. 3 BetrVG als auch nach § 90 Abs. 1 Nr. 4 BetrVG aus.

448 Zur Abgrenzung s. *Richardi*, BetrVG, § 90 Rn. 13 ff.; *Glaubitz*, HSG-BetrVG, § 90 Rn. 7-9.

seiner Meinung[449] ist kein Grund dafür ersichtlich, das Job-Sharing-System von diesen Maßnahmen abzugrenzen bzw. auszunehmen[450]. Der von § 90 BetrVG verfolgte Zweck der Humanisierung der Arbeit kann nur dadurch verwirklicht werden, daß der Arbeitgeber den Betriebsrat bereits im Planungsstadium unterrichtet und mit ihm die Vorhaben, die - wie das Job-Sharing - für die Anforderungen an die Arbeitnehmer und damit für die menschengerechte Gestaltung der Arbeit von besonderer Bedeutung sind, eingehend beraten kann[451].

v. Hoyningen-Huene verneint ein Unterrichtungsrecht in Job-Sharing-Angelegenheiten sowohl bei der Planung von Arbeitsabläufen als auch bei den Arbeitsplätzen, weil die Bildung von Betriebsgruppen beim Job-Sharing keine Gruppenarbeit nach sich ziehe, die die Gestaltung der Arbeit betreffen könne; da die Job-Sharer nicht gleichzeitig arbeiten, sei eine Planung seitens des Arbeitgebers hinsichtlich des Tätigkeitsbereichs des einzelnen Arbeitnehmers im räumlich-funktionalen Sinne nicht veranlaßt[452].

Da *v. Hoyningen-Huene* seine Argumentation nur auf den räumlich-funktionalen Bereich stützt, kann er in diesem Punkt nicht überzeugen. Denn zumindest bei der Planung von Arbeitsabläufen kann man sich nicht auf den räumlich-funktionalen Arbeitsbereich beschränken. Der Einsatz von Job-Sharing Teams ist jedenfalls hinsichtlich des Informationsflusses innerhalb des Teams, aber auch zu anderen (vollzeitbeschäftigten) Kollegen oder Vorgesetzten mit den betrieblichen Gegebenheiten zu koordinieren.

Dräger[453] geht bei der Einführung von Job-Sharing davon aus, daß auch bei den Arbeitsplätzen in ihrer konkreten Ausgestaltung Veränderungen nötig sein können; er kritisiert insoweit *Schüren*[454], weil dieser nicht berücksichtige, daß auch Umbauten oder besondere Vorrichtungen (auch im Hinblick auf den Arbeitsschutz) notwendig sein können, um einen Arbeitsplatz zu teilen.

§ 90 Abs. 1 Nr. 4 BetrVG hat ergänzend zu den in Nr. 1 bis 3 genannten Tatbeständen die Bedeutung einer Generalklausel. Jede Planung, die sich auf die arbeitstechnische Gestaltung des Arbeitsplatzes und seiner Umgebung bezieht, fällt unter den in Nr. 4 genannten Tatbestand[455]. Hierher gehört zum Beispiel

---

449 *Danne*, GK-TzA, Art. 1 § 5 Rn. 159; a.A. *v. Hoyningen-Huene*, Rechtliche Gestaltungsmöglichkeiten beim Job-sharing-Arbeitsverhältnis, BB 1982, 1240 (1246).

450 Ebenso im Ergebnis *Schüren*, Job Sharing, Diss. 1983, Rn. 469.

451 *Wiese*, GK-BetrVG, vor § 90 Rn. 1.

452 Vgl. *v. Hoyningen-Huene*, Rechtliche Gestaltungsmöglichkeiten beim Job-sharing-Arbeitsverhältnis, BB 1982, 1240 (1246); *Wiese*, GK-BetrVG, § 90 Rn. 17.

453 *Dräger*, Beteiligung des Betriebsrates bei der Einführung flexibler Arbeitszeitsysteme, 1986, S. 155 f.

454 Vgl. *Schüren*, Das Job Sharing, Diss. 1983, Rn. 469.

455 *Richardi*, BetrVG, § 90 Rn. 16.

auch die Ausstattung eines Arbeitsplatzes im Hinblick auf den Arbeitsschutz. Dennoch wird eine Änderung des Arbeitsplatzes infolge Job-Sharing in den meisten Fällen nicht nötig sein, weil etwa die Höhe von Arbeitssitzen oder Arbeitsflächen an den heute unter Gesichtspunkten des Arbeitsschutzes erforderlichen Arbeitsmitteln verstellbar sein wird. Daher ist der Betriebsrat bei der Einführung von Job-Sharing, wie von *Danne* und *Schüren* vertreten, lediglich über die Planung der Arbeitsabläufe, die Koordinierung der Arbeitseinsätze unter den Job-Sharing-Kollegen, zu unterrichten.

3. Unterrichtung über die Personalplanung

Nach § 92 BetrVG hat der Arbeitgeber den Betriebsrat über die Personalplanung des Betriebes rechtzeitig und umfassend zu unterrichten. Da durch die Einführung des Job-Sharing-Systems insbesondere die quantitative Personalplanung in Bezug auf die Planung des Personalbedarfs, der Personalbeschaffung, der Personalentwicklung, des Personaleinsatzes sowie der Personalkosten maßgeblich betroffen ist, ist der Betriebsrat durch den Arbeitgeber zu informieren und beratend zu beteiligen[456], soweit es sich nicht um Einzelmaßnahmen handelt[457].

Nach § 92 BetrVG kann der Betriebsrat auch von sich aus Vorschläge für die Durchführung einer Job-Sharing-Personalplanung machen. Den Arbeitgeber soll sich im Sinne einer konstruktiven Zusammenarbeit mit dem Betriebsrat mit den ihm unterbreiteten Vorschlägen ernsthaft beschäftigen, was aber nicht heißt, daß er sie durchführen muß[458]. Ebenso wie der Betriebsrat die Einführung des Job-Sharing nicht erzwingen kann, kann er die geplante Einführung nicht verhindern.

4. Ausschreibung von Arbeitsplätzen

Nach § 93 S. 2 und S. 3 BetrVG, die zum 1.1.2001 durch das Teilzeit- und Befristungsgesetz aufgehoben wurden, konnte der Betriebsrat anregen, daß freiwerdende oder neu geschaffene Arbeitsplätze auch als Teilzeitarbeitsplätze allgemein oder für bestimmte Tätigkeiten innerhalb des Betriebs durch Aushang

---

[456] *Danne*, GK-TzA, Art. 1 § 5, Rn. 161; *Schüren*, Job Sharing, Diss. 1983, Rn. 470; *Schanz*, Job Sharing Handbuch, 1984, S. 43; *Eich*, Das Job-sharing-Arbeitsverhältnis, Personalpolitische, arbeitsrechtliche und sozialversicherungsrechtliche Fragen, DB-Beil 9/1982, 1 (10); *Klevemann*, Die Mitbestimmungsrechte des Betriebsrats bei der "Flexibilisierung" der Arbeitszeit, AiB 1984, 90 ff., 107 ff. (109).

[457] *v. Hoyningen-Huene*, Rechtliche Gestaltungsmöglichkeiten beim Job-sharing-Arbeitsverhältnis, BB 1982, 1240 (1246).

[458] *Schlochauer*, HSG-BetrVG, § 92 Rn. 31; *Richardi*, BetrVG, § 92 Rn. 42, 43.

am Schwarzen Brett, durch die Werkszeitung, durch Rundschreiben oder per Intranet ausgeschrieben werden.

Die Ausschreibung von Arbeitsplätzen ist jetzt in § 7 Abs. 1 TzBfG geregelt. Praktische Bedeutung hat sie in den Fällen, in denen teil- oder vollzeitbeschäftigte Mitarbeiter bei ihrem Arbeitgeber zum Job-Sharing-System überwechseln wollen. Durch die interne Stellenausschreibung kann insbesondere auch die Zusammenführung von geeigneten Personen erleichtert werden[459]. Aus dem Beteiligungsrecht des Betriebsrates nach § 93 BetrVG ließ sich keine Einflußnahme auf den konkreten Inhalt des Arbeitsvertrages, die Gestaltung des Arbeitsplatzes oder die Auswahl der Bewerber herleiten[460]. Der Arbeitgeber war auch nicht verpflichtet, Bewerbern aus dem Betrieb den Vorrang zu geben und den Arbeitsplatz mit einem der sich meldenden Bewerber aus dem Betrieb zu besetzen[461]. Hieran ändert auch die Ausschreibungspflicht in § 7 Abs. 1 TzBfG nichts. Aus § 7 Abs. 1 TzBfG ergibt sich zwar seit Inkrafttreten des Teilzeit- und Befristungsgesetzes im Unterschied zu der betriebsverfassungsrechtlichen Anregungsmöglichkeit bezüglich einer Ausschreibung eines auch als Teilzeitstelle sogar eine Pflicht des Arbeitgebers zur Ausschreibung. Da die Vorschrift des § 7 Abs. 1 TzBfG aber nicht sanktioniert ist, sind von ihr keine bedeutenden praktischen Konsequenzen zu erwarten[462].

5. Mitbestimmung bei personellen Einzelmaßnahmen

Gemäß § 99 BetrVG hat der Betriebsrat in Betrieben mit mehr als 20 Arbeitnehmern ein Mitbestimmungsrecht bei personellen Einzelmaßnahmen. Bei der Ein- und Umgruppierung eines Job-Sharing-Arbeitnehmers entstehen keine mitbestimmungsrechtlichen Besonderheiten[463].

a) Einstellung

Die Neueinstellung von Job-Sharing-Arbeitnehmern bedarf wie die Einstellung eines Vollzeitarbeitnehmers der Zustimmung des Betriebsrates. Der Übergang

---

[459] *Danne*, GK-TzA, Art. 1 § 5 Rn. 162.

[460] *Heinze*, Personalplanung, Einstellung und Kündigung, 1982, Rn. 86; s. auch 4. Kapitel B. V.

[461] *Richardi*, BetrVG, § 93 Rn. 25; MünchArbR/*Matthes*, § 350 Rn. 14, 15; *Schlochauer*, HSG-BetrVG, § 93 Rn. 15; *Wiese*, GK-BetrVG, § 93 Rn. 12; *Eich*, Das Job-sharing-Arbeitsverhältnis, Personalpolitische, arbeitsrechtliche und sozialversicherungsrechtliche Fragen, DB, Beil. 9/1982, 1 (11).

[462] S. hierzu 4. Kapitel B. V.

[463] *Schüren*, Job Sharing, Diss. 1983, Rn. 473; *Eich*, Das Job-sharing-Arbeitsverhältnis, Personalpolitische, arbeitsrechtliche und sozialversicherungsrechtliche Fragen, DB-Beilage 9/1982, 1 (11).

eines voll- oder teilzeitbeschäftigten Arbeitnehmers in ein Job-Sharing-Arbeitsverhältnis im gleichen Betrieb ist demgegenüber jedoch keine Einstellung[464].

b) Versetzung

Es ist zweifelhaft, ob die Begründung von Job-Sharing-Arbeitsverhältnissen mit im Betrieb beschäftigten Vollzeitarbeitnehmern oder klassischen Teilzeitkräften eine Versetzung im Sinne des § 99 Abs. 1 und 3 BetrVG darstellt[465]. Beim bloßen Übergang von einem Vollzeit- in ein Teilzeitarbeitsverhältnis liegt keine Versetzung vor[466], der Übergang von einem Vollzeit- in ein Job-Sharing-Arbeitsverhältnis kann aber als Versetzung qualifiziert werden.

aa) Meinungsstand

Das *BAG* vertritt die Ansicht, Voraussetzung für den Versetzungsbegriff sei immer, daß ein anderer Arbeitsbereich zugewiesen werde[467]. Sei das nicht der Fall, so liege eine Versetzung auch dann nicht vor, wenn sich die Umstände, unter denen die Arbeit zu leisten ist, in erheblicher Weise änderten. Das *BAG* führt im Beschluß vom 10.4.1984 aus: „Eine Änderung in der Stellung innerhalb der betrieblichen Organisation stellt dann eine Versetzung dar, wenn sie für den betroffenen Arbeitnehmer zu einer berührenden Änderung der organisatorischen Umwelt führt, sei es, daß er mit neuen Arbeitskollegen zusammenarbeiten muß (...)"[468]. Wird mit einem vollzeitbeschäftigten Arbeitnehmer oder einem ohne flexible Arbeitszeit beschäftigten Teilzeitarbeitnehmer ein Job-Sharing-Arbeitsvertrag abgeschlossen und wird er mit einem Partner auf einem Arbeitsplatz im Job-Sharing-System beschäftigt, ohne daß sich die Art und der

---

[464] *Schüren*, Job Sharing, Diss. 1983, Rn. 473; *Schlochauer*, HSG-BetrVG, § 99 Rn. 23; *Buschmann*, in: Buschmann/Dieball/Stevens-Bartol, TZA, § 99 BetrVG Rn. 4; wohl auch *Danne*, GK-TzA, Art. 1 § 5 Rn. 164, der beim Wechsel eines bereits im Betrieb beschäftigten Arbeitnehmers nur prüft, ob eine Versetzung gegeben sein könnte.

[465] Für eine mitbestimmungspflichtige Versetzung: *Danne*, GK-TzA, Art. 1 § 5 Rn. 164; *Schüren*, Job Sharing, Diss. 1983, Rn. 475; *Buschmann*, in: Buschmann/Dieball/Stevens-Bartol, TZA, § 99 Rn. 7.

[466] S. auch Ausführungen im 4. Kapitel C. I. 2 und im 5. Kapitel B. V. 7; außerdem: Staudinger/*Richardi* (1999), vor § 611 Rn. 1204; *Buschmann*, in: Buschmann/Dieball/Stevens-Bartol, TZA, § 87 BetrVG Rn. 6; MünchArbR/*Schüren*, § 169 Rn. 37 ff. und § 164 Rn. 41; Kasseler Handbuch/*Linck*, 4.2 Rn. 148.

[467] *BAG* 10.4.1984 AP Nr. 4 zu § 95 BetrVG 1972 = EzA § 95 BetrVG 1972 Nr. 8 = NZA 1984, 233; *BAG* 18.2.1986 E 51, 151, 158 = AP Nr. 33 zu § 99 BetrVG 1972 = EzA § 95 BetrVG 1972 Nr. 12 = NZA 1986, 616; *BAG* 19.2.1991 E 67, 236, 243 = AP Nr. 26 zu § 95 BetrVG 1972 = EzA § 95 BetrVG 1972 Nr. 23 = SAE 1992, 300 = NZA 1991, 601.

[468] *BAG* 10.4.1984 AP Nr. 4 zu § 95 BetrVG 1972 = EzA § 95 BetrVG 1972 Nr. 8 = NZA 1984, 233 (235).

Ort seiner Tätigkeit verändert, so könnten in Anlehnung an diese Aussage des *BAG* im Hinblick auf die mit dem Job-Sharing verbundene, insbesondere durch die Koordination zwischen den Job-Sharern bedingte, besondere Gestaltung des Arbeitsplatzes eine maßgebende Änderung der organisatorischen Umwelt und damit eine mitbestimmungspflichtige Versetzung im Sinne des § 99 BetrVG vorliegen[469].

Daß der Arbeitnehmer mit anderen Arbeitskollegen als bisher zusammenarbeitet, reicht für sich betrachtet nach *Richardi* und *Kraft* jedoch grundsätzlich nicht aus, um eine Versetzung zu bejahen[470]. Der Schwerpunkt der Veränderung im Arbeitsverhältnis liegt beim Job-Sharing vielmehr bei der Lage der Arbeitszeit, was eine Mitbestimmung nach § 87 Abs. 1 Nr. 2 BetrVG nach sich zieht[471]. Dennoch kann es wegen der notwendigen Koordination mit den Teamkollegen zu einer Änderung der Arbeitsbedingungen kommen; diese Änderung liegt dann darin, daß der Arbeitnehmer als neue Aufgabe neben der Erledigung der ihm zugewiesenen Arbeit die Verteilung der Arbeitszeit gemeinsam mit den Teamkollegen übernimmt und sich auch hinsichtlich der Durchführung der geschuldeten Arbeitsleistung mit diesen je nach Bedarf abzusprechen hat[472]. Beim Übergang in ein Job-Sharing-Arbeitsverhältnis liegt unter diesen Umständen wegen der notwendigen Absprache unter den Teamkollegen eine Änderung der Arbeitsbedingungen in Form der Änderung des Inhalts der Arbeitsaufgabe und damit eine Versetzung vor[473].

---

469 So im Ergebnis wohl auch *Kittner*, DKK-BetrVG, § 99 Rn. 103.

470 *Kraft*, GK-BetrVG, § 99 Rn. 67; *Richardi*, § 99 Rn. 110.

471 *Richardi*, BetrVG, § 99 Rn. 102: "Der Arbeitsbereich wird räumlich funktional bestimmt; er hat keine zeitliche Komponente. Wird die Dauer der Arbeitszeit iS eines zeitlichen Umfangs der geschuldeten Arbeitsleistung geändert, so liegt darin allein keine Zuweisung eines anderen Arbeitsbereichs; zB beim Übergang von Vollzeitarbeit zu Teilzeitarbeit ... Auch die Lage der Arbeitszeit bestimmt nicht den Arbeitsbereich. Die Umsetzung eines Arbeitnehmers von Normalschicht in Wechselschicht ist daher keine Versetzung, wenn sich durch sie nur die Lage der Arbeitszeit ändert. Erfolgt die Umsetzung aber unabhängig von den individuellen Wünschen eines einzelnen Arbeitnehmers, so hat der Betriebsrat nach § 87 Abs. 1 Nr. 2 mitzubestimmen".

472 MünchArbR/*Schüren*, § 164 Rn. 42 und § 169 Rn. 38; *Danne*, Das Job-sharing, 1986, S. 101 f.

473 *Lipke*, Betriebsverfassungsrechtliche Probleme der Teilzeitarbeit, NZA 1990, 758 (767); a.A. *Eich*, Das Job-sharing-Arbeitsverhältnis, Personalpolitische, arbeitsrechtliche und sozialversicherungsrechtliche Fragen, DB, Beil. 9/1982, 1 (11); bei der Änderung des Inhalts der Arbeitsaufgabe kann eine Versetzung vorliegen: s. 4. Kapitel C. I. 2. a und *BAG* 20.9.1990 E 66, 57 (61) = AP Nr. 84 zu § 99 BetrVG 1972 = NZA 1991, 195; *BAG* 18.2.1986 E 51, 151, 158 = AP Nr. 33 zu § 99 BetrVG 1972 = EzA § 95 BetrVG 1972 Nr. 12 = NZA 1986, 616; *BAG* 16.7.1991 E 68, 155 = AP Nr. 28 zu § 95 BetrVG 1972 =

bb) Einverständliche Regelung

Der Übergang in ein Job-Sharing-Arbeitsverhältnis kann, da er eine Änderung des bestehenden Arbeitsvertrages erfordert, nur einverständlich erfolgen. Das Mitbestimmungsrecht des Betriebsrates wird hierdurch aber nicht ausgeschlossen, weil der Begriff der Zuweisung nicht voraussetzt, daß der Arbeitgeber aufgrund seines Direktionsrechts einseitig dem Arbeitnehmer einen anderen Arbeitsbereich zuweisen kann. Eine Zuweisung ist auch anzunehmen, wenn wegen des Vertragsinhalts eine Einverständniserklärung des Arbeitnehmers erforderlich ist[474].

Das *BAG* hat für die Versetzung eines Arbeitnehmers in einen anderen Betrieb zwar entschieden, daß das Mitbestimmungsrecht des Betriebsrates nach § 99 BetrVG ausgeschlossen sein kann, wenn der Arbeitnehmer die Versetzung selbst gewünscht hat oder diese seinen Wünschen und seiner freien Entscheidung entspricht, wenn also ein Einverständnis des Arbeitnehmers in dem Sinne vorliegt, daß der Arbeitnehmer des Schutzes durch die Beteiligung des Betriebsrates nicht mehr bedarf[475].

Die Argumentation des *BAG* in der Entscheidung vom 20.9.1990[476] überzeugt aber nur für den Fall einer Versetzung in einen anderen Betrieb, die beim bloßen Übergang in ein Job-Sharing-Arbeitsverhältnis nicht gegeben ist. Nur bei der Versetzung in einen anderen Betrieb kann der abgebende Betriebsrat das Ausscheiden des versetzungswilligen Arbeitnehmers letztlich nicht verhindern. Der Arbeitnehmer kann das bestehende Arbeitsverhältnis kündigen und ein neues begründen. Bei der Einstellung im neuen Betrieb ist dann nur dessen Betriebsrat nach § 99 BetrVG zu beteiligen, so daß der alte Betriebsrat nicht mehr einzuschalten ist.

Der Übergang zu einem Job-Sharing-Verhältnis innerhalb des Betriebes ist anders zu beurteilen. Der Arbeitnehmer kann die Beteiligung des Betriebsrates nicht durch eine Kündigung und den Abschluß eines neuen Arbeitsvertrages umgehen. Denn bei der damit verbundenen Einstellung im selben Betrieb muß der Betriebsrat beteiligt werden, so daß eine völlige Ausschaltung des Betriebsrates hier nicht möglich ist.

NZA 1992, 180; für eine Versetzung bei einer Änderung des Inhalts der geschuldeten Arbeitsleistung spricht sich auch *Schüren* aus: MünchArbR § 164 Rn. 42.

474 *Richardi*, BetrVG, § 99 Rn. 105; *Schlochauer*, HSG-BetrVG, § 99 Rn. 45.

475 *BAG* 20.9.1990 E 66, 57 (68 f.) = AP Nr. 84 zu § 99 BetrVG 1972= NZA 1991, 195; s. zu der Problematik auch *Richardi*, Änderungskündigung und Versetzung nach neuem Betriebsverfassungsrecht, DB 1974, 1285 (1287 f.).

476 *BAG* 20.9.1990 E 66, 57 (68 f.) = AP Nr. 84 zu § 99 BetrVG 1972 = NZA 1991, 195.

Im Ergebnis können unter gewissen Umständen bei einem vom Arbeitnehmer ausgehenden Übergang in ein Job-Sharing-Arbeitsverhältnis die Merkmale des Versetzungsbegriffs vorliegen, wenn durch den Wechsel in ein Job-Sharing-Arbeitsverhältnis nicht nur eine Änderung hinsichtlich der Kollegen, mit denen zusammen gearbeitet wird, eintritt. Die Versetzung bedarf trotz des Einverständnisses des Arbeitnehmers mit der Job-Sharing-Vereinbarung der Zustimmung des Betriebsrates nach § 99 Abs. 1 BetrVG[477].

cc) Mögliche Gründe für die Zustimmungsverweigerung

Geht man von einem Mitbestimmungsrecht des Betriebsrates trotz Einverständnisses des Arbeitnehmers aus, so kann der Betriebsrat die Zustimmung nur aus einem der in § 99 Abs. 2 BetrVG erschöpfend aufgezählten Gründe[478] verweigern. Ein Initiativrecht räumt § 99 BetrVG dem Betriebsrat nicht ein[479]. Die bloße Tatsache des Abschlusses eines Job-Sharing-Arbeitsvertrages stellt keinen der in § 99 Abs. 2 BetrVG genannten Gründe eines Zustimmungsverweigerungsrechts dar[480].

Gründe für ein Zustimmungsverweigerungsrecht könnten vorliegen, wenn die Einstellung oder Versetzung eines Job-Sharing-Arbeitnehmers gegen gesetzliche Bestimmungen verstößt (§ 99 Abs. 2 Nr. 1 BetrVG). Als gesetzliche Bestimmung im Sinne dieser Vorschrift kommen etwa Beschäftigungsverbote aus dem Mutterschutzgesetz (§§ 3, 4, 6, 8) oder Einstellungsgebote aus dem Schwerbehindertengesetz (§ 5) in Betracht[481]. Hierbei handelt es sich aber nicht um gesetzliche Vorschriften, die bei der Einstellung oder Versetzung von Job-Sharing-Arbeitnehmern häufiger verletzt werden als bei Arbeitnehmern mit anderen flexiblen oder unflexiblen Arbeitszeiten. Sachlich begründete Anhaltspunkte dafür, daß mit der Einstellung eines Job-Sharing-Teams Nachteile anderer Arbeitnehmer (§ 99 Abs. 2 Nr. 3 BetrVG) zu besorgen sind oder die betroffenen Job-Sharer selbst benachteiligt werden (§ 99 Abs. 2 Nr. 4 BetrVG) sind ebenfalls nicht ersichtlich.

---

[477] So auch *Danne*, GK-TzA, Art. 1 § 5 Rn. 164; *Schüren*, Job Sharing, Diss. 1983, Rn. 475; *Buschmann*, in: Buschmann/Dieball/Stevens-Bartol, TZA, § 99 Rn. 7; s. auch *Richardi*, BetrVG, § 99 Rn. 105.

[478] *Richardi*, BetrVG, § 99 Rn. 178; *Schlochauer*, HSG-BetrVG, § 99 Rn. 99.

[479] *Richardi*, BetrVG, § 99 Rn. 174.

[480] *Eich*, Das Job-sharing-Arbeitsverhältnis, Personalpolitische, arbeitsrechtliche und sozialversicherungsrechtliche Fragen, DB, Beil. 9/1982, 1 (11).

[481] *Richardi*, BetrVG, § 99 Rn. 182 ff.

6. Mitbestimmung in sozialen Angelegenheiten

Der Betriebsrat kann bei der Einführung von Job-Sharing auch Mitbestimmungsrechte in sozialen Angelegenheiten haben.

a) Umfang des Mitbestimmungsrechts bezüglich Beginn und Ende der täglichen Arbeitszeit einschließlich der Pausen sowie Verteilung der Arbeitszeit auf die einzelnen Wochentage

Nach § 87 Abs. 1 Nr. 2 BetrVG unterliegt die Festlegung von Beginn und Ende der täglichen Arbeitszeit einschließlich der Pausen sowie die Verteilung der Arbeitszeit auf die einzelnen Wochentage der Mitbestimmung des Betriebsrates. Die Besonderheit des Job-Sharing liegt darin, daß die auf einem Arbeitsplatz eingesetzten Job-Sharer die für den Betrieb geltende - und mitbestimmte - betriebsübliche Arbeitszeit alternierend zu erbringen verpflichtet sind. Es ist umstritten, ob der Betriebsrat beim Job-Sharing ein Mitbestimmungsrecht nach § 87 Abs. 1 Nr. 2 BetrVG hat.

Nach *v. Hoyningen-Huene*[482] besteht kein Mitbestimmungsrecht des Betriebsrates nach § 87 Abs. 1 Nr. 2 BetrVG. Er unterscheidet zwischen reinen Job-Sharing-Verträgen und solchen, die zusätzlich eine Gleitzeitregelung vorsehen. In Betrieben, die bisher keine gleitenden Arbeitszeiten praktizieren, ist die Einführung eines Job-Sharing-Modells in Verbindung mit Gleitzeitregelungen[483] nach seiner Ansicht mitbestimmungspflichtig. Dementsprechend unterfalle die Einführung von Job-Sharing innerhalb eines bereits bestehenden Gleitzeitsystems im Betrieb nicht der Mitbestimmung gemäß § 87 Abs. 1 Nr. 2 BetrVG, da sich durch die Verpflichtung der Job-Sharing-Partner, den Arbeitsplatz während der betriebsüblichen Arbeitszeit ständig besetzt zu halten, die Lage dieser Zeit nicht verändere, da mit betriebsüblich die Arbeitszeiten vergleichbarer Vollzeitarbeitsplätze gemeint seien und nicht die betriebsübliche Arbeitszeit im Sinne von § 87 Abs. 1 Nr. 3 BetrVG[484]. Eine Besonderheit bestehe beim Job-Sharing lediglich darin, daß sich die Partner die Arbeitszeit im Rahmen der Job-Sharing-Intervalle ohne Festlegung durch den Arbeitgeber aufteilen könnten. Dies beinhalte aber keine kollektive Regelung durch den Arbeitgeber, sondern eine privatautonome Entscheidung der betreffenden Arbeitnehmer, über die insoweit

---

482 *v. Hoyningen-Huene*, Rechtliche Gestaltungsmöglichkeiten beim Job-sharing-Arbeitsverhältnis, BB 1982, 1240 (1246).

483 Zur Mitbestimmung bei Gleitzeit: *Fitting*, BetrVG, § 87 Rn. 115; *Richardi*, BetrVG, § 87 Rn. 316.

484 *v. Hoyningen-Huene*, Rechtliche Gestaltungsmöglichkeiten beim Job-sharing-Arbeitsverhältnis, BB 1982, 1240 (1246).

der Betriebsrat nicht mitbestimmen könne[485]. Dementsprechend scheide auch ein Mitbestimmungsrecht nach § 87 Abs. 1 Nr. 3 BetrVG aus, da es nicht um die Veränderung der betriebsüblichen Arbeitszeit gehe und außerdem Job-Sharing-Regelungen nicht vorübergehender Natur seien.
Ein Mitbestimmungsrecht nach § 87 Abs. 1 Nr. 2 BetrVG besteht bei der Einführung von Job-Sharing auch nach *Danne*[486] nicht. Geht es aber um die zeitliche Koordinierung der Job-Sharer untereinander, also um das jeweils zu erbringende Arbeitspensum, so hat der Betriebsrat nach § 87 Abs. 1 Nr. 2 BetrVG bei der Durchführung des Job-Sharing-Systems mitzubestimmen[487]. Ein Mitbestimmungsrecht besteht also bei der Durchführung des Job-Sharing soweit es darum geht, daß die betriebsübliche Arbeitszeit durch die Job-Sharer ausgefüllt wird.
Die Entscheidung darüber, welcher Job-Sharer wann an der Reihe ist, unterliegt demgegenüber entsprechend den Ausführungen von *v. Hoyningen-Huene* und auch von *Danne*[488] jedoch gerade dem durch den Arbeitsvertrag vereinbarten Selbstorganisationsrecht der Job-Sharing-Arbeitnehmer. Es widerspricht grundsätzlich dem Grundrecht der Vertragsfreiheit, wenn der Arbeitnehmer nicht allein, sondern nur unter Beteiligung des Betriebsrates bestimmen kann, wann er nach Absprache mit seinem Partner seine Arbeitsleistung erbringt[489].
Richtig ist, daß eine Mitbestimmung des Betriebsrats nach § 87 Abs. 1 Nr. 2 BetrVG für die Frage besteht, wie das Job-Sharing-Arbeitspensum im Ganzen zeitlich zu legen ist[490]. Insoweit kann man *v. Hoyningen-Huene* nicht zustimmen, wenn er sagt, daß unter betriebsüblicher Arbeitszeit immer Vollzeit zu verstehen ist. In Betrieben mit flexiblen Arbeitszeitmodellen gibt es gerade verschiedene betriebsübliche Arbeitszeiten.

---

485 Gleiches Ergebnis mit anderer Begründung: *Eich*, Das Job-sharing-Arbeitsverhältnis, Personalpolitische, arbeitsrechtliche und sozialversicherungsrechtliche Fragen, DB-Beilage 9/1982, 1 (10): *Eich* argumentiert, es handle sich "um individuelle, an den Bedürfnissen der betroffenen Arbeitnehmer orientierte Absprachen, durch die die kollektiven Arbeitszeitvertretungsinteressen der Belegschaft nicht berührt werden, da die Job-Sharing-Arbeitsplätze während der betriebsüblichen Arbeitszeit, wenn auch mit wechselnden Partnern, besetzt sind"; dem folgt auch *Schanz*, Job Sharing Handbuch 1984, S. 44.

486 *Danne*, GK-TzA, Art. 1 § 5 Rn. 158; a.A. *Buschmann*, in: Buschmann/Dieball/Stevens-Bartol, TZA, § 5 BeschFG 1985 Rn. 37.

487 *Richardi*, BetrVG, § 87 Rn. 333.

488 *Danne*, Das Job-sharing, 1985, S. 94 ff.

489 *Danne*, Das Job-sharing, 1985, S. 96; so auch *Wiese*, GK-BetrVG, § 87 Rn. 317.

490 *Eich*, Das Job-sharing-Arbeitsverhältnis, Personalpolitische, arbeitsrechtliche und sozialversicherungsrechtliche Fragen, DB, Beil. 9/1982, 1 (8); *Rose*, Job-sharing – ein Beitrag zur Entlastung des Arbeitsmarktes oder ein sozialpolitischer Rückschritt?, Der Betriebsrat 1980, 503 (510 f.).

Wann der einzelne Job-Sharing-Partner jedoch arbeitet, unterliegt der Vereinbarung der Partner. Es darf hierbei jedoch nicht übersehen werden, daß der Arbeitgeber in den meisten Fällen sein Direktionsrecht nicht vollständig aufgibt, sondern sich im Falle des Fehlschlagens einer Einigung unter den Job-Partnern eine verbindliche Entscheidung vorbehält[491]. Wenn dies so ist und die Mitbestimmung nicht bereits über eine Betriebsvereinbarung erfolgt ist, ist das Mitbestimmungsrecht des Betriebsrates nach § 87 Abs. 1 Nr. 2 BetrVG nicht ausgeschlossen[492].

b) Das Mitbestimmungsrecht bei der vorübergehenden Verkürzung oder Verlängerung der betriebsüblichen Arbeitszeit

Soweit bei Job-Sharing-Arbeitsverhältnissen Überstunden vorübergehend kollektiv eingeführt werden, ist dies mitbestimmungspflichtig[493].

Fraglich ist, ob ein Mitbestimmungsrecht des Betriebsrates nach § 87 Abs. 1 Nr. 3 BetrVG bei einer Vertretung unter den Job-Sharing-Partnern, die beispielsweise bei Krankheit erforderlich sein könnte, besteht. Die Vereinbarung einer Vertretungspflicht unter den Job-Sharing-Partnern kann mit dem Arbeitgeber nur im Einzelfall oder für den Fall des Vorliegens dringender betrieblicher Bedürfnisse und bei Zumutbarkeit für den betroffenen Arbeitnehmer vereinbart werden (§ 13 Abs. 1 TzBfG)[494]. Bei einer vertraglichen Vertretungspflicht des Job-Sharing-Partners läge im Falle einer Vertretung aufgrund eines dringenden betrieblichen Erfordernisses keine Mehrarbeit vor, sondern eine Arbeit im Rahmen der arbeitsvertraglich vereinbarten variablen Arbeitspflicht. Ein Mitbestimmungsrecht wäre hier nicht gegeben. Liegt in einem Vertretungsfall kein dringendes betriebliches Erfordernis hierfür vor, so bewegt sich der Arbeitseinsatz nicht mehr in dem ursprünglich vereinbarten (variablen) Arbeitsvolumen,

---

[491] *Eich*, Das Job-sharing-Arbeitsverhältnis, Personalpolitische, arbeitsrechtliche und sozialversicherungsrechtliche Fragen, DB, Beil. 9/1982, 1 (5); *Goos*, Der Job-sharing-Arbeitsvertrag, DB 1980, 2339.

[492] So auch *Klebe*, DKK-BetrVG, § 87 Rn. 81; dies entspricht im Ergebnis auch *BAG* 10.6.1986 E 52, 160, 169 = AP Nr. 18 zu § 87 BetrVG 1972 Arbeitszeit = EzA § 87 BetrVG 1972 Arbeitszeit Nr. 18 = SAE 1988, 184 = NZA 1986, 840; *Schwerdtner*, Die Reichweite der Mitbestimmungsrechte nach § 87 Abs. 1 Nr. 2, 3 BetrVG bei Teilzeitbeschäftigten mit variabler Arbeitszeit, DB 1983, 2763 (2768); differenzierend: *Glaubitz*, HSG-BetrVG, § 87 Rn. 166.

[493] *Wiese*, GK-BetrVG, § 87 Rn. 400; *Schüren*, Job Sharing, 1983, Rn. 457 f; *Klebe*, DKK-BetrVG, § 87 Rn. 98; *BAG* 2.3.1982 E 38, 96 = AP Nr. 6 zu § 87 BetrVG 1972 Arbeitszeit = EzA § 87 BetrVG 1972 Arbeitszeit Nr. 11 = SAE 1982, 304; *BAG* 23.7.1996 AP Nr. 68 zu § 87 BetrVG 1972 Arbeitszeit = EzA § 87 BetrVG 1972 Arbeitszeit Nr. 56 = NZA 1997, 274.

[494] Kapitel 5 C. III. 2.

sondern geht darüber hinaus und muß mit dem jeweiligen Arbeitnehmer abgesprochen werden. Für solche Vertretungsanordnungen sollte vorab eine Regelung im Rahmen einer Betriebsvereinbarung getroffen werden[495]. Sie können mitbestimmungspflichtig sein, weil es sich um eine vorübergehende Verlängerung der betriebsüblichen Arbeitszeit für den Arbeitnehmer handelt. Ein kollektiver Bezug ist dann gegeben, wenn für die Vertretung mehrere Job-Sharing-Partner in Betracht kommen.

c) Die Mitbestimmung über Zeit, Ort und Art der Auszahlung der Arbeitsentgelte

Beim Job-Sharing stellt sich neben den bereits erwähnten Mitbestimmungsrechten insbesondere bei größeren Wechselperioden zwischen den Teampartnern die Frage des Bezugszeitraums für die Auszahlung des Arbeitsentgelts. Bei der Festlegung des Bezugszeitraums besteht ein Mitbestimmungsrecht des Betriebsrates nach § 87 Abs. 1 Nr. 4 BetrVG[496], soweit keine zwingenden gesetzlichen oder tarifvertraglichen Regelungen bestehen.

7. Mitbestimmung bei Kündigungen

Nach § 13 Abs. 2 S. 1 TzBfG ist die Kündigung des Arbeitsverhältnisses eines Job-Sharing-Arbeitnehmers durch den Arbeitgeber allein wegen des Ausscheidens eines anderen Job-Sharing-Partners aus der Arbeitsplatzteilung unwirksam[497]. Der Arbeitgeber hat statt dessen die Lücke infolge des Ausscheidens eines Job-Sharers durch das Nachbesetzen mit einem neuen Job-Sharer zu schließen.

§ 13 Abs. 2 S. 2 TzBfG regelt das Recht zur Kündigung aus betriebsbedingten Gründen sowie zur Änderungskündigung gegenüber einem Job-Sharer. Der Arbeitgeber muß zunächst die Möglichkeit der Nachbesetzung des ausscheidenden

---

[495] *Schüren*, Job Sharing, 1983, Rn. 458.

[496] *v. Hoyningen-Huene*, Rechtliche Gestaltungsmöglichkeiten beim Job-sharing-Arbeitsverhältnis, BB 1982, 1240 (1242); zu sozialversicherungsrechtlichen Fragen bei kontinuierlicher und diskontinuierlicher Lohnzahlung: *Schüren*, Arbeitszeitflexibilisierung und Sozialversicherung, BB 1984, 1235 (1236).

[497] Dies vertraten schon vor dem Inkrafttreten des BeschFG *Linnenkohl/Bauerochse*, Job-sharing: Eine besondere Form der Teilzeitarbeit, BB 1981, 1845 (1846); s. auch *Löwisch*, Das Beschäftigungsförderungsgesetz 1985, BB 1985, 1200 (1204); *Schaub*, Teilzeitbeschäftigung und befristete Arbeitsverhältnisse als Formen einer Personalentscheidung, BB 1988, 2253 (2255); *Rose*, Job-sharing – ein Beitrag zur Entlastung des Arbeitsmarktes oder ein sozialpolitischer Rückschritt?, Der Betriebsrat 1980, 503 (509 f.); *Rose* befürchtete, daß die Kündigung eines Job-Sharing-Arbeitnehmers auf den Bestand des Arbeitsverhältnisses seines Teamkollegen Auswirkungen haben könnte; seine Befürchtungen wurden durch die Regelung in § 5 Abs. 2 BeschFG (jetzt § 13 Abs. 2 TzBfG) ausgeräumt.

Arbeitnehmers prüfen, es sei denn, er möchte in Zukunft keinen Job-Sharing-Arbeitsplatz mehr anbieten. In diesem Fall ist jedoch zu prüfen, ob es für den verbleibenden Job-Sharer einen anderen Arbeitseinsatz (möglicherweise zu geänderten Arbeitszeiten) im Betrieb gibt[498]. Erfolgt bezüglich einer anderen Beschäftigungsmöglichkeit keine einvernehmliche Lösung, so kann die geänderte Beschäftigung nach § 13Abs. 2 S. 2 TzBfG durch eine Änderungskündigung angeboten werden[499]. Falls keine weitere Einsatzmöglichkeit besteht, kommt eine Kündigung aus betrieblichen Gründen in Betracht, die jedoch eine Sozialauswahl erforderlich macht. Der Betriebsrat muß aber in beiden Fällen, bei der Änderungskündigung oder der betriebsbedingten Kündigung nach § 102 BetrVG beteiligt werden.

D. Kapazitätsorientierte variable Arbeitszeit (KAPOVAZ)

Die variable Arbeitszeit stellt eine Weiterentwicklung der gleitenden Arbeitszeit dar und dementsprechend weisen beide Arbeitszeitformen viele Ähnlichkeiten auf.

I. Begriffsbestimmung

Die kapazitätsorientierte variable Arbeitszeit oder auch Abrufarbeit unterscheidet sich primär von der gleitenden Arbeitszeit durch den Verzicht auf eine Kernarbeitszeit. KAPOVAZ wird aber auch als Oberbegriff für alle Arbeitsvertragsgestaltungen verwendet, bei denen die Arbeitszeit hinsichtlich der Lage und/oder Dauer variabel sein soll[500]. Sie ist sowohl in Vollzeit als auch in Teilzeit möglich[501]. Die KAPOVAZ ist in § 12 TzBfG gesetzlich geregelt.

1. Bestimmung der Leistungszeit durch den Arbeitgeber

Bei der kapazitätsorientierten variablen Arbeitszeit (KAPOVAZ) wird dem Arbeitgeber aufgrund des Einzelarbeitsvertrages das Recht eingeräumt, die Arbeitsleistung des Arbeitnehmers entsprechend den real gegebenen betrieblichen Anforderungen festzusetzen. Es erfolgt somit eine Anpassung der Arbeitszeit an

---

[498] *Buschmann*, in: Buschmann/Dieball/Stevens-Bartol, § 5 BeschFG Rn. 35; *Danne*, GK-TzA, Art. 1 § 5 Rn. 138 f.; MünchArbR/*Schüren*, § 166 Rn. 131.

[499] S. *Rosenfelder*, Das neue Beschäftigungsförderungsgesetz, 1985, III Art. 1 BeschFG S. 57 f.; Amtliche Begründung zu § 5 BeschFG, z.B. abgedruckt in *Rosenfelder*, a.a.O., IV Regierungsentwurf mit amtlicher Begründung, S. 154; *Danne*, GK-TzA, Art. 1 § 5 Rn. 141 f.

[500] *Hermann*, Rechtliche Begutachtung von KAPOVAZ-Verträgen – Unter besonderer Berücksichtigung der Regelung des Art. 1 § 4 BeschFG 1985, AnwBl 1990, 537.

[501] MünchArbR/*Schüren*, § 165 Rn. 18 und § 166 Rn. 12.

den Arbeitsanfall kraft eines einseitigen Abruf- bzw. Leistungsbestimmungsrechts des Arbeitgebers[502], das den Grenzen des § 12 Abs. 2 TzBfG unterliegt. Der Arbeitgeber darf Vereinbarungen bezüglich der Abrufmöglichkeiten bzw. – modalitäten zudem nur insoweit treffen, als es nicht auf eine vertragliche Entmündigung des Arbeitnehmers hinausläuft, die gegen die guten Sitten verstößt und nichtig ist (§ 138 Abs. 1 BGB). Außerdem ist der Arbeitgeber bei der Ausschöpfung des Dispositionsspielraumes im Rahmen der Personaleinsatzplanung an § 315 Abs. 1, 3 BGB gebunden, wonach des Leistungsbestimmungsrecht nur nach „billigem Ermessen" ausgeübt werden darf.
Soweit Arbeitgeber und Arbeitnehmer für eine Änderung der Arbeitszeit durch den Arbeitgeber keine zulässigen Sachgründe festgesetzt haben, muß der Arbeitgeber seine Entscheidungen nach billigem Ermessen treffen. Die Änderung der Arbeitszeit bedeutet eine Verfügung über Lebenszeit und greift damit weit in den privaten Bereich des Arbeitnehmers hinein. Billiges Ermessen verlangt, daß der Bestimmende die wesentlichen Umstände des Falles berücksichtigt und die beiderseitigen Interessen angemessen abwägt[503].

2. Bezugszeiträume

Bei der KAPOVAZ wird im Einzelarbeitsvertrag die insgesamt geschuldete Arbeitszeit des Arbeitnehmers im voraus festgelegt. Hierbei können unterschiedliche Bezugszeiträume, in denen die Arbeit dann abgerufen werden soll, vereinbart werden[504].
Im Unterschied hierzu werden zum Beispiel bei einem nicht variablen Teilzeitarbeitsverhältnis Lage und Dauer der Arbeitszeit festgelegt. Auch im „normalen" Teilzeitarbeitsverhältnis muß die Arbeitszeit nicht gleichmäßig über die Werktage verteilt sein. Entscheidendes Kennzeichen des KAPOVAZ-Arbeitsverhältnisses ist somit nicht die Unregelmäßigkeit der Arbeitszeit an einzelnen Wochentagen, sondern die ständige Weisungsunterworfenheit hinsichtlich der jeweiligen Lage der Arbeitszeit[505].

---

[502] *Meyer*, Kapazitätsorientierte Variable Arbeitszeit (KAPOVAZ), 1989, S. 31; *Löwisch/Schüren*, Aktuelle arbeitsrechtliche Fragen von Teilzeitarbeit und kürzerer Arbeitszeit, BB 1984, 925 (929); ErfK/*Preis*, § 2 BeschFG Rn. 1.

[503] *Klevemann*, Zum Leistungsbestimmungsrecht des Arbeitgebers nach Art. 1 § 4 BeschFG 1985, AuR 1987, 292 (296); allgemein zum Leistungsbestimmungsrecht des Arbeitgebers mit umfangreichen Hinweisen auf die einschlägige Rechtsprechung: *Hromadka*, Das Leistungsbestimmungsrecht des Arbeitgebers, DB 1995, 1609 (1613).

[504] *Linnenkohl/Rauschenberg*, Arbeitszeitflexibilisierung, 1996, S. 121.

[505] *Meyer*, Kapazitätsorientierte Variable Arbeitszeit (KAPOVAZ), 1989, S. 34.

Bei Arbeitsverträgen, die eine Anpassung der Arbeit an den Arbeitsanfall vorsehen, muß eine bestimmte Dauer der wöchentlichen und täglichen Arbeitszeit festgelegt werden. Erfolgt eine Festlegung einer bestimmten Arbeitszeit nicht, so fingiert der Gesetzgeber in § 12 Abs. 1 S. 2 TzBfG eine wöchentliche Arbeitszeit in Höhe von zehn Stunden[506]. Wenn die Dauer der täglichen Arbeitszeit nicht festgelegt ist, hat der Arbeitgeber die Arbeitsleistung des Arbeitnehmers jeweils für mindestens drei aufeinander folgende Stunden in Anspruch zu nehmen (§ 12 Abs. 1 S. 3 TzBfG). Neu eingeführt wurde durch das TzBfG die Pflicht, eine bestimmte Dauer der wöchentlichen und täglichen Arbeitszeit festzulegen. Dadurch ist im Unterschied zu der Regelung in § 4 Abs. 1 BeschFG eine Ausdehnung des Zeitraumes, in dem die Arbeitszeit dem Volumen nach einseitig durch den Arbeitgeber abgerufen werden kann, auf einen Monat bzw. ein Jahr nicht mehr möglich.

Die kapazitätsorientierte variable Arbeitszeit wird zum Teil auch „variable Arbeitszeit", „Arbeit auf Abruf" oder „bedarfsabhängige variable Arbeitszeit" genannt[507]. In den folgenden Ausführungen wird der Begriff „KAPOVAZ" verwendet, weil dies in der Literatur überwiegend so gehandhabt wird.

II. Verbreitung von KAPOVAZ-Verträgen

Über die Verbreitung von KAPOVAZ-Arbeitsverhältnissen gibt es kaum verläßliche Angaben. Das beruht wohl auch darauf, daß die KAPOVAZ bislang nicht einheitlich von anderen Arbeitszeitsystemen begrifflich abgegrenzt wird. Fest steht, daß die KAPOVAZ in der Praxis nahezu ausschließlich mit Teilzeitbeschäftigten vereinbart wird[508]. KAPOVAZ-Regelungen sind vor allem im Dienstleistungssektor in den verschiedensten Bereichen vertreten.

---

[506] *Schüren*, Abrufarbeit mit variabler Arbeitszeit oder: Was steht eigentlich in § 4 I BeschFG?, NZA 1996, 1306 f.; *ders.*, Arbeitszeitverkürzung und Flexibilisierung – Kostensenkung durch Arbeitszeitabbau und bedarfsorientierte Arbeitszeiten aus arbeitsrechtlicher Sicht, Brennpunkte des Arbeitsrechts 1995, 129 (134); zur Entstehungsgeschichte dieser Norm: *Malzahn*, AuR 1985, 386 (387).

[507] Nach *Schüren* ist der Begriff "KAPOVAZ" seit der gesetzlichen Regelung in § 4 BeschFG (heute: § 12 TzBfG) überholt; heute handle es sich begrifflich um Abrufarbeit, weil nach § 12 TzBfG (§ 4 BeschFG) nicht mehr der Umfang, sondern nur noch die Verteilung des festen Arbeitsdeputats einseitig bestimmt werden kann; bei der KAPOVAZ waren noch Umfang und Lage des Arbeitszeitdeputats einseitig bestimmbar; der Begriff "KAPOVAZ" ist daher nicht mehr ganz zutreffend, wird aber in der Literatur überwiegend noch verwendet.

[508] *Meyer*, Kapazitätsorientierte Variable Arbeitszeit, 1989, S. 38; *Löwisch/Schüren*, Aktuelle arbeitsrechtliche Fragen von Teilzeitarbeit und kürzerer Arbeitszeit, BB 1984, 925 (929);

Sicher ist, daß die Anzahl von KAPOVAZ-Verträgen seit den 70er Jahren kontinuierlich zunimmt[509]. *Klevemann*[510]schätzte im Jahre 1986 ihre Zahl auf 1,4 Millionen. Er ging davon aus, daß ca. 2,5 % der Vollzeitkräfte, ca. 10 % der Teilzeitkräfte und 40 % derer, die geringfügiger Beschäftigung nachgehen, Arbeitsverträge mit variabler Arbeitszeit haben und schloß daraus auf die Zahl von 1,4 Mio. Diese Schätzung wurde durch die bundesweite repräsentative Forsa-Erhebung 1986 bestätigt[511]. Im Organisationsbereich der Gewerkschaft HBV haben nach Inkrafttreten des Beschäftigungsförderungsgesetzes 1985 variable Arbeitszeiten nach Abruf bzw. KAPOVAZ in 25,5 % der Betriebe zugenommen. In 37,1 % der von HBV untersuchten Betriebe kam es zur Umwandlung von Vollzeit- in Teilzeitarbeitsplätze[512].
Je nach Definition oder Zählung dürften diese Zahlen Ende der 90er Jahre weit übertroffen worden sein. Rechnet man nicht nur die Beschäftigten mit einem ausdrücklichen Vertrag nach § 12 TzBfG, sondern auch diejenigen mit einer zusätzlichen Klausel, wonach der Arbeitgeber die zunächst vertraglich festgelegte Arbeitszeit bei Bedarf einseitig verändern kann, und schließlich auch die Verträge mit völlig ungeregelten Arbeitszeiten hinzu, enthält jeder zweite Teilzeit-Arbeitsvertrag KAPOVAZ-Elemente.
Die Zahl der Arbeitsverträge mit KAPOVAZ-Charakter erhöht sich noch, wenn man nicht nur auf das juristische Arbeitsverhältnis, sondern auch auf das tatsächlich praktizierte Personaleinsatzsystem, in dem wöchentlich oder gar täglich Einsatzpläne aufgestellt und relativ unabhängig von der zugrundeliegenden Vertragsgestaltung auch eingehalten werden, abstellt[513].
Wie allgemein im Teilzeitbereich, sind auch von der KAPOVAZ überwiegend Frauen betroffen, so daß die Beurteilung dieses Arbeitszeitsystems immer auch unter dem Gesichtspunkt der mittelbaren Frauendiskriminierung zu erfolgen hat[514].

Malzahn, Kapazitätsorientierte variable Arbeitszeiten und Arbeitnehmergrundrechte, AuR 1985, 137.

509 *Buschmann*, in: Buschmann/Dieball/Stevens-Bartol, TZA, § 4 BeschFG 1985 Rn. 4.

510 *Klevemann*, Der KAPOVAZ-Arbeitsvertrag – Zur Unbilligkeit arbeitsanfallorientierter Vertragsgestaltungen, AiB 1986, 103 (105).

511 Forsaanalysen, BetrR 1986, S. 650.

512 *Buschmann*, in: Buschmann/Dieball/Stevens-Bartol, TZA, § 4 BeschFG 1985, Rn. 4.

513 So jedenfalls *Buschmann*, in: Buschmann/Dieball/Stevens-Bartol, TZA, § 4 BeschFG 1985 Rn. 4; Hinweis auf diese Tendenz auch bei *Meyer*, Kapazitätsorientierte Variable Arbeitszeit (KAPOVAZ), 1989, S. 43.

514 *Lipke*, Individualrechtliche Grundprobleme der Teilzeitarbeit, AuR 1991, 76; *Buschmann*, in: Buschmann/Dieball/Stevens-Bartol, TZA, § 4 BeschFG 1985 Rn. 6; weil das Verbot der mittelbaren Frauendiskriminierung faktisch nicht weiter reicht als das Benachteiligungsverbot nach § 2 Abs. 1 BeschFG (§ 4 Abs. 1 TzBfG), wird es aber in den letzten Jahren

III. Gesetzliche Grundlagen für die KAPOVAZ

Während KAPOVAZ als tatsächlich praktiziertes Personaleinsatzsystem seit Ende der 70er Jahre kontinuierlich ausgebaut wurde, hat seine rechtliche Bedeutung mit Inkrafttreten des BeschFG 1985 sprunghaft zugenommen.

1. Festlegung der Dauer der Arbeitszeit

Für die rechtliche Ausgestaltung der KAPOVAZ ist insbesondere § 12 TzBfG zu beachten. § 12 Abs. 1 S. 2 TzBfG bestimmt, daß bereits im Arbeitsvertrag eine bestimmte Dauer der wöchentlichen und täglichen Arbeitszeit festzulegen ist. „Bestimmte Dauer" der Arbeitszeit bedeutet exakte Festlegung. Vertragliche Regelungen, die lediglich Mindest- oder Höchstarbeitszeiten enthalten, sind daher unzulässig (§ 12 Abs. 1 TzBfG).
Die Dauer der Arbeitszeit darf also im Unterschied zur Lage der Arbeitszeit nicht zur alleinigen Disposition des Arbeitgebers gestellt werden. Ist die Dauer der Arbeitszeit nicht einmal stillschweigend festgelegt, so gilt kraft Gesetzes (§ 12 Abs. 1 S. 3 TzBfG) eine wöchentliche Arbeitszeit von 10 Stunden als vereinbart. Der Arbeitgeber kann den Arbeitnehmer dann nicht einseitig zu einer weitergehenden Arbeitsleistung verpflichten. Der Arbeitnehmer kann aber freiwillig länger arbeiten. Wird er im Bezugszeitraum durchschnittlich weniger als zehn Stunden wöchentlich beschäftigt, so kann er Lohnansprüche nach § 615 BGB haben[515].

2. Festlegung von Bezugszeiträumen

Der Wert einer festgelegten Arbeitszeitdauer für den Arbeitnehmer hängt ganz entscheidend von ihrem Bezugszeitraum ab. Dieser ist durch das TzBfG auf eine Woche verkürzt worden. Die nach § 12 TzBfG zulässige Verteilung (Lage) einer wöchentlichen Arbeitszeitdauer bestimmt die Dauer in der Arbeitswoche bzw. dem Arbeitstag. Je weiter der Bezugszeitraum noch zu Zeiten des BeschFG war, desto mehr kam die einseitige Verteilung der von § 4 Abs. 1 BeschFG und vom *BAG* am 12.12.1984 [516] für unwirksam erklärten einseitigen Direktion durch den Arbeitgeber gleich[517]. Der nach § 12 TzBfG zulässige Be-

---

von der nationalen Rechtsprechung vernachlässigt, s. hierzu MünchArbR/*Schüren*, § 161 Rn. 45.

[515] *Fitting*, BetrVG, § 5 Rn. 46.

[516] *BAG* 12.12.1984 E 47, 314 = AP Nr. 6 zu § 2 KSchG 69 = EzA § 315 BGB Nr. 29 = SAE 1985, 357 = NZA 1985, 321; s. auch Anmerkung *Schüren*, SAE 1985, 362 ff.

[517] *Buschmann*, in: Buschmann/Dieball/Stevens-Bartol, Das Recht der Teilzeitarbeit, 1997, Arbeitsrecht, § 4 BeschFG Rn. 68.

zugszeitraum von einer Woche bedeutet für den Arbeitnehmer, daß er in diesem Zeitraum eine bestimmte Stundenzahl zu leisten hat. Ist der Bezugszeitraum länger, geht dem Arbeitnehmer in erhöhtem Maße seine Dispositionsfreiheit bezüglich seiner Freizeit verloren, da er innerhalb des größeren Zeitraumes die Arbeitsstunden leisten muß und nur vier Tage vor dem jeweiligen Arbeitseinsatz informiert wird. Bei der vom *BAG* zu treffenden Entscheidung war gar kein Arbeitszeitdeputat vereinbart, so daß der Arbeitnehmer nicht nur über den Zeitpunkt seiner Arbeitsleistung, sondern auch bezüglich des Arbeitsvolumens im Ungewissen war. Der Arbeitgeber hätte daher einseitig das zu leistende Arbeitsvolumen unter Umgehung von § 2 KSchG in Verbindung mit § 1 Abs. 2, 3 KSchG herauf- oder herabsetzen können; eine solche Vereinbarung ist aber nach § 134 BGB nichtig.
In der Literatur wurden vor Inkrafttreten des TzBfG für die KAPOVAZ Bezugszeiträume bis zu einem Jahr als rechtmäßig angesehen[518], da die Regelung des § 4 Abs. 1 BeschFG bezüglich des Bezugszeitraumes offen gewesen sei[519]. Es wurde aber auch vertreten, daß ein Jahr ein zu langer Bezugszeitraum sei. Die Vertreter dieser Meinung haben Bezugszeiträume von einem Monat oder einer Woche favorisiert. Sie haben damit argumentiert, daß sämtliche bekannte Tarifverträge sowie § 4 Abs. 1 BeschFG die Arbeitszeitdauer in Bezug zur Arbeitswoche definieren. Soweit Tarifverträge oder auch § 3 ArbZG längere Ausgleichszeiträume vorsähen, schafften sie damit zwar die Möglichkeit einer längerfristigen Übertragung und Durchschnittsberechnung, änderten aber nichts an dem grundsätzlichen Wochenbezug der Arbeitszeitbemessung. Die Besonderheit des KAPOVAZ-Arbeitsverhältnisses gegenüber anderen Arbeitszeitformen liege darin, daß ein längerer Bezugszeitraum für die Arbeitszeitdauer nicht nur wie in den Tarifverträgen die beiderseitigen Übertragungs- und Verrechnungsmöglichkeiten, sondern das einseitige Bestimmungsrecht über die Arbeitszeitlage erweitern würde, was durch die festzusetzende Dauer gerade verhindert werden solle[520]. Für den Wochenbezug spreche auch § 2 Abs. 1 Nr. 7 NachwG in Verbindung mit Art. 2 Abs. 2 i Nachweis-Richtlinie[521], wo die Arbeitszeit als Tages- oder Wochenarbeitszeit erwähnt ist. Die in der Nachweis-Richtlinie vor-

---

[518] MünchArbR/*Schüren*, § 166 Rn. 26 f.; *Hermann*, Rechtliche Begutachtung von KAPOVAZ-Verträgen – Unter besonderer Berücksichtigung der Regelung des Art. 1 § 4 BeschFG 1985, AnwBl 1990, 605.

[519] *Linnenkohl/Rauschenberg*, Arbeitszeitflexibilisierung, 1996, S. 123.

[520] Ein Monat: *Klevemann*, Zum Leistungsbestimmungsrecht des Arbeitgebers nach Art. 1 § 4 BeschFG 1985, AuR 1987, 295 f. m.w.N; *Mikosch*, GK-TzA, Art. 1 § 4 Rn. 50 f.; eine Woche: *Buschmann/Ulber*, Flexibilisierung, 1989, C III 4.1, S. 168.

[521] Nachweisgesetz v. 20.07.1995, BGBl. I S. 946; geändert durch Gesetz v. 29.06.1998, BGBl. I S. 1694; Nachweis-Richtlinie der EG v. 14.10.1991 (91/533/EWG).

gesehene Dokumentation der Wochenarbeitszeit sei gar nicht möglich, wollte man die Arbeitszeitdauer von vorneherein auf einen längeren Zeitraum beziehen[522].

Problematisch an einem langen Bezugszeitraum ist, daß dem Arbeitnehmer ein großer Teil seiner Dispositionsfreiheit hinsichtlich der Verwertung seiner Arbeitskraft verloren geht. Ein einseitiges Leistungsbestimmungsrecht des Arbeitgebers hindert den Arbeitnehmer möglicherweise an einer anderweitigen Verwertung seiner Arbeitskraft, ohne ihm als Gegenleistung eine finanzielle Kompensation zu gewähren. Hilfe bietet dem Arbeitnehmer diesbezüglich § 12 Abs. 2 TzBfG, der eine mindestens viertägige Abruffrist für den einzelnen Abruf durch den Arbeitgeber vorsieht. Außerdem ist auch bei einem vorzeitigem Ausscheiden des Arbeitnehmers aus dem Arbeitsverhältnis eine sachgerechte Abwicklung auf der Grundlage der bisher im Bezugszeitraum erbrachten Arbeitsleistung möglich. Dem Bedürfnis des Arbeitnehmers nach sozialer Sicherung kann durch kontinuierliche Entgeltzahlung hinreichend Rechnung getragen werden[523].

Das Problem eines zu langen Bezugszeitraumes stellt sich seit dem Inkrafttreten des TzBfG nicht mehr. § 12 Abs. 1 S. 2 TzBfG verlangt explizit die Festlegung der Dauer der wöchentlichen und täglichen Arbeitszeit. Dadurch werden Bezugszeiträume, die über eine Woche hinausgehen ausgeschlossen. Außerdem läßt sich diese Regelung besser als der alte § 4 Abs. 1 BeschFG mit der tarifvertraglich üblichen Praxis der Festlegung einer Wochenarbeitszeit vereinbaren. Es kann sein, daß für den Arbeitnehmer die Folgen einer sehr flexiblen Verteilung der Arbeitszeit belastend sind. Indessen sind etwaige Belastungen von den besonderen Umständen des Einzelfalls abhängig. Sie sind wohl bei einem alleinstehenden Arbeitnehmer anders zu gewichten als zum Beispiel bei einem Arbeitnehmer, der durch Kinderbetreuung gebunden ist. Die besonderen Umstände des Einzelfalls sind im Rahmen einer Billigkeitskontrolle der Arbeitszeitverteilung zu berücksichtigen und begrenzen - neben den Grundrechten des

---

522 *Buschmann*, in: Buschmann/Dieball/Stevens-Bartol, TZA, § 4 BeschFG 1985, Rn. 68.

523 *Hanau*, Befristung und Abrufarbeit nach dem Beschäftigungsförderungsgesetz 1985, RdA 1987, 25, 29; *Klevemann*, Mitbestimmungsrechte des Betriebsrats bei KAPOVAZ-Arbeitssystemen, AiB 1986, 111; *Schüren*, Grundformen flexibler Arbeitszeitgestaltung und ihre Steuerungssysteme, in: FS für Wolfgang Gitter, 1995, 901 (904); *ders.*, Arbeitszeitverkürzung und Flexibilisierung – Kostensenkung durch Arbeitszeitabbau und bedarfsorientierte Arbeitszeiten aus arbeitsrechtlicher Sicht, Brennpunkte des Arbeitsrechts 1995, 129 (138 f.); *ders.*, MünchArbR, § 166 Rn. 27 f.

Arbeitnehmers aus Art. 1, 2 und 6, 12 GG[524] - insoweit das Direktionsrecht des Arbeitgebers[525].

Der Abruf der Arbeit muß so erfolgen, daß für den Arbeitnehmer ein gewisses Maß an Planbarkeit hinsichtlich seiner Freizeit bleibt. Es muß ihm genug Zeit zur Verfügung stehen, die er für seine Familie bzw. sein Privatleben reservieren kann. Außerdem darf die Arbeitsbereitschaft eines teilzeitbeschäftigten KAPOVAZ-Arbeitnehmers nicht so weit gehen, daß er nicht noch ein weiteres Teilzeitarbeitsverhältnis eingehen könnte. Hält sich der Arbeitgeber an den in § 12 Abs. 1 TzBfG vorgeschriebenen Bezugszeitraum von einer Woche und an die viertägige Abruffrist des § 12 Abs. 2 TzBfG, so dürfte dies gewährleistet sein. Außerdem kann der Arbeitnehmer so noch den ihm zustehenden gesetzlichen Mindesturlaub planen. Die Arbeitszeit sollte zudem innerhalb der Grenzen des ArbZG abgerufen werden, was gewährleistet, daß es zu keinen größeren gesundheitlichen Risiken als bei der Arbeit in Wechselschicht kommt. KAPOVAZ soll zwar auch dazu dienen, die Arbeitsleistung der Arbeitnehmer zu intensivieren; dennoch laufen unregelmäßige Arbeitseinsätze dem menschlichen Arbeitsrhythmus zuwider.

IV. Beteiligungs- und Mitbestimmungsrechte des Betriebsrates bei KAPOVAZ-Arbeitsverhältnissen

Bei der KAPOVAZ ist es für die Arbeitnehmer besonders wichtig, daß die Arbeitszeitgestaltung der Mitbestimmung des Betriebsrates unterliegt.

1. Interessenlage

Die Ausübung der Verfügungsbefugnis über die Arbeitszeit hat gerade dann einen erheblichen Einfluß auf die betrieblichen Arbeitsabläufe und die private Lebensgestaltung der Arbeitnehmer, wenn sie wie beim KAPOVAZ-Arbeitszeitsystem verstärkt dem Arbeitgeber eingeräumt wird[526]. Bei der Einführung des KAPOVAZ-Arbeitszeitsystems befindet sich der Betriebsrat tendenziell in einer abwehrenden Position; es geht darum, sich gegen eine Verschlechterung der Arbeitsbedingungen durch die Abrufmöglichkeit des Arbeitgebers und gegen einen eventuell damit einhergehenden Personalabbau zur Wehr zu setzen.

---

[524] S. hierzu Buschmann, in: Buschmann/Dieball/Stevens-Bartol, TZA, § BeschFG 1985 Rn. 34 ff.

[525] MünchArbR/*Schüren*, § 166 Rn. 29 und § 162 Rn. 50 ff.

[526] *Klevemann*, Mitbestimmungsrechte des Betriebsrats bei KAPOVAZ-Arbeitszeit-systemen, AiB 1986, 156 ff.

2. Betriebsvereinbarung als KAPOVAZ-verhindernde oder KAPOVAZ-behindernde Maßnahme?

Angesichts der unterschiedlichen Interessen auf Arbeitgeber- und Arbeitnehmerseite kann es für den Betriebsrat sehr sinnvoll sein, dort, wo noch keine variablen Arbeitszeiten eingeführt sind, die gegenwärtig praktizierten Arbeitszeiten, z.B. in einer Betriebsvereinbarung, festzuschreiben[527], um die Veränderungsschwelle bezüglich der praktizierten Arbeitszeitformen anzuheben. Als KAPOVAZ-verhindernde Regelung käme in Betracht, dem Arbeitgeber die Pflicht aufzuerlegen, auch für diejenigen Zeiten Entgelte zu zahlen, in denen flexibel beschäftigte Arbeitnehmer sich für Abrufe des Arbeitgebers bereithalten müssen. KAPOVAZ-behindernd wirken jedenfalls Regelungen über besonders lange Ankündigungsfristen hinsichtlich des jeweiligen Arbeitseinsatzes.
Betriebsverfassungsrechtliche Auseinandersetzungen ranken sich entsprechend der Interessenlage auf Arbeitgeber- und Arbeitnehmerseite im wesentlichen nicht um die Ausgestaltung der KAPOVAZ, etwa die Mitbestimmung bei einzelnen Abrufen oder die Verlängerung von Ankündigungsfristen, sondern fast ausschließlich um die Frage, ob der Betriebsrat dieses Arbeitszeitsystem kraft seiner Mitbestimmung nach § 87 Abs. 1 Nr. 2 BetrVG ausschließen kann[528]. Das *BAG*[529] sollte auf Antrag des Betriebsrates eines Warenhauses den Arbeitgeber verpflichten, sich an eine vom Betriebsrat per Einigungsstellenverfahren durchgesetzte Betriebsvereinbarung zu halten. Die Betriebsvereinbarung verbot die Einführung von KAPOVAZ dadurch, daß der Arbeitgeber nur bestimmte Teilzeitarbeitsverträge (ohne Flexi-Klausel) abschließen darf. Das LAG hielt die KAPOVAZ-verhindernde Regelung der Betriebsvereinbarung für unzulässig, da es nicht Sinn des § 87 Abs. 1 Nr. 2 BetrVG sein könne, die gesetzgeberischen Absichten durch den Ausschluß der Einführung einer durch das Beschäftigungsförderungsgesetz ausdrücklich zugelassene Arbeitszeitform zu durchkreuzen. Das *BAG* hob die Entscheidung des *LAG* auf und gab dem Antrag des Betriebsrates statt. Der Arbeitgeber müsse sich an eine ungekündigte Betriebs-

---

[527] *BAG* 13.10.1987 AP Nr. 2 zu § 77 BetrVG 1972 Auslegung = EzA § 611 BGB Teilzeitarbeit Nr. 2 = NZA 1988, 253; s. hierzu auch *Otto*, Mitbestimmung des Betriebsrats bei der Regelung von Dauer und Lage der Arbeitszeit, NZA 1992, 97 (99); *Plander*, Kapazitätsorientierte variable Arbeitszeit als Gegenstand von Tarifverträgen und Betriebsvereinbarungen, AuR 1987, 281 (283).

[528] Siehe zur Interessenlage bezüglich der Einführung von KAPOVAZ: *Buschmann*, Mitbestimmung bei Teilzeit – Entscheidungen des Bundesarbeitsgerichts vom 13. Oktober, AiB 1987, 253 (254).

[529] *BAG* 13.10.1987 AP Nr. 2 zu § 77 BetrVG 1972 Auslegung = EzA § 611 BGB Teilzeitarbeit Nr. 2 = NZA 1988, 253.

vereinbarung halten (§ 77 Abs. 1 S. 1 BetrVG), auch wenn dadurch eine vom Gesetzgeber für zulässig erachtete Arbeitszeitform nicht ausgeübt werden könne. Das Beschäftigungsförderungsgesetz regle nur Individualarbeitsrecht und treffe keine Aussage über Beteiligungsrechte des Betriebsrates.
Dem Arbeitgeber bleibt die Möglichkeit, die Betriebsvereinbarung zu kündigen (§ 77 Abs. 5 BetrVG) und eine neue Abmachung anzustreben (§ 77 Abs. 6 BetrVG). Hierbei wäre es sinnvoll, das Mitbestimmungsrecht des Betriebsrats über die Lage der Arbeitszeit angesichts der grundsätzlichen gesetzgeberischen Entscheidung für die Zulässigkeit von Abrufarbeit nicht zu deren grundsätzlichen Verhinderung, wohl aber zu deren sozialverträglichen Gestaltung zu nutzen[530]. Dies kann beim Abschluß einer Betriebsvereinbarung berücksichtigt werden. Bestehende und ungekündigte Betriebsvereinbarungen gelten aber nach § 77 Abs. 4 S. 1 BetrVG unmittelbar und zwingend und sind daher zu beachten[531].

3. Beteiligungsrechte

Wie bereits dargestellt[532], ergeben sich bereits vor der konkreten Einführung neuer Arbeitszeitsysteme Beteiligungsrechte des Betriebsrates[533].

a) Unterrichtung in wirtschaftlichen Angelegenheiten

Im zeitlichen Ablauf der Planung und Einführung eines neuen Arbeitszeitsystems greifen zuerst die Unterrichtungs- und Beratungsrechte in wirtschaftlichen Angelegenheiten gemäß § 106 BetrVG und § 111 BetrVG. Durch die Einführung des KAPOVAZ-Arbeitszeitsystems könnten die Tatbestände der § 106 Abs. 3 Nr. 4 BetrVG (Rationalisierungsvorhaben), § 106 Abs. 3 Nr. 5 BetrVG (Arbeitsmethode), § 106 Abs. 3 Nr. 9 BetrVG (Änderung der Betriebsorganisa-

---

530 *Hanau*, Befristung und Abrufarbeit nach dem Beschäftigungsförderungsgesetz 1985, RdA 1987, 25 (27); das *BAG* ist diesbezüglich anderer Ansicht: *BAG* 13.10.1987 E 56, 197 = AP Nr. 24 zu § 87 BetrVG 1972 Arbeitszeit = NZA 1988, 251; *BAG* 28.9.1988 AP Nr. 29 zu § 87 BetrVG 1972 Arbeitszeit = NZA 1989, 184.

531 *BAG* 13.10.1987 E 56, 197 = AP Nr. 24 zu § 87 BetrVG 1972 Arbeitszeit = NZA 1988, 251; *BAG* 28.9.1988 AP Nr. 29 zu § 87 BetrVG 1972 Arbeitszeit = NZA 1989, 184.

532 S. Darstellung im 2. Kapitel C.

533 *Klevemann*, Mitbestimmungsrechte des Betriebsrats bei KAPOVAZ-Arbeitszeitsystemen, AiB 1986, 156; *Dräger*, Beteiligung des Betriebsrates bei der Einführung flexibler Arbeitszeitsysteme, 1986, S. 60.

tion) und § 106 Abs. 3 Nr. 10 BetrVG (Vorgang, der die Interessen der Arbeitnehmer wesentlich berührt) tangiert sein[534].

aa) Rationalisierungsvorhaben

Es wird vertreten[535], daß es sich bei der Einführung von KAPOVAZ um eine Rationalisierungsmaßnahme im Sinne des § 106 Abs. 3 Nr. 4 BetrVG handele, da eine zweckmäßigere Gestaltung der Arbeitsvorgänge beabsichtigt sei, um die Wirtschaftlichkeit des Unternehmens zu steigern. Nach anderer Ansicht[536] liegt dagegen kein Rationalisierungsvorhaben vor, da die Gestaltung der Arbeitsvorgänge nicht betroffen werde. Der Grund für die Notwendigkeit der Unterrichtung des Wirtschaftsausschusses von Rationalisierungsmaßnahmen liegt darin, daß von solchen Maßnahmen oft erhebliche Gefahren für den Bestand der Arbeitsplätze ausgehen[537]. Dementsprechend bedingt die Rationalisierung Veränderungen, die den Aufwand an menschlicher Arbeit, aber auch an Zeit, Energie, Material und Kapital herabsetzen[538]. Erfaßt werden auch betriebsorganisatorische Maßnahmen[539].

Eine betriebsorganisatorische Maßnahme kann bei einer Anpassung der Arbeitszeit an den Arbeitsanfall vorliegen. Durch sie sollen unproduktive Leerlaufzeiten während der Arbeitszeit weitestgehend vermindert und die Produktivität in den einzelnen Zeiteinheiten gesteigert werden. Dies hat die Einsparung menschlicher Arbeitszeit zur Folge. Bei KAPOVAZ kann zusätzlich eine Reduzierung der Personalreserve für Urlaub und Krankheit vorgenommen werden, so daß bestehende Arbeitsplätze in Gefahr sind. Aus diesen Gründen geht *Meyer*[540] davon aus, daß es sich bei der Einführung von KAPOVAZ um eine Rationalisierungsmaßnahme handelt, über die der Betriebsrat nach § 106 Abs. 2 BetrVG durch den Wirtschaftsausschuß zu unterrichten ist.

Dennoch kann man die Einführung der KAPOVAZ im Ergebnis nicht als Rationalisierungsmaßnahme bezeichnen. Die KAPOVAZ führt wohl dazu, daß unnötige Leerlaufzeiten vermieden werden können. Der Umfang der vom Men-

---

534 S. 4. Kapitel B. I; zudem : *Fitting*, BetrVG, § 5 Rn. 49; *Klevemann*, Die Mitbestimmungsrechte des Betriebsrats bei der "Flexibilisierung" der Arbeitszeit, AiB 1984, 90 ff., 107 ff. (111).

535 *Klevemann*, Die Mitbestimmungsrechte des Betriebsrats bei der "Flexibilisierung" der Arbeitszeit, AiB 1984, 90 ff., 107 ff. (111); *ders.*, Mitbestimmungsrechte des Betriebsrates bei KAPOVAZ-Arbeitszeitsystemen, AiB 1986, 156; *Meyer*, Kapazitätsorientierte Arbeitszeit (KAPOVAZ), 1989, S. 185 f.

536 *Mikosch*, GK-TzA, Art. 1 § 4 Rn. 146.

537 *Fabricius*, GK-BetrVG, § 106 Rn. 107.

538 *Fitting*, BetrVG, § 106 Rn. 38.

539 *Richardi*, BetrVG, § 106 Rn. 45.

540 *Meyer*, Kapazitätsorientierte variable Arbeitszeit (KAPOVAZ), 1989, S. 186.

schen zu leistenden Arbeit wird hierdurch aber nicht beeinflußt. Der Arbeitsumfang bleibt gleich, die Arbeitnehmer arbeiten bei der KAPOVAZ jedoch nur zu Zeiten, zu denen wirklich Arbeit anfällt. Die geänderten Arbeitszeiten haben aber keinen unmittelbaren Einfluß auf die Arbeitsvorgänge; § 106 Abs. 3 Nr. 4 BetrVG hat aber zur Voraussetzung, daß eine Änderung der Arbeitsvorgänge zwecks der Einsparung von Zeit und Arbeitskraft erfolgt. Daher kann die KAPOVAZ zwar die Reduzierung des Bedarfs an Stammpersonal zur Folge haben. Sie wirkt sich aber nicht unmittelbar auf die Arbeitsvorgänge aus.

bb) Die Einführung neuer Arbeitsmethoden

Dagegen könnte der Einsatz von KAPOVAZ als eine Einführung einer neuen Arbeitsmethode im Sinne des § 106 Abs. 3 Nr. 5 BetrVG zu qualifizieren sein. Auch hierzu werden verschiedene Ansichten vertreten[541]. *Klevemann* sieht in der Einführung von KAPOVAZ eine neue Arbeitsmethode, da von diesem Begriff alle Regeln zur Ausführung des Arbeitsablaufs durch Menschen erfaßt würden. *Mikosch* verneint eine neue Arbeitsmethode, da die Gestaltung der Arbeitsvorgänge nicht betroffen sei.

Wie bereits dargestellt[542] geht die Subsumtion flexibler Arbeitszeiten, so auch der KAPOVAZ, unter den Begriff „Arbeitsmethode" zu weit. Er ist nicht so weit wie der Begriff des Arbeitsablaufs in § 90 Abs. 1 Nr. 3 BetrVG[543]. Beim Begriff der Arbeitsmethode wird auf die Art und Weise des Einsatzes menschlicher Arbeit abgestellt. Das „Wie" der Arbeitsleistung wird bei der Einführung von KAPOVAZ nicht berührt. Die KAPOVAZ variiert vielmehr den zeitlichen Einsatz der menschlichen Arbeit. Daher stellt die Einführung von KAPOVAZ keine neue Arbeitsmethode für den Betrieb dar[544].

cc) Änderung der Betriebsorganisation

Durch die Einführung von KAPOVAZ könnte es zu einer Änderung der Betriebsorganisation im Sinne des § 106 Abs. 3 Nr. 9 BetrVG kommen. Die KAPOVAZ hat keine direkte Änderung im Betriebsaufbau, insbesondere bezüglich der Kompetenzen zur Folge. Daher beeinflußt die Einführung von KAPOVAZ nicht unmittelbar die Betriebsorganisation, da der funktionale Zusammenhang im Betrieb durch dieses Arbeitszeitsystem ebenfalls nicht unmit-

---

[541] *Klevemann*, Die Mitbestimmungsrechte des Betriebsrats bei der "Flexibilisierung" der Arbeitszeit, AiB 1984, 90 ff., 107 ff. (111); *Mikosch*, GK-TzA, Art. 1 § 4 Rn. 146.

[542] S. 4. Kapitel B. I. 2.a.

[543] S. 4. Kapitel B. III. 1.

[544] A.A. *Klevemann*, Die Mitbestimmungsrechte des Betriebsrats bei der "Flexibilisierung" der Arbeitszeit, AiB 1984, 90 ff., 107 ff. (111).

telbar betroffen wird[545]. Eine mittelbare Beeinflussung könnte darin gesehen werden, daß bei bereits praktizierter KAPOVAZ bestimmt werden muß, wer die einzelnen Arbeitnehmer abrufen kann. Unter diesem Gesichtspunkt könnte es dann zu einer Beteiligung des Betriebsrates kommen[546]. *Mikosch* vertritt hierzu aber zu Recht die Auffassung, daß es zu keiner Änderung der Organisation der Leitung des Betriebs komme, sondern nur zu einer Änderung des Inhalts der jeweiligen Direktionsrechte der bestehenden Leitungsorgane[547]. Die Einführung von KAPOVAZ bewirkt daher keine Änderung der Betriebsorganisation.

dd) Sonstige Vorgänge und Vorhaben, welche die Interessen der Arbeitnehmer des Unternehmens wesentlich berühren können

Die Einführung von KAPOVAZ könnte nach § 106 Abs. 3 Nr. 10 BetrVG ein Vorgang oder ein Vorhaben sein, das die Interessen der Arbeitnehmer des Unternehmens wesentlich berührt[548].

Folgte man der Ansicht von *Klevemann* und *Meyer*, so wäre durch die Einführung der KAPOVAZ bereits der Anwendungsbereich der Nr. 4, 5 bzw. 9 erfaßt. Nach der hier vertretenen Ansicht ist keine der erwähnten Nummern einschlägig. Daher kommt es entscheidend darauf an, ob die Einführung von KAPOVAZ unter § 106 Abs. 3 Nr. 10 zu subsumieren ist.

Nach *Mikosch* kann nur eine grundlegende Umstellung auf KAPOVAZ, etwa wenn nur noch KAPOVAZ-Arbeitsverträge abgeschlossen oder in größerem Umfang Änderungsverträge angeboten werden, zu einer wesentlichen Berührung der Arbeitnehmerinteressen führen[549].

Dräger[550] geht allgemein für die Einführung flexibler Arbeitszeitsysteme davon aus, daß es sich immer um Vorhaben handelt, die die Interessen der Arbeitnehmer wesentlich berühren: Nicht nur die unmittelbar von der Neuregelung betroffenen Arbeitnehmer, sondern auch die von der Einführung nicht unmittelbar Betroffenen hätten ein persönliches Interesse an den Auswirkungen der Einführung von KAPOVAZ auf Entgelt, Arbeitsplatz- und –ablaufgestaltung sowie an der Frage, ob sie langfristig in die Regelung einbezogen werden sollen oder nicht. Nach dem Wortlaut der Vorschrift sei damit eine wirtschaftliche Angelegenheit gegeben. *Dräger* ist darin zuzustimmen, daß es gerade wirtschaftliche

---

[545] Bzgl. flexibler Arbeitszeitformen im allg. so auch vertreten von: *Dräger*, Beteiligung des Betriebsrates bei der Einführung flexibler Arbeitszeitsysteme, 1986, S. 64.

[546] *Meyer*, Kapazitätsorientierte variable Arbeitszeit (KAPOVAZ), 1989, S. 187.

[547] *Mikosch*, GK-TzA, Art. 1 § 4 Rn. 146.

[548] *Richardi*, BetrVG, § 106 Rn .37; s. hierzu 4. Kapitel B. I. 2. d.

[549] *Mikosch*, GK-TzA, Art. 1 § 4 Rn. 146.

[550] *Dräger*, Beteiligung des Betriebsrates bei der Einführung flexibler Arbeitszeitsysteme, 1986, S. 65.

Denkansätze sind, die den Arbeitgeber zur Einführung von flexiblen Arbeitszeitmodellen bewegen. Der Wirtschaftsausschuß ist nach § 106 Abs. 2 BetrVG zu unterrichten, da es zu einer wesentlichen Berührung der Arbeitnehmerinteressen kommt[551]. Einerseits wird die Zeitsouveränität der Arbeitnehmern durch das KAPOVAZ-System – abgesehen von den Grenzen, die § 315 Abs. 1 BGB und § 12 Abs. 2 TzBfG ziehen - sehr stark eingeschränkt. Zum anderen kann es durch die Einführung von KAPOVAZ-Arbeitsverhältnissen wie bereits ausgeführt, dazu kommen, daß bestehende unflexibel besetzte Stellen überflüssig werden. Werden einige Arbeitnehmer eines Betriebes in ein KAPOVAZ-Arbeitsverhältnis übernommen, so kann dadurch für die anderen Arbeitnehmer eine Drucksituation entstehen, sich auch flexibel zeigen zu müssen, um für den Arbeitgeber nicht als unattraktiver Arbeitnehmer eingestuft zu werden. Der Anwendungsbereich des § 106 Abs. 3 Nr. 10 BetrVG ist daher eröffnet.

b) Unterrichtung und Beratung bei Betriebsänderungen

Wie bereits dargestellt[552], stellt die Einführung von flexiblen Arbeitszeitmodellen - und damit auch der KAPOVAZ - keine Betriebsänderung nach § 111 BetrVG dar.

Klevemann[553] sieht zwar in der Einführung von KAPOVAZ eine grundlegend neue Arbeitsmethode nach § 111 S. 2 Nr. 5 BetrVG und häufig auch eine grundlegende Änderung der Betriebsorganisation nach § 111 S. 2 Nr. 4 BetrVG vor. Dem kann jedoch nicht gefolgt werden, da es sich bei der Einführung von KAPOVAZ um keine neue Arbeitsmethode und damit auch um keine „grundlegend" neue Arbeitsmethode handelt[554], durch die eine Veränderung der technischen Grundlagen des Betriebs unter grundsätzlicher Umstellung der Arbeitsvorgänge[555] bedingt ist. Das Merkmal „grundlegend" ist bei den Nrn. 4 und 5 zu prüfen, da es dort explizit erwähnt ist. Ansonsten ist wegen § 111 S. 1 BetrVG davon auszugehen, daß jede Maßnahme, die unter die Tatbestände des Satzes 2 zu subsumieren ist, eine Betriebsänderung darstellt[556]. § 111 S. 1 BetrVG macht das Anliegen des Gesetzgebers deutlich, daß mit den im Katalog des § 111 S. 2 BetrVG aufgeführten Betriebsänderungen solche erfaßt werden sollen, die we-

---

[551] *Mikosch*, GK-TZA, Art. 1 § 4 Rn. 146.

[552] S. 4. Kapitel B. II.

[553] *Klevemann*, Die Mitbestimmung des Betriebsrats bei der "Flexibilisierung" der Arbeitszeit, AiB 1984, 90 ff., 107 ff. (111); s. auch 4. Kapitel B. II.

[554] *Dräger*, Beteiligung des Betriebsrates bei der Einführung flexibler Arbeitszeitsysteme, 1986, S. 70; *Mikosch*, GK-TzA, Art. 1 § 4 Rn. 146; s. auch MünchArbR/*Matthes*, § 360 Rn. 71; s. auch 4. Kapitel B. I. 2. a.

[555] *Hess*, HSG-BetrVG, § 111 Rn. 79.

[556] *Richardi*, BetrVG, § 111 Rn. 44 ff., 116.

sentliche Nachteile für die Belegschaft oder erhebliche Teile der Belegschaft zur Folge haben können.
Geht man entgegen der hier vertretenen Meinung davon aus, daß sich durch die Einführung von KAPOVAZ die Weisungsstruktur im Unternehmen ändert, liegt eine Änderung der Betriebsorganisation vor. Diese müßte nach § 111 S. 2 Nr. 4 BetrVG grundlegend sein. Bei der Frage, ob die Änderung der Betriebsorganisation grundlegend ist, ist darauf abzustellen, ob die Verlagerung der Entscheidungskompetenz für die Arbeitnehmer von wesentlichem Nachteil sein kann. Zusätzliche Nachteile für die Arbeitnehmer werden regelmäßig nicht eintreten. Ein dezentralisierter Abruf der Arbeit durch einen direkt Vorgesetzten verspricht vielmehr eine größere Nähe und damit mehr Kommunikationsmöglichkeit bezüglich des einzelnen Abrufs.
Daher liegt bei der Einführung von KAPOVAZ keine Betriebsänderung nach § 111 S. 2 Nr. 4 bzw. Nr. 5 BetrVG vor[557]. Die Einführung der KAPOVAZ läßt sich auch nicht unter die anderen Maßnahmen ins § 111 S. 2 BetrVG subsumieren; der Katalog des § 111 S. 2 BetrVG ist erschöpfend[558].

c) Unterrichtung und Beratung bei der Gestaltung der arbeitstechnischen Organisation

Will der Arbeitgeber Arbeitsplätze mit variabler Lage der Arbeitszeit neu einrichten oder bestehende Arbeitsplätze entsprechend umwandeln, so ist das Unterrichtungs- und Beratungsrecht des Betriebsrates nach § 90 S. 1 Nr. 3 BetrVG zu beachten. Der Arbeitgeber muß den Betriebsrat rechtzeitig über die Planung von Arbeitsverfahren und Arbeitsabläufen (Nr. 3) unterrichten und die vorgesehenen Maßnahmen mit ihm beraten. Die Planung der Arbeitsplätze ist von der Einführung von KAPOVAZ nicht betroffen[559].
Meyer vertritt die Ansicht, daß mit der Einführung von KAPOVAZ keine Auswirkung auf das Arbeitsverfahren und die Arbeitsplätze verbunden ist[560]. Da das jeweils eingesetzte Arbeitsverfahren regelt, wie und mit welchen technischen Mitteln gearbeitet wird, besteht auch nach *Dräger* kein Zusammenhang mit dem „Wann" der Arbeitsleistung; durch die KAPOVAZ wird aber nur die zeitliche

---

[557] So auch *Dräger*, Beteiligung des Betriebsrates bei der Einführung flexibler Arbeitszeitsysteme, 1986, S. 70.
[558] *Richardi*, BetrVG, § 111 Rn. 40; *Hess*, HSG-BetrVG, § 111 Rn. 16; *Wiese*, GK-BetrVG, § 111 Rn. 85 ff.
[559] *Mikosch*, GK-TzA, Art. 1 § 4 Rn. 145; *Meyer*, Kapazitätsorientierte variable Arbeitszeit (KAPOVAZ), 1989, S. 177 f.; a.A. bzgl. § 90 Abs. 1 Nr. 4 BetrVG für die Einführung flexibler Arbeitszeitsysteme im Allgemeinen: *Dräger*, Beteiligung des Betriebsrates bei der Einführung flexibler Arbeitszeitsysteme, S. 74 f.; s. hierzu 4. Kapitel B. III. 2.
[560] *Meyer*, Kapazitätsorientierte variable Arbeitszeit (KAPOVAZ), 1989, S. 177.

Lage der Arbeit berührt. Soweit ein Einfluß der KAPOVAZ auf die Arbeitsplätze verneint wird, wird dies damit begründet, daß die Einführung der KAPOVAZ nicht mit einer Veränderung der Arbeitsmittel einhergeht. Es kann dennoch sein, daß die Einführung der KAPOVAZ eine Veränderung der Arbeitsmittel und daher auch der Arbeitsumgebung erfordert. Es ist gerade bei KAPOVAZ möglich, daß Arbeitsplätze zu verschiedenen Zeiten von unterschiedlichen Personen genutzt werden. Eventuell sind neue Technologien (z.B. Scanner-Kassen) oder Maßnahmen der Arbeitssicherheit nötig. Bei der unter Umständen im Einzelfall vorzunehmenden Veränderung des Arbeitsplatzes wäre der Betriebsrat zu beteiligen. Eine Veränderung des Arbeitsplatzes wird aber nur in Einzelfällen durchzuführen sein. Deshalb kann man grundsätzlich davon ausgehen, daß die Arbeitsplätze bei der Einführung der KAPOVAZ nicht betroffen sind und eine Beteiligung des Betriebsrates nach § 90 Abs. 1 Nr. 4 BetrVG nicht zu erfolgen hat. Durch die KAPOVAZ kann es aber zu einer Veränderung des Arbeitsablaufs kommen (§ 90 S. 1 Nr. 3 BetrVG). Der Begriff Arbeitsablauf umfaßt die organisatorische, örtliche und räumliche Anordnung des Arbeitsprozesses, insbesondere den Einsatz der Arbeitnehmer[561]. Die Vereinbarung der variablen Arbeitszeit bezweckt eine Intensivierung des Arbeitsprozesses durch einen variablen Einsatz der Arbeitnehmer; die Intensivierung des Arbeitsprozesses bedarf der Organisation und hat Auswirkungen auf die Erledigung der Arbeit; daher sind die Anforderungen an den Arbeitnehmer mit dem Betriebsrat zu beraten.

Es stellt sich noch die Frage, ob das Mitbestimmungsrecht nach § 91 BetrVG bei einer Veränderung des Arbeitsablaufs (§ 90 Abs. 1 Nr. 3 BetrVG) zu berücksichtigen ist. Dies wird wohl praktisch nicht vorkommen, weil die durch die variable Arbeitszeit bedingte Änderung des Arbeitsablaufs kaum jemals den gesicherten arbeitswissenschaftlichen Erkenntnissen über die menschengerechte Gestaltung der Arbeit offensichtlich widersprechen wird[562]. Die Intensivierung des Arbeitsprozesses darf sich beispielsweise immer nur innerhalb der durch das ArbZG vorgegebenen Grenzen bewegen. Ein Widerspruch zu den gesicherten arbeitswissenschaftlichen Erkenntnissen über die menschengerechte Gestaltung der Arbeit ist insoweit nicht zu befürchten.

Der Betriebsrat ist hinsichtlich aller Aspekte der Planung einer Veränderung des Arbeitsablaufs im Sinne des § 90 Abs. 1 Nr. 3 BetrVG durch die Einführung

---

[561] *Meyer*, Kapazitätsorientierte variable Arbeitszeit (KAPOVAZ), 1989, S. 177 f.; *Mikosch*, GK-TzA, Art. 1 § 4 Rn. 144; *Klevemann*, Mitbestimmungsrechte des Betriebsrats bei KAPOVAZ-Arbeitszeitsystemen, AiB 1986, 156 (157).

[562] *Meyer*, Kapazitätsorientierte variable Arbeitszeit (KAPOVAZ), 1989, S. 177; *Mikosch*, GK-TzA, Art. 1 § 4 Rn. 144.

von KAPOVAZ rechtzeitig und regelmäßig zu unterrichten. Rechtzeitig ist die Unterrichtung nur dann, wenn der Betriebsrat ab der Phase der ersten Vorüberlegungen, also schon bei der Vorbereitung des Plans, eingeschaltet wird.

d) Unterrichtung über die Personalplanung

Ähnlich wie bei der Arbeitsplatzteilung wird auch durch die Einführung von Bedarfsarbeit die Planung des Personalbedarfs, der Personalbeschaffung, der Personalentwicklung und des Personaleinsatzes in quantitativer wie qualitativer Hinsicht maßgeblich betroffen[563]. Daher besteht ein Unterrichtungs- und Beratungsrecht nach § 92 Abs.1 BetrVG.
Der Arbeitgeber muß unter anderem darüber unterrichten, ob, für wie viele und für welche Arbeitsplätze KAPOVAZ-Abreden vorgesehen sind und wie diese ausgestaltet werden sollen. Geplante KAPOVAZ-Arbeitsplätze können durch Neueinstellungen besetzt werden, sie können aber auch durch Vertragsänderungen mit schon im Betrieb tätigen Arbeitnehmern begründet werden. Es kommt auch der Ausspruch von Änderungskündigungen[564] mit dem Angebot zur Weiterarbeit im KAPOVAZ-System in Betracht. Die Einführung der KAPOVAZ kann eine Verkleinerung der Personalreserve ermöglichen. Es kann auch sein, daß sich der Arbeitgeber langfristig von unflexiblen Arbeitnehmern trennen will. Daher ist eine Beteiligung des Betriebsrates nach § 92 BetrVG geboten.

e) Ausschreibung von Arbeitsplätzen

§ 93 S. 2 BetrVG wurde durch das Teilzeit- und Befristungsgesetz zum 1.1.2001 aufgehoben. Seitdem ist die Ausschreibung von Arbeitsplätzen als Teilzeitarbeitsplatz in § 7 Abs. 1 TzBfG geregelt. Der Arbeitgeber ist jetzt zur Ausschreibung auch als Teilzeitarbeitsplatz bei einer Eignung des Arbeitsplatzes hierzu sogar verpflichtet[565].

4. Mitbestimmungsrechte

Bei der Einführung und Durchführung von KAPOVAZ-Arbeitszeitsystemen hat auch eine Mitbestimmung des Betriebsrates zu erfolgen.

[563] *Mikosch*, GK-TzA, Art. 1 § 4 Rn. 145; *Meyer*, Kapazitätsorientierte variable Arbeitszeit (KAPOVAZ), 1989, S. 178.
[564] Zur Mitbestimmung bei Änderungskündigungen s. 4. Kapitel C. III und 5. Kapitel B. V. 8 und C. IV. 7, zudem D. IV. 4. b.
[565] S. hierzu 4. Kapitel B. V.

a) Mitbestimmung bei personellen Einzelmaßnahmen

Eine Mitbestimmung nach § 99 BetrVG erfolgt auch bei der Besetzung von KAPOVAZ-Arbeitsplätzen.

aa) Einstellungen

Der Betriebsrat hat bei der Einstellung von KAPOVAZ-Arbeitnehmern ein Mitbestimmungsrecht. Damit er von diesem Gebrauch machen kann, ist ihm insbesondere Mitteilung zu machen, daß eine KAPOVAZ-Abrede beabsichtigt ist[566].

bb) Versetzungen

Zweifelhaft ist auch bei der KAPOVAZ, ob der Übergang von einem Vollzeit- oder (flexiblen) Teilzeitarbeitsverhältnisses in ein KAPOVAZ-Arbeitsverhältnis als Versetzung zu qualifizieren ist. Eine Versetzung kann nur vorliegen, wenn sich nicht nur die Arbeitszeit, sondern auch der Inhalt der geschuldeten Arbeitsleistung ändert[567]. Eine Verkürzung der Arbeitszeit führt für sich alleine nicht zu einer Änderung der Umstände, unter denen die Arbeit geleistet wird[568]. Auch eine Änderung der Lage der Arbeitszeit bei herkömmlicher Teilzeitarbeit stellt für sich alleine keine Versetzung dar, solange sich nicht gleichzeitig der Arbeitsbereich entscheidend ändert[569]. Ebenso führt die Tatsache, daß ein KAPOVAZ-Arbeitnehmer, der vorher in einem Teilzeit- oder Vollzeitarbeitsverhältnis beschäftigt war, wegen seines variablen Arbeitseinsatzes ständig mit anderen Kollegen zusammenarbeitet, isoliert betrachtet nicht zu einer Versetzung.

Dennoch ändert sich der Inhalt der Arbeitspflicht des Arbeitnehmers. Bei der Abrufarbeit erstreckt sich das Direktionsrecht des Arbeitgebers im Gegensatz zur Arbeit in nicht variablen Arbeitszeiten auf die Lage und Verteilung des Arbeitszeitdeputats. Die Verpflichtung des Arbeitnehmers, zumindest im Rahmen der vereinbarten Abruffrist stets verfügbar zu sein, verändert die Umstände der Arbeitsleistung. Diese Veränderung kann je nach Länge des Bezugszeitraums so nachhaltig sein, daß sie einer Inhaltsänderung der Arbeitsaufgabe gleich-

---

566 *Meyer*, Kapazitätsorientierte Variable Arbeitszeit (KAPOVAZ), 1989, S. 181; *Mikosch*, GK-TZA, Art. 1 § 4 Rn. 147; *Lipke*, Betriebsverfassungsrechtliche Probleme der Teilzeitarbeit, NZA 1990, 758 (766).

567 *BAG* 16.7.1991 E 68, 155 = AP Nr. 28 zu § 95 BetrVG 1972 = EzA § 95 BetrVG 1972 Nr. 25 = SAE 1992, 309 = NZA 1992, 180; MünchArbR/*Schüren*, § 169 Rn. 38.

568 *Richardi*, BetrVG, § 99 Rn. 102.

569 *Lipke*, Betriebsverfassungsrechtliche Probleme der Teilzeitarbeit, NZA 1990, 758 (767).

kommt[570]. Beim Übergang in ein KAPOVAZ-Beschäftigungsverhältnis ist demnach eine Versetzung gegeben, über die der Betriebsrat zu unterrichten ist[571].
Die Zustimmung des Arbeitnehmers zu der Maßnahme ersetzt die Zustimmung des Betriebsrates nicht[572]. Das Mitbestimmungsrecht in § 99 BetrVG dient gerade nicht nur dem Interesse des von der Maßnahme betroffenen Arbeitnehmers, sondern auch den Interessen der nicht unmittelbar betroffenen Arbeitnehmer.

cc) Zustimmungsverweigerung

Der Betriebsrat kann seine Zustimmung zu einer Versetzung aus den in § 99 Abs. 2 BetrVG enumerativ aufgezählten Gründen versagen. Die KAPOVAZ-Abrede begründet für sich kein Zustimmungsverweigerungsrecht nach § 99 Abs. 2 Nr. 1 BetrVG, weil ein Verstoß gegen Gesetze, Verordnungen oder Unfallverhütungsvorschriften im Sinne der Vorschrift nicht zu befürchten ist. Der Betriebsrat kann insbesondere das Widerspruchsrecht des § 99 Abs. 2 Nr. 1 BetrVG nicht als Mittel nutzen, um unerwünschte Arbeitszeitformen abzuwehren. Denn es steht ihm nicht zu, den Inhalt der Arbeitsverträge neu einzustellender Mitarbeiter zu kontrollieren[573]. Es kommt aber eine Zustimmungsverweigerung nach § 99 Abs. 2 Nr. 3 BetrVG in Betracht, falls durch die Vereinbarung von für den Arbeitgeber im Hinblick auf § 615 BGB[574] attraktiven KAPOVAZ-Arbeitsverhältnissen andere im Betrieb beschäftigte Arbeitnehmer überflüssig werden und gekündigt werden. Durch die Vereinbarung von KAPOVAZ kann das Lohnrisiko fast vollständig auf die Arbeitnehmer übertragen werden, da sie nur auf Abruf beschäftigt werden. Ein Annahmeverzug des Arbeitgebers kommt nur noch in den Fällen in Betracht, in denen er innerhalb des vereinbarten Bezugszeitraums nicht die vereinbarte Stundenzahl abruft oder unter der Zehnstundengrenze des § 12 Abs. 1 S. 3 TzBfG zurückbleibt.
Die Frage, wann die Besorgnis besteht, daß bereits beschäftigte Arbeitnehmer für den Arbeitgeber wegen ihrer unflexibleren Vertragsgestaltung weniger attraktiv werden und daher eine Gefährdung der Beschäftigung eintreten kann, und die Frage, ob solche Auswirkungen durch betriebliche Gründe gerechtfertigt sind, ist im jeweiligen Einzelfall zu beurteilen.

---

[570] So allgemein für die Einführung flexibler Arbeitszeitmodelle: MünchArbR/*Schüren*, § 169 Rn. 38; s. auch 4. Kapitel C. I. 2. a.
[571] *Lipke*, Betriebsverfassungsrechtliche Probleme der Teilzeitarbeit, NZA 1990, 758 (767).
[572] Hierzu die Diskussion beim Job-Sharing im 5. Kapitel C. IV. 5. b.
[573] *BAG* 28.6.1994 E 77, 165 = AP Nr. 4 zu § 99 BetrVG 1972 Einstellung = NZA 1995, 387.
[574] S. hierzu auch 4. Kapitel C. II. 3. a) aa.

Beim Übergang eines Arbeitnehmers von einem Vollzeit- oder Teilzeitarbeitsverhältnis in ein KAPOVAZ-Beschäftigungsverhältnis kann es weiter zu einer Benachteiligung des betroffenen Arbeitnehmers kommen, die unter Umständen nicht durch betriebliche oder in der Person des Arbeitnehmers liegende Gründe gerechtfertigt ist, § 99 Abs. 2 Nr. 4 BetrVG. Ein KAPOVAZ-Arbeitsverhältnis ist wegen der Abrufmöglichkeit des Arbeitgebers wohl meist für den Arbeitnehmer nicht von Vorteil, da ihm zumindest die Möglichkeit der freien Disposition über seine (Frei-)Zeit verloren geht. Er muß innerhalb der vereinbarten oder gesetzlichen Abruffrist von vier Tagen (§ 12 Abs. 2 TzBfG) jederzeit zur Verfügung stehen.
Eine Rechtfertigung durch betriebliche Gründe kommt lediglich dann in Betracht, wenn der Arbeitgeber seinen Willen zur Umgestaltung der Arbeitsplätze mit betrieblichem Bedarf nach variabel einsetzbaren Arbeitnehmern infolge ständig schwankenden Personalbedarfs begründen kann[575]. Dies wird regelmäßig nur Arbeitgebern gelingen, die Arbeitnehmer in Betrieben beschäftigen, die saisonalen Schwankungen (Hotels, Baufirmen etc.) unterliegen.
Der Betriebsrat muß nach § 99 Abs. 3 BetrVG eine eventuelle Zustimmungsverweigerung dem Arbeitgeber schriftlich innerhalb einer Woche nach seiner Unterrichtung unter Angabe der Gründe mitteilen. Tut er dies nicht, so wird seine Zustimmung fingiert.

b) Mitbestimmung bei Kündigungen

Möchte ein Arbeitgeber einen bisher mit festliegender Arbeitszeit beschäftigten Arbeitnehmer in Zukunft im KAPOVAZ-Arbeitszeitsystem beschäftigen, so sind erhebliche Änderungen des bestehenden Arbeitsvertrages erforderlich. Im Unterschied zu den bisher dargestellten Arbeitszeitmodellen, die überwiegend positive Auswirkungen für den Arbeitnehmer bieten, wird es bei einem KAPOVAZ-Angebot in den seltensten Fällen zu einer freiwilligen einvernehmlichen Lösung kommen. Als Druckmittel wird der Arbeitgeber auf den Ausspruch einer Änderungskündigung zurückgreifen. Oft wird der Arbeitnehmer das KAPOVAZ-Angebot nur annehmen, um seinen Arbeitsplatz nicht zu verlieren. Die Drucksituation für den Arbeitnehmer wird in solchen Fällen durch die Mitbestimmung des Betriebsrates bei Änderungskündigungen entschärft. Der Arbeitgeber kann zwar auch im Falle eines Widerspruchs des Betriebsrates die Kündigung aussprechen[576], doch muß er diesen vorher beteiligen und kann seine Maßnahme nicht unerkannt durchführen.

---

[575] *Meyer*, Kapazitätsorientierte Variable Arbeitszeit (KAPOVAZ), 1989, S. 183.
[576] *Kraft*, GK-BetrVG, § 102 Rn. 131.

Bei der Kündigung eines Arbeitnehmers mit festliegender Arbeitszeit besteht ein Widerspruchsrecht des Betriebsrates nach § 102 Abs. 3 Nr. 5 BetrVG, wenn der Arbeitgeber einem Arbeitnehmer ordentlich kündigt, ohne ihm vorher die mögliche Beschäftigung zu geänderten Arbeitsbedingungen (z.B. im KAPOVAZ-Arbeitszeitsystem) angeboten zu haben. Nötig ist, daß der Arbeitnehmer mit den geänderten Arbeitsbedingungen einverstanden ist und dies dem Betriebsrat[577] zu erkennen gibt[578]. Unabhängig von der Frage des Widerspruchs des Betriebsrates kann der Arbeitnehmer geltend machen, daß die Kündigung sozial ungerechtfertigt bzw. aus anderen Gründen unwirksam ist.

c) Mitbestimmung in sozialen Angelegenheiten

Auch bei der KAPOVAZ liegt der Schwerpunkt der Mitbestimmung bei § 87 Abs. 1 BetrVG. Zunächst ist festzuhalten, daß § 12 TzBfG keine gesetzliche Regelung im Sinne des Eingangssatzes von § 87 Abs. 1 BetrVG ist[579], die eine Anwendung der Vorschrift ausschließen würde. Die Vorschriften im Teilzeit- und Befristungsgesetz beziehen sich nur auf die individual-rechtliche, nicht auf die kollektiv-rechtliche Zulässigkeit der Flexibilisierung von Teilzeitarbeit. Soweit es sich also um die Verteilung der Arbeitszeit handelt, ist die Mitbestimmung des Betriebsrates nicht wegen § 12 TzBfG durch Gesetz ausgeschlossen. Insbesondere kommt eine Mitbestimmung nach § 87 Abs. 1 Nr. 2 BetrVG in Betracht.

aa) Umfang des Mitbestimmungsrechts bezüglich Beginn und Ende der täglichen Arbeitszeit einschließlich der Pausen sowie Verteilung der Arbeitszeit auf die einzelnen Wochentage

Der Arbeitgeber muß bei der Festlegung der zeitlichen Rahmenbedingungen für den Arbeitseinsatz von Arbeitnehmern mit flexibler Arbeitszeit das Mitbestimmungsrecht des Betriebsrates nach § 87 Abs. 1 Nr. 2 BetrVG beachten. Dies gilt

---

[577] *Richardi*, BetrVG, § 102 Rn. 166.

[578] *Richardi*, BetrVG, § 102 Rn. 164; *Fitting*, BetrVG, § 102 Rn. 49, 50 a: ein Widerspruchsgrund ist gegeben, wenn der betroffene Arbeitnehmer bereit ist, zur Teilzeitarbeit überzugehen; das gleiche muß für die KAPOVAZ gelten.

[579] So für § 4 BeschFG: MünchArbR/*Matthes*, § 334 Rn. 39; *Plander*, Kapazitätsorientierte variable Arbeitszeit als Gegenstand von Tarifverträgen und Betriebsvereinbarungen, AuR 1987, 281 (287); *Fitting*, BetrVG, § 87 Rn. 125; für § 12 TzBfG kann nichts anderes gelten.

sowohl für normale Teilzeitarbeitsverhältnisse[580] als auch für KAPOVAZ-Arbeitsverhältnisse[581].

aaa) Ausschluß der KAPOVAZ durch Mitbestimmung oder durch den Eingangssatz von § 87 Abs. 1 S. 1 BetrVG?

Es ist möglich, daß die Mitbestimmung des Betriebsrates bezüglich der Lage der Arbeitszeit nach § 87 Abs. 1 Nr. 2 BetrVG dazu führen kann, daß das Arbeitszeitsystem der KAPOVAZ im jeweiligen Betrieb keine Anwendung finden kann[582]. Dies wäre zum Beispiel bei einer Klausel in einer Betriebsvereinbarung der Fall, nach der der Arbeitgeber die Arbeitszeiten von vornherein auf bestimmte Wochentage und Zeiten festzulegen hat[583]. Im Ergebnis entspricht dies auch der Begründung zum Regierungsentwurf eines Beschäftigungsförderungsgesetzes, wonach die bestehenden Vorschriften über die Beteiligung des Betriebsrates unberührt bleiben sollten[584].

Teilzeitarbeitnehmer und insbesondere KAPOVAZ-Arbeitnehmer bedürfen des Schutzes der betrieblichen Interessenvertretung[585]. Ein besonderes Schutzinteresse resultiert daraus, daß sich bei Teilzeitarbeitsverhältnissen eine weit größere

---

580 *BAG* 13.10.1987 E 56, 197 = AP Nr. 24 zu § 87 BetrVG 1972 Arbeitszeit = NZA 1988, 251.

581 *Winterfeld/Göbel/Seelmann*, BeschFG 1985, Rn. 268; *Schüren*, Arbeitszeitverkürzung und Flexibilisierung – Kostensenkung durch Arbeitszeitabbau und bedarfsorientierte Arbeitszeiten aus arbeitsrechtlicher Sicht, Brennpunkte des Arbeitsrechts 1995, 129 (135): "bei allen flexiblen Arbeitszeitformen greift die Mitbestimmung des Betriebsrats gemäß § 87 Abs. 1 Nr. 2 BetrVG (Verteilung der Arbeitszeit)".

582 *Buschmann*, in Buschmann/Dieball/Stevens-Bartol, TZA, § 87 BetrVG Rn. 13; *Klevemann*, Mitbestimmungsrechte des Betriebsrats bei KAPOVAZ-Arbeitszeitsystemen, AiB 1986, 156 (162); MünchArbR/*Matthes*, § 334 Rn. 40; *Meyer*, Kapazitätsorientierte Variable Arbeitszeit (KAPOVAZ), 1989, S. 167; *Lipke*, Betriebsverfassungsrechtliche Probleme der Teilzeitarbeit, NZA 1990, 758 (764); im Ergebnis a.A. *Richardi*, Die Mitbestimmung des Betriebsrats bei flexibler Arbeitszeitgestaltung, NZA 1994, 593 (595); *Wiese*, GK-BetrVG, § 87 Rn. 318; *Hanau*, Befristung und Abrufarbeit nach dem Beschäftigungsförderungsgesetz 1985, RdA 1987, 25 (27); allgemein für die Teilzeit: *BAG* 13.10.1987 E 56, 197 = AP Nr. 24 zu § 87 BetrVG 1972 Arbeitszeit = NZA 1988, 251; *BAG* 28.9.1988 AP Nr. 29 zu § 87 BetrVG 1972 Arbeitszeit = NZA 1989, 184.

583 Dies wird teilweise für unzulässig gehalten, s. *Lipke*, GK-TzA, Art. 1 § 2 BeschFG Rn. 432; *Mikosch*, GK-TzA, Art. 1 § 4 BeschFG Rn. 150.

584 Begründung des Regierungsentwurfs, BT-Drucksache 10/2102, S. 17; abgedruckt auch bei *Lipke*, GK-TzA, Einl. Rn. 109 ff; im Ergebnis ebenso: *Mikosch*, GK-TzA, Art. 1 § 4 Rn. 150; *Lipke*, Betriebsverfassungsrechtliche Probleme der Teilzeitarbeit, NZA 1990, 758 (763); so auch durch *BAG* 13,10,1987 AP Nr. 2 zu § 77 BetrVG 1972 Auslegung = EzA § 611 BGB Teilzeitarbeit Nr. 2 = NZA 1988, 253.

585 *Plander*, Kapazitätsorientierte variable Arbeitszeit als Gegenstand von Tarifverträgen und Betriebsvereinbarungen, AuR 1987, 281 (286); *BAG* 13.10.1987 E 56, 197 = AP Nr. 24 BetrVG 1972 Arbeitszeit = NZA 1988, 251.

Anzahl von Variationsmöglichkeiten hinsichtlich der Lage der Arbeitszeit ergibt als bei Vollzeitarbeitsverhältnissen. Daher ist auch eine Mitbestimmung bei den Vollzeitarbeitsverhältnissen für die Arbeitnehmer von geringerer Bedeutung als bei Teilzeitarbeitsverhältnissen. Innerhalb des tariflich und gesetzlich (ArbZG) Möglichen bieten sich bei der KAPOVAZ enorm viele Gestaltungsmöglichkeiten des Arbeitgebers, die es erforderlich machen, die einseitige Weisungsbefugnis des Arbeitgebers zum Beispiel durch kollektive Regelungen in Form von Betriebsvereinbarungen zu ersetzen.

Nach alledem hat die geringere Dauer der Arbeitszeit also keinen Einfluß auf das Mitbestimmungsrecht nach § 87 Abs. 1 Nr. 2 BetrVG. Nach der Rechtsprechung des *BAG* zur Teilzeitarbeit ergaben sich auch aus der Wertung des § 4 BeschFG keine Beschränkungen des Mitbestimmungsrechtes des Betriebsrates[586], weil das Beschäftigungsförderungsgesetz nur individual-rechtliche Voraussetzungen und Folgen für Arbeitsverträge mit einer vereinbarten Arbeitsleistung entsprechend dem Arbeitsanfall regle. Vom BeschFG wurden entsprechend der Argumentation des *BAG* jedoch betriebsverfassungsrechtliche Probleme nicht erfaßt. Daher schloß nach Ansicht des *BAG* § 4 BeschFG die Zulässigkeit von Betriebsvereinbarungen, die die KAPOVAZ faktisch verhindern, nicht aus. § 4 BeschFG war danach auch keine gesetzliche Regelung im Sinne des Eingangssatzes des § 87 Abs. 1 BetrVG. § 4 BeschFG legte lediglich Mindestarbeitsbedingungen fest, die die Mitbestimmungsrechte nicht ausschließen.

Es wurde teilweise vertreten, daß ein Mitbestimmungsrecht des Betriebsrates insbesondere dann wegen des Gesetzesvorbehalts im Eingangssatz des § 87 Abs. 1 BetrVG ausgeschlossen sei, wenn der Betriebsrat eine Verlängerung der Abruffrist oder der täglichen Mindesteinsatzdauer anstrebt[587]. Dem konnte zu Zeiten des BeschFG 1985 und kann auch nach Inkrafttreten des TzBfG aber nicht gefolgt werden. Das Mitbestimmungsrecht des Betriebsrates kann nur durch zwingendes, nicht aber durch dispositives Gesetzesrecht ausgeschlossen werden[588]. Die Vereinbarung eines bestimmten Arbeitszeitkontingents ist durch das TzBfG zum Beispiel nicht zwingend vorgeschrieben. Andererseits greift die

[586] Für die Teilzeit so entschieden: *BAG* 13.10.1987 AP Nr. 2 zu § 77 BetrVG 1972 Auslegung = EzA § 611 BGB Teilzeitarbeit Nr. 2 =NZA 1988, 253; *BAG* 13.10.1987 E 56, 197 = AP Nr. 24 zu § 87 BetrVG 1972 Arbeitszeit = NZA 1988, 251; *BAG* 28.9.1988 AP Nr. 29 zu § 87 BetrVG 1972 Arbeitszeit = NZA 1989, 184.

[587] *Hanau*, Der Regierungsentwurf eines Beschäftigungsförderungsgesetzes 1985 oder : Hier hat der Chef selbst gekocht, NZA 1984, 345 (347); *ders.*, Befristung und Abrufarbeit nach dem Beschäftigungsförderungsgesetz 1985, RdA 1987, 25 (27).

[588] *Fitting*, BetrVG, § 87 Rn. 28, 35; MünchArbR/*Matthes*, § 332 Rn. 12.

10-Stunden-Regel (§ 12 Abs. 1 S. 3 TzBfG) nur, wenn durch die Arbeitsvertragsparteien nichts anderes vereinbart wurde.

Nach geltendem Recht ist es dem Betriebsrat somit grundsätzlich unbenommen, sein Mitbestimmungsrecht in Arbeitszeitfragen auch zur Eindämmung der von § 12 TzBfG gebilligten flexiblen Arbeitszeiten zu verwenden[589]. Als nicht abdingbare gesetzliche Regelung ist lediglich die Mindestankündigungsfrist in § 4 Abs. 2 BeschFG bzw. § 12 Abs. 1 TzBfG anzusehen, soweit es um die Unterschreitung der Viertagesfrist geht. Eine Unterschreitung der Frist ist unzulässig; der Arbeitnehmer bedarf also diesbezüglich der Beteiligung des Betriebsrates zu seinem Schutz gar nicht. Bei der Überschreitung der Ankündigungsfrist wird es ohnehin nicht zu Interessenkonflikten mit dem Betriebsrat kommen, da diese für die Arbeitnehmer nicht nachteilig ist.

bbb) Mitbestimmung bezüglich der Lage der Arbeitszeit

Ein Mitbestimmungsrecht des Betriebsrates in den Fragen der Lage der Arbeitszeit besteht auch bei der KAPOVAZ. soweit gesetzliche oder tarifliche Regelungen nicht bestehen. Hierzu zählt etwa die Mitbestimmung bei einer Rahmenvereinbarung über die Verteilung der Arbeitszeit der KAPOVAZ-Arbeitnehmer auf die einzelnen Wochentage, die generell abgestimmt werden kann, die Begrenzung der täglichen oder wöchentlichen Zeit der Abrufbereitschaft, die Dauer der Arbeitseinsätze oder die Einführung von zeitlich festliegenden Einsatzschichten. In einer Rahmenvereinbarung über die Lage der Arbeitszeit könnte zudem noch eine tägliche Höchst- und Mindestarbeitszeit festgelegt werden. Außerdem wären Regelungen über den frühestmöglichen Arbeitsbeginn oder das spätest mögliche Arbeitsende möglich. Schließlich könnte man noch ein Verbot des mehrfachen Abrufs an einem Tag festsetzen und die Beteiligung der betroffenen Arbeitnehmer vor dem jeweiligen Abruf regeln.

Wichtig ist, daß nur die Modalitäten der KAPOVAZ auf diese Weise geregelt werden können. Die Vereinbarung des Einsatzes eines KAPOVAZ-Arbeitsverhältnisses mit den Arbeitnehmern kann nur durch Arbeitsvertrag oder durch einen Tarifvertrag, der die Verpflichtung der tarifgebundenen Arbeitnehmer zur kapazitätsorientierten variablen Arbeitszeit enthält, erfolgen. Andere Rechtsquellen neben dem Arbeitsvertrag und dem Tarifvertrag scheiden dagegen zur Begründung von KAPOVAZ-Arbeitspflichten aus. Vor allem reichen hierfür eine Betriebsvereinbarung oder eine Regelungsabrede nicht aus[590].

---

[589] *Klevemann*, Die neuere Rechtsprechung des BAG zur Mitbestimmung des Betriebsrats über die Arbeitszeit und ihre Konsequenzen für die betriebliche Praxis, DB 1988, 334 (336).

[590] *Buschmann*, in Buschmann/Dieball/Stevens-Bartol, TzA, § 4 BeschFG Rn. 51 f.

ccc) Kollektivtatbestand

Umstritten ist die Rechtslage bei flexiblen Arbeitszeitmodellen, wenn der Arbeitgeber die Lage der Arbeitszeit im Einzelfall festlegt[591]. Praktische Relevanz fehlt diesem Problem bei der KAPOVAZ in den Fällen, in denen in einer Rahmenvereinbarung Modalitäten des Abrufs geregelt sind. Denn dann ersetzt eine solche Rahmenvereinbarung die Zustimmung des Betriebsrates im Einzelfall. Gegen ein Mitbestimmungsrecht des Betriebsrates beim einzelnen Abruf spricht, daß sich das Mitbestimmungsrecht grundsätzlich nur auf kollektive Tatbestände bezieht. Beim Einzelabruf liegt jedoch die Annahme einer nicht mitbestimmungspflichtigen Einzelmaßnahme nahe. Dann unterläge der einzelne Abruf dem mitbestimmungsfreien Kern des Direktionsrechts des Arbeitgebers[592]. Als Argument gegen eine Beteiligung des Betriebsrates beim einzelnen Abruf wird auch genannt, daß das Konzept der KAPOVAZ in der Praxis wegen des zu hohen Beteiligungsaufwands nicht mehr durchführbar wäre[593].

Entscheidend kommt es wohl auch hier auf die im Rahmen der Mitbestimmung nach § 87 BetrVG entwickelte Abgrenzung von mitbestimmungsfreier Einzelfallregelung und mitbestimmungspflichtiger abstrakter Festlegung der Arbeitsbedingungen an[594]. Danach besteht auch bei der einzelnen Bestimmung der Arbeitszeitlage durch den Arbeitgeber ein Mitbestimmungsrecht, wenn sie Ausdruck einer kollektiven, abstrakten oder generellen Ordnung ist[595]. Diese Vor-

---

591 S. 4. Kapitel C. II. 1 und C. II. 2.

592 S. hierzu die Ausführungen im 4. Kapitel C. II. 1 und C. II. 2; außerdem: *Dräger*, Beteiligung des Betriebsrats bei der Einführung flexibler Arbeitszeitsysteme, 1986, S. 110 ff; *Mikosch*, GK-TzA, Art. 1 § 4 Rn. 151; *Löwisch*, Arbeits- und sozialrechtliche Hemmnisse einer weiteren Flexibilisierung der Arbeitszeit, RdA 1984, 197 (199); *Schwerdtner*, Die Reichweite der Mitbestimmungsrechte nach § 87 Abs. 1 Nr. 2, 3 BetrVG bei Teilzeitbeschäftigten mit variabler Arbeitszeit, DB 1983, 2763 (2774); *ders.*, Beschäftigungsförderungsgesetz, Tarifautonomie und Betriebsverfassung, NZA 1985, 577 (583); *Löwisch/Schüren*, Aktuelle arbeitsrechtliche Fragen von Teilzeitarbeit und kürzerer Arbeitszeit, BB 1984, 925 (929); *BAG* 24.5.1989 Az.: 2 AZR 537/88 NV.

593 *Dräger*, Beteiligung des Betriebsrats bei der Einführung flexibler Arbeitszeitsysteme, 1986, S. 115; zur gesamten Problematik s. auch: *Meyer*, Kapazitätsorientierte Variable Arbeitszeit (KAPOVAZ), 1989, S. 169 ff; *Löwisch/Schüren*, Aktuelle arbeitsrechtliche Fragen von Teilzeitarbeit und kürzerer Arbeitszeit, BB 1984, 925 (930); *Schwerdtner*, Beschäftigungsförderungsgesetz, Tarifautonomie und Betriebsverfassung, NZA 1985, 577 (583).

594 S. 4. Kapitel C. II. 1 und C. II. 2.

595 *Hilger*, Verhandlungen des 43. DJT, Bd. II/F S. 5 (16): *Hilger* nennt für einen typischen Satz des Einzelvertragsrechts folgenden: "Du erhältst diesen Lohn, weil wird das so vereinbart haben"; typischer Satz des Kollektivrechts ist: "Wer diese Arbeit ausführt, erhält jenen Lohn". Überträgt man dies auf die Problematik zur Abgrenzung der Einzelmaßnahme von der Kollektivmaßnahme beim Abruf eines KAPOVAZ-Arbeitnehmers, so müßte der

aussetzung ist bei vorhersehbaren und regelmäßig auftretenden Regelungsproblemen erfüllt, nicht aber dann, wenn es um die Gestaltung konkreter Arbeitsverhältnisse geht und besondere, nur den einzelnen Arbeitnehmer betreffende Umstände, die Maßnahme veranlassen oder inhaltlich bestimmen. Ein kollektives Regelungsproblem liegt zum Beispiel auch dann vor, wenn ein besonderer Arbeitsanfall auf mehrere KAPOVAZ-Arbeitnehmer zu verteilen ist[596]. Sinnvoll wäre es, in einer Betriebsvereinbarung Modalitäten bezüglich des Abrufs eines Arbeitszeitkontingent und bezüglich der Auswahl des jeweils abzurufenden Arbeitnehmers aufzustellen. Anders dürfte die Abrufarbeit auch nicht durchführbar sein. Die Beteiligung des Betriebsrates bei jedem Abruf wäre viel zu umständlich.

Dem Mitbestimmungsrecht wird nach *Mikosch* genügt, wenn der Betriebsrat an der Aufstellung einer solchen Ordnung beteiligt wird. Dann bedarf die im Rahmen der Ordnung erfolgende Heranziehung des einzelnen Arbeitnehmers keiner weiteren Zustimmung des Betriebsrates[597]. Der kollektive Bezug wird dadurch unterstrichen, daß der einzelne Arbeitnehmer aufgrund eines Arbeitnehmereinsatzplanes, bei dessen Aufstellung nur eine Mitbestimmung nach den §§ 92 ff. BetrVG in Frage kommt, eingesetzt wird, von dem ein Kollektiv von Arbeitnehmern betroffen ist[598].

Satz heißen: "Du bist KAPOVAZ-Arbeitnehmer, also kommst Du im konkreten Fall neben den anderen KAPOVAZ-Arbeitnehmern für einen Abruf in Frage." Aus dieser Perspektive wird man beim Abruf eines KAPOVAZ-Arbeitnehmers einen kollektiven Bezug annehmen können; ähnlich auch die Argumentation des *BAG* bezüglich des Einsatzes von Elektrikern bei Störfällen, *BAG* 2.3.1982 E 38, 96 = AP Nr. 6 zu § 87 BetrVG 1972 Arbeitszeit = EzA § 87 BetrVG 1972 Arbeitszeit Nr. 11 = SAE 1982, 304; zum Ordnungsprinzip s. auch *Hilger,* a.a.O., F S. 20.

[596] *Mikosch*, GK-TzA, Art. 1 § 4 Rn. 151; *Klevemann*, Die Mitbestimmungsrechte des Betriebsrats bei der "Flexibilisierung" der Arbeitszeit, AiB 1984, 90 ff., 107 ff. (111); *Meyer*, Kapazitätsorientierte Variable Arbeitszeit (KAPOVAZ), 1989, S. 170 f.

[597] *BAG* E 38, 96 = AP Nr. 6 zu § 87 BetrVG 1972 Arbeitszeit = EzA § 87 BetrVG 1972 Arbeitszeit Nr. 11 = SAE 1982, 304: In der Entscheidung geht es um die Überstundenanordnung für Elektriker; das *BAG* schließt eine isolierte Betrachtung einer einzelnen Überstundenanordnung aus, da solche Anordnungen immer wieder erforderlich sind und ein einzelner Fall einer Überstundenanordnung nur ein Glied in einer Kette immer wiederkehrender gleichartiger oder ähnlicher Störungen ist. Regelungsfrage ist dann die kollektive Interessen berührende Frage, nach welchen Gesichtspunkten einzelne Arbeitnehmer im Anordnungsfalle herangezogen werden. Es geht um das Problem der möglichst gleichmäßigen Heranziehung der in Frage kommenden Arbeitnehmer; s. auch: *Sprick*, Arbeitszeitbegriff und mitbestimmungspflichtige Tatbestände i. S. d. § 87 I Nr. 2, 3 BetrVG.

[598] So auch: *Buschmann*, Mitbestimmung bei Teilzeitbeschäftigung, NZA 1986, 177 (181); *Schwerdtner*, Die Reichweite der Mitbestimmungsrechte nach § 87 Abs. 1 Nr. 2, 3 BetrVG, DB 1983, 2763 (2768).

Gegen das Mitbestimmungsrecht kann auch nicht eingewandt werden, daß es einen unverhältnismäßig hohen Arbeitsaufwand erfordert, den Betriebsrat vorab über die zeitliche Lage der Wochenarbeitszeit eines jeden einzelnen KAPOVAZ-Arbeitnehmers zu informieren. Das KAPOVAZ-Arbeitszeitsystem bietet dem Arbeitgeber erhebliche Vorteile, denen auch Nachteile gegenüberstehen. Der Arbeitgeber kann, um die Durchführung der KAPOVAZ zu gewährleisten, mit dem Betriebsrat eine Betriebsvereinbarung bezüglich des Abrufs der KAPOVAZ-Arbeitnehmer aufstellen. Daß ein kurzfristiger Einsatz der Arbeitnehmer vereitelt werde, kann der Mitbestimmung auch nicht entgegengehalten werden[599]. Eine mögliche Beschränkung der unternehmerischen Freiheit durch die Mitbestimmung ist in gewissem Grade im Schutzzweck der Mitbestimmung angelegt. Daher kann man den Umfang der Mitbestimmung nicht verringern, um die völlige unternehmerische Freiheit zu gewährleisten.
Eilfälle können eine Mitbestimmung ebenfalls nicht ausschließen. Der Arbeitgeber muß mindestens die viertägige Abruffrist des § 12 Abs. 2 TzBfG beachten. Gelingt ihm in dieser Zeit die Beteiligung des Betriebsrates nicht, so ist das ein Organisationsproblem auf seiner Seite, das weder zu Lasten der Beteiligungsrechte des Betriebsrates noch zu Lasten des Schutzes der Arbeitnehmer gereichen kann. Im Hinblick auch auf § 2 BetrVG, auf Praktikabilität und auf Rechtssicherheit sollten Betriebsrat und Arbeitgeber daher eine generelle, die Zustimmung im Einzelfall ersetzende Regelung anstreben, die die bereits erwähnten Punkte regelt.

bb) Das Mitbestimmungsrecht bei der vorübergehenden Verkürzung oder Verlängerung der betriebsüblichen Arbeitszeit

Bei der kapazitätsorientierten variablen Arbeitszeit scheidet die Mitbestimmung nach § 87 Abs. 1 Nr. 3 BetrVG aus, solange der vereinbarte Arbeitszeitrahmen eingehalten wird[600]. Bei Arbeitnehmern mit variabler Arbeitszeit ändert sich die betriebsübliche Arbeitszeit durch eine vorübergehende Verlängerung oder Verkürzung der Arbeitszeit nicht, da deren betriebsübliche Arbeitszeit variabel ist. Variable Arbeitszeit bedeutet aber gerade, daß vorübergehende Verlängerungen oder Verkürzungen der Arbeitszeit für diese Arbeitnehmer Betriebsüblichkeit

[599] *Klevemann*, Die Mitbestimmungsrechte des Betriebsrats bei der "Flexibilisierung" der Arbeitszeit, AiB 1984, 90 ff., 107 ff (111).

[600] Für variable Teilzeit so vertreten: *Wiese*, GK-BetrVG, § 87 Rn. 400; *Schwerdtner*, Die Reichweite der Mitbestimmungsrechte nach § 87 Abs. 1 Nr. 2, 3 BetrVG bei Teilzeitbeschäftigten mit variabler Arbeitszeit, DB 1983, 2763 (2775); *Richardi*, BetrVG, § 87 Rn. 381; im Ergebnis auch: *Mikosch*, GK-TZA, Art. 1 § 4 Rn. 146.

bedeuten. Der Betriebsrat hat aber über die Festlegung der Variabilität nach § 87 Abs. 1 Nr. 2 BetrVG mitzubestimmen.
Soll aber zum Beispiel vorübergehend für KAPOVAZ-Arbeitnehmer der Arbeitszeitrahmen über das vereinbarte variable Maß hinaus erweitert werden und werden sie aus einer Gruppe von in Frage kommenden Arbeitnehmern ausgewählt, so hat der Betriebsrat ein Mitbestimmungsrecht nach § 87 Abs. 1 Nr. 3 BetrVG[601]

cc) Die Mitbestimmung über Zeit, Ort und Art der Auszahlung der Arbeitsentgelte

Bei KAPOVAZ-Arbeitsverhältnissen ist eine interessengerechte Lösung hinsichtlich der Entgeltzahlung problematisch. Dies um so mehr, je länger der vereinbarte Bezugszeitraum ist. Es stellt sich die Frage nach kontinuierlicher oder diskontinuierlicher Entgeltzahlung. Diesbezüglich hat der Betriebsrat ein Mitbestimmungsrecht nach § 87 Abs. 1 Nr. 4 BetrVG[602]. Nach § 87 Abs. 1 Nr. 4 BetrVG ist nicht nur der Zeitpunkt der Lohnzahlung, sondern auch der Zahlungsabschnitt, in dem das Entgelt gezahlt wird, mitbestimmungspflichtig[603]. Der Betriebsrat kann also insbesondere den Abschluß einer Betriebsvereinbarung fordern, wonach KAPOVAZ-Arbeitnehmer auch bei unterschiedlicher Beschäftigung in den einzelnen Wochen jeweils den durchschnittlich vom Arbeitgeber zu zahlenden Lohn beanspruchen können. Kommt es zu keiner Einigung, so kann der Betriebsrat die Einigungsstelle anrufen.

dd) Mitbestimmung bei der Einführung und Anwendung von technischen Überwachungseinrichtungen

Werden technische Geräte eingesetzt, die das pünktliche Kommen und Gehen des KAPOVAZ-Arbeitnehmers überwachen, so liegt hierin eine Kontrolle des Verhaltens der Arbeitnehmers mittels technischer Einrichtungen im Sinne von

---

[601] *Mikosch*, GK-TzA, Art. 1 § 4 Rn. 37, 55 f., 80, 86, 118; *Farthmann*, Die Mitbestimmung des Betriebsrats bei der Arbeitszeit, RdA 1974, 65 (68); für variable Teilzeit: *Wiese*, GK-BetrVG, § 87 Rn. 400; Richardi, BetrVG, § 87 Rn. 381; a.A. *Schwerdtner*, Die Reichweite der Mitbestimmungsrechte nach § 87 Abs. 1 Nr. 2, 3 BetrVG bei Teilzeitbeschäftigten mit variabler Arbeitszeit, DB 1983, 2763 (2775); zur Frage des Zusammentreffens eines KAPOVAZ-Arbeitsverhältnisses mit einer Überstundenvereinbarung: *Klevemann*, KAPOVAZ und Überstunden, BB 1987, 1242; Überarbeit ist bei KAPOVAZ nicht generell zulässig; sie kann aber im konkreten Einzelfall vereinbart werden bzw. vom Arbeitgeber u.U. durch eine Änderungskündigung erzwungen werden; außerdem kann es zu einer Verpflichtung von Überarbeit in absoluten Notfällen kommen.

[602] *Dräger*, Beteiligung des Betriebsrats bei der Einführung flexibler Arbeitszeitsysteme, 1986, S. 120, 137.

[603] *Richardi*, BetrVG, § 87 Rn. 455; *Wiese*, GK-BetrVG, § 87 Rn. 427.

§ 87 Abs. 1 Nr. 6 BetrVG, bei der der Betriebsrat mitzubestimmen hat[604]. Es bestehen aber ansonsten keine Besonderheiten gegenüber dem „Normalarbeitsverhältnis", denn auch dort werden die Arbeitszeiten meist anhand von Zeiterfassungsgeräten überprüft.

ee) Mitbestimmung bei Fragen der betrieblichen Lohngestaltung

Mit der Einführung neuer Arbeitszeitformen können sich auch Fragen der betrieblichen Lohngestaltung stellen, § 87 Abs. 1 Nr. 10 BetrVG. Bei der KAPOVAZ ist zu klären, ob die KAPOVAZ-Arbeitnehmer in bestehende Regelungen über Zulagen und Zuschläge mit einbezogen werden können. Es sind Vergleichsmaßstäbe zu Arbeitnehmern mit festen Arbeitszeiten festzusetzen. Dabei muß das Benachteiligungsverbot des § 4 Abs. 1 TzBfG berücksichtigt werden[605]. Bezüglich der Lohnhöhe besteht kein Mitbestimmungsrecht nach § 87 Abs. 1 Nr. 10 BetrVG.

E. Jahresarbeitszeitverträge

Eine weitere Form der flexiblen Arbeitszeit ist der Jahresarbeitszeitvertrag[606], bei dem die Identität zwischen Betriebs- und Arbeitszeit endgültig aufgegeben wird. Der Jahresarbeitszeitvertrag unterscheidet sich von der gewöhnlichen Teilzeitarbeit dadurch, daß ein festes Arbeitszeitbudget vorab und über eine besonders lange Planperiode verteilt wird. Es wird kein monatliches oder wöchentliches Arbeitszeitbudget vereinbart, sondern ein Jahresarbeitszeitbudget, das heißt, der Bezugszeitraum, innerhalb dessen ein bestimmtes Arbeitsvolumen zu erbringen ist, wird auf ein Jahr ausgedehnt[607]. Die Verteilung des vereinbarten Deputats wird immer wieder neu vorgenommen und orientiert sich an dem langfristig vorhersehbaren Bedarf mit einer Möglichkeit einer kurzfristigen Umverteilung auf Konsensualbasis[608]. Bei der Vereinbarung eines Jahresar-

---

[604] S. hierzu auch 4. Kapitel C. II. 3. d.

[605] *Klevemann*, Mitbestimmungsrechte des Betriebsrats bei KAPOVAZ-Arbeitszeitsystemen, AiB 1986, 156 (163).

[606] Dieses Modell wurde durch den Chef des schwedischen Volvo Konzerns, Pehr Gyllenhammer, entwickelt, s. *Hardt*, Probleme der Arbeitszeitflexibilisierung aus arbeitsrechtlicher Sicht, 1986, S. 28; s. auch: *Teriet*, Der Jahresarbeitszeitvertrag – ein Arbeitskonzept der oder mit Zukunft, Analysen und Prognosen 1976, 19 ff; im Jahre 1977 schrieb *Teriet*, daß man der betrieblichen Zeitplanung am besten mit Jahresarbeitszeitverträgen gerecht werden könnte: *Teriet*, Die betriebliche Zeitplanung – ein betriebswirtschaftliches Stiefkind?, Personal 1977, 258 (259).

[607] *Menthe*, Neue Rahmenbedingungen für die Flexibilisierung der Arbeitszeit durch das ArbZG, 1998, S. 82.

[608] MünchArbR/*Schüren*, § 167 Rn. 1.

beitszeitvertrages ergeben sich Parallelen zum kapazitätsorientierten Arbeitsvertrag, weil auch der Jahresarbeitszeitvertrag eine Anpassung an den jeweiligen Arbeitsanfall ermöglicht. Bei der kapazitätsorientierten Arbeitsvertragsgestaltung wird dem Arbeitgeber aber bezüglich des Abrufs der Arbeit von den Vertragsparteien ein einseitiges Leistungsbestimmungsrecht eingeräumt. Beim Jahresarbeitszeitvertrag erfolgt die Verteilung der Arbeitszeit hingegen im Rahmen einer gemeinsamen Arbeitszeitplanung auf vertraglicher Basis[609]. Bei Betrieben, in denen der Arbeitsanfall (vorhersehbar und saisonal bedingt oder nur kurzfristig planbar) im Jahresverlauf schwankt, empfiehlt sich die Vereinbarung eines Jahresarbeitszeitvolumens[610]. So kann ein vorhersehbarer, aber unregelmäßiger Arbeitszeitbedarf im Rahmen eines Dauerbeschäftigungsverhältnisses befriedigt werden. Dies ist insbesondere dann eine hilfreiche Lösung, wenn Aufgaben anfallen, die durch Aushilfen oder Leiharbeitskräfte nicht angemessen bewältigt werden können, weil ein gewisses Fachwissen oder eine längere Einarbeitungszeit erforderlich ist.

I. Begriffsbestimmung

1. Begriff

Bei der Jahresarbeitszeit wird der Bezugszeitraum für die Erbringung des vereinbarten Arbeitszeitdeputats zur Förderung auftragsbezogenen Arbeitens meist auf ein Jahr (teilweise auch ein halbes Jahr) erweitert. Es handelt sich um Beschäftigungsverhältnisse, bei denen sich oft längere Zeiten der Beschäftigung mit Freizeitperioden abwechseln[611]. Die Vereinbarung von Jahresarbeitszeiten ist anzuraten in den zahlreichen Betrieben, in denen der Arbeitsanfall im Jahresverlauf schwankt.

Bei der Jahresarbeitszeit werden vertraglich ausschließlich Volumen und Bezugszeitraum festgesetzt, während Lage und Dauer der Arbeitszeit offen bleiben. Die Jahresarbeitszeit wird daher als Fall der „amorphen" (gestaltlosen) Arbeitszeit eingestuft, die eine flexible Verteilung der Arbeitszeit über das Jahr inklusive einer Feinabstimmung durch die Arbeitsvertragsparteien ermöglicht[612].

---

[609] MünchArbR/*Schüren*, § 167 Rn. 1, 5.

[610] *Langmaack*, Teilzeitarbeit und Arbeitszeitflexibilisierung: ein arbeitsrechtlicher Leitfaden für die betriebliche Praxis, 1996, S, 35.

[611] MünchArbR/*Schüren*, § 167 Rn. 1 ff.

[612] *Linnenkohl/Rauschenberg*, Arbeitszeitflexibilisierung, 1996, S. 138; *Reichold*, Zeitsouveränität im Arbeitsverhältnis: Strukturen und Konsequenzen, NZA 1998, 393 (397).

Die gewöhnliche Form des Jahresarbeitszeitvertrages enthält daher drei Ebenen der Arbeitszeitregelung. Der Arbeitsvertrag selbst bestimmt das Jahresdeputat. Auf dieser Grundlage erfolgt auf der zweiten Ebene eine langfristige Planung der Lage der Arbeitszeit, meist im Voraus für ein ganzes Jahr. Das ist die Langzeitplanung, die die langfristig vorhersehbaren Bedarfsschwankungen berücksichtigt. Unvorhergesehene Schwankungen des Bedarfs werden auf der dritten Ebene durch kurzfristige Veränderungen der Arbeitszeitverteilung aufgefangen. Die kurzfristigen Veränderungen unterliegen dem Konsensprinzip, durch das der Arbeitnehmer vor den Nachteilen des Arbeitsabrufs geschützt wird[613].

2. Ausgestaltung

Die im Arbeitsvertrag vereinbarte Jahresstundenzahl kann innerhalb eines vom Unternehmen vorgegebenen Rahmens je nach den Wünschen des einzelnen Mitarbeiters bestimmt werden[614].
So kann beispielsweise den Mitarbeitern ein jährliches Arbeitszeitdeputat von etwa 50, 65, 70 oder 80 Prozent der Jahresarbeitsstundenzahl eines Vollbeschäftigten angeboten werden; es besteht aber auch die Möglichkeit der Vollzeitbeschäftigung, zum Beispiel eine durchschnittliche wöchentliche Arbeitszeit von 35 Stunden, die über das Jahr verschieden verteilt wird. Es sind dann etwa Monate mit 30 Stunden und auch Monate mit 40 Stunden wöchentlicher Arbeitszeit möglich; die Grenzen des Arbeitszeitgesetzes sind bei einer derartigen Vereinbarung zu berücksichtigen[615].
Nach Ablauf des Jahres (oder halben Jahres) kann das Stundenvolumen innerhalb des betrieblich vorgegebenen Rahmens entsprechend den Wünschen des Arbeitnehmers und den Anforderungen des Betriebes erneut festgesetzt werden. Der Arbeitnehmer wird unbefristet beschäftigt und erhält gewöhnlich ein gleichmäßig hohes Monatsentgelt (Basisvergütung) über das ganze Jahr hinweg, er wird jedoch überwiegend in Phasen mit hoher Auslastung eingesetzt. Dies geschieht mit einer ungleichmäßig verteilten Arbeitszeit von bis zu 48 – in Ausnahmefällen bis zu 60 – Stunden pro Woche. Die kontinuierliche Vergütung hat für den Arbeitnehmer den Vorteil, daß er einen ununterbrochenen sozialversicherungsrechtlichen Schutz hat. Trotzdem ist es aber auch möglich, die Vergütung diskontinuierlich auszubezahlen[616].

---

[613] MünchArbR/*Schüren*, § 167 Rn. 5.
[614] *Schneider, D.*, Der kapazitätsorientierte Jahresarbeitsvertrag, 1987, S. 2.
[615] Siehe zu den verschiedenen Gestaltungsformen: *Kutscher*, Das "Jahresarbeitszeit-Modell" als Einstieg in die flexible Arbeitszeitgestaltung, BuW 1996, 717 ff.
[616] MünchArbR/*Schüren*, § 167 Rn. 28.

Die Abrufung der einzelnen Arbeitszeitdeputate innerhalb der gewählten Arbeitsphasen ist Gegenstand kooperativer Verhandlungen zwischen den einzelnen Mitarbeitern und den unternehmerischen Entscheidungsträgern bzw. den Vorgesetzten, wobei auf Unternehmensseite Kommunikationszwänge und Arbeitsanfallschwankungen zu berücksichtigen sind (§ 12 TzBfG analog). Da es keine gesetzlichen Regelungen zum Jahresarbeitszeitvertrag gibt, kann er von den Beteiligten im Rahmen der gesetzlichen Vorgaben (§ 12 TzBfG analog, § 87 Abs. 1 Nr. 2, 3, 6 BetrVG) frei gestaltet werden.

3. Einteilung der Arbeitszeit nach billigem Ermessen

Die Einteilung der Arbeitszeit durch Arbeitgeber und Arbeitnehmer ist bei der Jahresarbeitszeit maßgeblich an die vertraglich vereinbarte Arbeitsaufgabe gebunden. Für Zeiten, in denen Arbeitsleistung auf dem Gebiet der vereinbarten Arbeitsaufgabe anfällt, einigen sich die Arbeitsvertragsparteien auf den Arbeitseinsatz. Der Maßstab für die Beurteilung der Billigkeit hinsichtlich der Zeiteinteilung ergibt sich aus der vertraglichen Vereinbarung.
Einem leitenden Mitarbeiter kann beispielsweise ein weiter Ermessensspielraum bezüglich der Verteilung seiner Arbeitsaufgaben auf den Tag oder die Woche zustehen. Dies hat auch keine Willkür zur Folge, denn für den Fall, daß der Arbeitnehmer seiner Arbeitsaufgabe nicht gerecht wird, kann ihm zwar mangels Zeitfixierung keine Arbeitsversäumnis, doch aber eine Schlechterfüllung hinsichtlich seiner Aufgaben vorgeworfen werden. Mangels fixierter Arbeitszeiten läuft § 615 BGB in diesen Fällen leer; es liegt kein Fall der Unmöglichkeit er Arbeitsleistung, wohl aber ein Fall der Schlechtleistung vor. Es empfiehlt sich daher eine genaue Vereinbarung hinsichtlich der zu erfüllenden Arbeitsaufgaben[617].
Die Durchführung der Jahresarbeitszeit bedarf einer einzelvertraglichen Vereinbarung, in der sowohl das konkret geschuldete Arbeitszeitvolumen als auch der hierauf bezogene Bemessungszeitraum ausdrücklich festgelegt ist. Je detaillierter die Regelung ist, desto weniger Probleme tauchen bei der Festlegung des jeweiligen Arbeitseinsatzes auf. Es sollte auch vereinbart werden, wie lange im Voraus der Arbeitgeber dem Arbeitnehmer mitteilen muß, wann es zu einem Arbeitseinsatz kommen soll. Es könnte etwa auf die Regelung des § 12 Abs. 2 TzBfG zurückgegriffen werden. Danach ist der Arbeitnehmer bei der

---

[617] *Reichold*, Zeitsouveränität im Arbeitsverhältnis: Strukturen und Konsequenzen, NZA 1998, 393 (398); von einer absoluten Fixschuld geht in diesen Fällen auch *Blomeyer* nicht aus: MünchArbR/*Blomeyer*, § 57 Rn. 10 ff.; s. auch *Fabricius*, Leistungsstörungen im Arbeitsverhältnis, 1970, S. 41, 98.

KAPOVAZ nur zur Arbeitsleistung verpflichtet, wenn der Arbeitgeber ihm die Lage seiner Arbeitszeit jeweils mindestens vier Tage im Voraus mitteilt. Dadurch kann sich der Arbeitnehmer auf den jeweiligen Arbeitseinsatz einstellen. Die Einhaltung einer viertägigen Abruffrist entsprechend der Regelung in § 12 Abs. 2 TzBfG bietet sich aus den gleichen Gründen auch für die Jahresarbeitszeit an. Vier Tage sind hier im Hinblick auf die Interessen des Arbeitnehmers keinesfalls zu kurz bemessen. Bei der KAPOVAZ reicht diese Frist nach den Einschätzungen des Gesetzgebers aus, obwohl der Arbeitgeber die Leistungszeit dort einseitig festlegen kann. Bei der Jahresarbeitszeit teilt der Arbeitgeber dem Arbeitnehmer den Zeitpunkt des jeweiligen Arbeitseinsatzes mit. Es ist dann aber immer noch grundsätzlich erforderlich, daß sich die Arbeitsvertragsparteien über die konkrete Arbeitszeit einigen. Eine zu starke Einschränkung des Arbeitnehmers bezüglich seiner Freizeitgestaltung ist also nicht zu befürchten

Hierzu sollten umfassende Regelungen in einer Betriebsvereinbarung fixiert werden, bei deren Ausarbeitung der Betriebsrat nach § 87 Abs. 2 Nr. 2 BetrVG zu beteiligen ist. Eine Vereinbarung einer Auffanglösung für den Fall, daß sich Arbeitgeber und Arbeitnehmer nicht über die Verteilung des Arbeitsdeputats einigen können, ist hilfreich. Es bietet sich ein Rückgriff auf die „Normalverteilung" der Arbeitszeit an. Fehlt eine solche, so muß das Recht zur Leistungsbestimmung entweder auf eine der beiden Parteien übergehen oder es muß eine gerichtliche Leistungsbestimmung erfolgen[618]. Die gerichtliche Leistungsbestimmung wird wohl zu umständlich sein. Billig ist im Hinblick auf die Risikoverteilung des § 615 BGB und auf den Fixschuldcharakter der Arbeitsleistung[619] innerhalb des Bemessungszeitraums die Übertragung des Leistungsbestimmungsrechts auf den Arbeitgeber. Der Arbeitgeber trägt das Risiko, die Arbeitsleistung des Arbeitnehmers zum jeweiligen Zeitpunkt nicht verwerten zu können. Außerdem kann er besser einschätzen, wann ein Einsatz des in Jahresarbeitszeit arbeitenden Arbeitnehmers erforderlich ist.

Für den Arbeitnehmer bietet die Jahresarbeitszeit den Vorteil, daß er kontinuierlich beschäftigt wird, obwohl er nur diskontinuierlich arbeitet[620]. Im Unter-

---

[618] *Schüren*, Grundformen flexibler Arbeitszeitgestaltung und ihre Steuerungssysteme, in: FS für Wolfgang Gitter, 1995, 901 (906); *ders.*, Arbeitszeitverkürzung und Flexibilisierung – Kostensenkung durch Arbeitszeitabbau und bedarfsorientierte Arbeitszeiten aus arbeitsrechtlicher Sicht, Brennpunkte des Arbeitsrechts 1995, 129 (142 f.).

[619] MünchKomm/*Müller-Glöge*, § 611 Rn. 15.

[620] MünchArbR/*Schüren*, § 160 Rn. 27; *Langmaack*, Teilzeitarbeit und Arbeitszeitflexibilisierung: ein arbeitsrechtlicher Leitfaden für die betriebliche Praxis, 1996, S. 35.

schied zur Abrufarbeit ist die Jahresarbeitszeit meist von langen Freizeitperioden geprägt[621].

Die Jahresarbeitszeit ist eine Form der Teilzeit, die sich für Voll- und Teilzeitkräfte gleichermaßen anbietet. Auch wer eine Durchschnittsarbeitszeit von 35 Stunden - die zum Beispiel in der Metallindustrie bereits die volle tarifliche Arbeitszeit darstellt - in der Woche vereinbart hat, kann innerhalb der Grenzen des Arbeitszeitgesetzes zum Beispiel einige Monate lang 30 Stunden und dann wieder 40 Stunden pro Woche arbeiten. Bei Teilzeitkräften sind noch weit größere Arbeitszeitschwankungen möglich; hier kann Jahresarbeitszeit sogar Saisonarbeit ersetzen.

4. Probleme

Problematisch am Jahresarbeitszeitmodell ist, daß die exakte Einhaltung der vertraglichen Arbeitszeit innerhalb genau eines Jahres ein höchst seltenes Ereignis sein dürfte. Denn hierfür müßten alle Parameter des betrieblichen Besetzungsbedarfs vollkommen planbar sein und wie geplant eintreffen. Insbesondere Nachfrageverlauf und krankheitsbedingte Ausfallzeiten der Mitarbeiter sind aber nur in sehr beschränktem Umfang aus Erfahrungswerten absehbar. Außerdem stellt sich bei einer Erkrankung eines Arbeitnehmers die Frage der Entgeltfortzahlung. Wie hätte die „regelmäßige Arbeitszeit" (§ 4 Abs. 1 EFZG) im Zeitraum der Krankheit ausgesehen? Für welchen Zeitraum also muß der Arbeitgeber wie viel Entgeltfortzahlung leisten? Auf eine nähere Darstellung dieser Probleme wird an dieser Stelle verzichtet, da sie dem Individualarbeitsrecht entspringen und nicht Thema dieser Arbeit sind[622].

II. Verbreitung von Jahresarbeitszeitverträgen

Das Modell des Jahresarbeitszeitvertrages ist nur bei ganz speziellen - meist saisonabhängigen - Arbeitsverhältnissen anwendbar. Der Vereinbarung von Jahresarbeitszeitverträgen stand man - wohl auch wegen des hohen Organisationsaufwandes - in Deutschland zunächst eher zurückhaltend gegenüber[623], während in Schweden, Frankreich, den USA und der Schweiz bereits Jahresarbeits-

[621] MünchArbR/*Schüren*, § 160 Rn. 3.

[622] S. dazu: MünchArbR/*Schüren*, § 167 Rn. 29 ff. und § 162 Rn. 152 ff.

[623] *Rauschenberg*, Flexibilisierung und Neugestaltung der Arbeitszeit, 1993, S. 59; eine Ausnahme dürften insoweit vertragliche Regelungen machen, die im Rahmen der kapazitätsorientierten Arbeitszeit ein jährliches Arbeitszeitvolumen vorsehen; insoweit ist aber umstritten, ob bei kapazitätsorientierten Arbeitszeiten ein Bezugszeitraum von einem Jahr zulässig ist.

zeitmodelle praktiziert wurden[624]. In Deutschland gab es aber dennoch bereits in den achtziger Jahren Tarifverträge über Jahresarbeitszeitvereinbarungen, so zum Beispiel einen Haustarifvertrag bei Volkswagen. Mittlerweile berichten bereits Unternehmen wie das Bayernwerk von ihren Erfahrungen mit Jahresarbeitszeitmodellen[625]. Es wird überwiegend ein positives Fazit im Hinblick auf die bisherigen Erfahrungen mit dieser Arbeitszeitgestaltung gezogen.

III. Gesetzliche Grundlagen für die Vereinbarung einer Jahresarbeitszeit

Die Vereinbarung von Jahresarbeitszeit bereitet grundsätzlich unter gesetzlichen Gesichtspunkten keine Probleme, vorausgesetzt, die arbeitsschutzrechtlichen Vorgaben werden beachtet.
Schüren[626] zählt zu den gesetzlichen Vorgaben auch § 4 BeschFG bzw. jetzt § 12 TzBfG hinsichtlich der Ankündigungsfrist und der Mindesteinsatzzeit. Dies ist sachgerecht, weil trotz des bei Jahresarbeitszeiten geltenden Konsensualprinzips die Verhandlungsposition des Arbeitnehmers meist schwächer ist als die des Arbeitgebers.
Das Arbeitszeitgesetz verfolgt die Gewährleistung eines ausreichenden Gesundheitsschutzes der Arbeitnehmer, die Einhaltung der Sonn- und Feiertagsruhe und die Verbesserung der Rahmenbedingungen für flexible Arbeitszeiten. Schwierigkeiten könnten sich ergeben, wenn die Arbeitszeit überwiegend in wenige auftragsstarke Monate im Jahr fällt. Nach § 3 S. 1 ArbZG darf die werktägliche Arbeitszeit der Arbeitnehmer acht Stunden nicht überschreiten. § 3 S. 2 ArbZG normiert für den Fall der Verlängerung der werktäglichen Arbeitszeit auf zehn Stunden einen Ausgleichszeitraum von wahlweise sechs Monaten oder 24 Wochen, der den durchschnittlichen Achtstundentag aufrechterhalten soll. Da der Ausgleichszeitraum aber variabel ist und sowohl die zurückliegende als auch die folgende Zeit erfaßt[627], dürfte es sich hierbei wohl eher um ein Problem auf theoretischer Ebene handeln.

---

[624] *Glaubrecht/Wagner/Zander*, Arbeitszeit im Wandel, 1988, S. 200.

[625] *Gerner*, Ausbruch aus dem Zeitkorsett, PersF 1997, 991 ff.; ebenfalls eingeführt wurde die Jahresarbeitszeit z.B. bei der Akzo Nobel Information Services GmbH: *Doost*, Jahresarbeitszeitmodell in einem Serviceunternehmen, PersF 1998, 48 ff.

[626] MünchArbR/*Schüren*, § 167 Rn. 7.

[627] *Neumann/Biebl*, Arbeitszeitgesetz, 1995, § 3 ArbZG Rn. 8, 9.

IV. Beteiligungs- und Mitbestimmungsrechte des Betriebsrates bei Jahresarbeitszeitverhältnissen

Bei der individualrechtlichen Vereinbarung eines Jahresarbeitszeitvertrages wird es trotz Einbeziehung der Umstände der Arbeitszeitverteilung meist der Fall sein, daß sich die Arbeitnehmer aufgrund ihrer wirtschaftlichen Abhängigkeit praktisch kaum den Arbeitszeitwünschen des Arbeitgebers widersetzen können[628].
Um so mehr kommt es bei dieser Ausgestaltung auf die Beteiligung des Betriebsrates an.

1. Umfang des Mitbestimmungsrechts bezüglich Beginn und Ende der täglichen Arbeitszeit einschließlich der Pausen sowie Verteilung der Arbeitszeit auf die einzelnen Wochentage

Die Lage der Arbeitszeit wird von Arbeitgeber und Arbeitnehmer bei der Jahresarbeitszeit gemeinsam bestimmt. Hierbei darf aber nicht unberücksichtigt bleiben, daß sich der Arbeitnehmer meist in der schlechteren Verhandlungsposition wiederfinden wird. Aus diesem Grund sind Probleme bei der Feinanpassung der Arbeitszeit wegen unerwarteten Engpässen wohl eher selten nach außen hin erkennbar. Für den Fall, daß sich Arbeitgeber und Arbeitnehmer nicht über eine kurzfristige Umverteilung des Arbeitsdeputats einigen können, sollte daher eine kollektive Regelung bestehen, die es dem Arbeitgeber unter unmittelbarer Beteiligung des Betriebsrates gestattet, von dem vereinbarten Langzeitplan auch ohne Zustimmung des Arbeitnehmers im Einzelfall abzuweichen[629].
Dies ist wegen der Risikoverteilung in § 615 BGB geboten, da der Arbeitgeber auch das Risiko, die Arbeitskraft des Arbeitnehmers nicht verwerten zu können, trägt. Es sollte dem Arbeitgeber also für den Fall, daß ein Arbeitnehmer einer Änderung des Einsatzplanes ohne vernünftigen Grund nicht zustimmt, einzelvertraglich eine Art Notbefugnis zur einseitigen Bestimmung der Leistungszeit eingeräumt werden.
Der Arbeitgeber ist bei der Ausübung dieser subsidiären Leistungsbestimmungsbefugnis nach § 315 BGB an das Gebot der Billigkeit gebunden. Er muß also auch die Interessen des Arbeitnehmers berücksichtigen, wenn er einseitig

[628] *Rauschenberg*, Flexibilisierung und Neugestaltung der Arbeitszeit, 1993, S. 62.
[629] MünchArbR/*Schüren*, § 167 Rn. 22; zu kollektiven Regelungen bei Jahresarbeitszeitverträgen: *Engelhardt*, Flexible Jahresarbeitszeit und Arbeitszeitkonten – Entscheidungsgrundlagen und Praxishinweise für betriebliche Regelungen, AiB 2000, 466 ff.

den Jahresarbeitszeitplan festlegt. Auf diese einseitige Leistungsbestimmung ist § 12 TzBfG anzuwenden, da es sich dann faktisch um Abrufarbeit handelt[630]. Problematisch ist dies aber im Hinblick auf das Erfordernis einer einzelvertraglichen Vereinbarung von Abrufarbeit nach § 12 Abs. 1 S. 1 TzBfG[631]. Eine Notbefugnis des Arbeitgebers kann also nicht allein durch Betriebsvereinbarung eingeführt werden, sondern es bedarf einer Regelung im Jahresarbeitsvertrag, nach der der Arbeitnehmer die einseitige Feinanpassung durch den Arbeitgeber im Falle des Scheiterns einer Feinanpassung auf Konsensbasis akzeptiert[632].
Um ansonsten Unbilligkeiten zu vermeiden, hat der Betriebsrat nach § 87 Abs. 1 Nr. 2 BetrVG bei der Lage der Arbeitszeit mitzubestimmen. Die Mitbestimmung bei der Lage der Arbeitszeit ist daher bei einem Jahresarbeitszeitmodell auf die Mitbestimmung bei der Ausarbeitung einer Betriebsvereinbarung, die etwa Regelungen über den Ausgleichszeitraum (§ 3 S. 2 ArbZG), Arbeitszeitkonten[633] oder die Modalitäten der Vereinbarung eines Arbeitseinsatzes (Ankündigungsfrist) enthält, beschränkt, weil die Arbeitszeitregelung hier auf Konsensbasis erfolgt. Es handelt sich bei der einzelnen Vereinbarung hinsichtlich der Lage der Arbeitszeit zwischen Arbeitgeber und Arbeitnehmer um eine vom Mitbestimmungsrecht[634] und auch von § 315 BGB[635] nicht erfaßte Individualvereinbarung.

2. Das Mitbestimmungsrecht bei der vorübergehenden Verkürzung oder Verlängerung der betriebsüblichen Arbeitszeit

Wenn bei der Jahresarbeitszeit Überstunden anfallen, ist dies nach § 87 Abs. 1 Nr. 3 BetrVG mitbestimmungspflichtig.

---

630 Für § 4 BeschFG: MünchArbR/*Schüren*, § 167Rn. 7, 20, 25; für § 12 TzBfG gilt nichts anderes.
631 MünchArbR/*Schüren*, § 166 Rn. 18.
632 MünchArbR/*Schüren*, § 167 Rn. 20, 22.
633 Zur Handhabung von Arbeitszeitkonten bei der Jahresarbeitszeit: *Gerner*, Ausbruch aus dem Zeitkorsett, PersF 1997, 991; *Seifert*, Arbeitszeitkonten – Modelle für mehr Zeitsouveränität oder absatzorientiertes Zeitmanagement, WSI-Mitteilungen 1996, 442, (443).
634 *Schüren*, Arbeitszeitverkürzung und Flexibilisierung – Kostensenkung durch Arbeitszeitabbau und bedarfsorientierte Arbeitszeiten aus arbeitsrechtlicher Sicht, Brennpunkte des Arbeitsrechts 1995, 129 (143).
635 MünchArbR/*Schüren*, § 167 Rn. 25.

3. Die Mitbestimmung über Zeit, Ort und Art der Auszahlung der Arbeitsentgelte

Bei Jahresarbeitszeitmodellen stellt sich ebenso wie bei der KAPOVAZ oder beim Job-Sharing die Frage nach einer kontinuierlichen oder einer diskontinuierlichen Entgeltzahlung. Meist ist eine kontinuierliche Zahlung des Entgelts für den Arbeitnehmer interessengerecht, weil er über ein regelmäßiges Arbeitsentgelt disponieren kann. Sozialversicherungsrechtlich erfolgt eine Absicherung über § 7 a SGB IV. Die Entscheidung darüber, ob eine kontinuierliche oder eine diskontinuierliche Entgeltzahlung erfolgt, ist nach § 87 Abs. 1 Nr. 4 BetrVG auch bei der Jahresarbeitszeit mitbestimmungspflichtig. Ein Mitbestimmungsrecht nach § 87 Abs. 1 Nr. 4 BetrVG besteht sowohl hinsichtlich des Zeitpunkts der Lohnzahlung als auch hinsichtlich des Zahlungszeitraumes, für den die Entgeltzahlung zu erfolgen hat[636].

Die Modalitäten der Entgeltzahlung bei einer diskontinuierlichen Beschäftigung sollten in einer Betriebsvereinbarung geregelt werden.

4. Mitbestimmung bei der Einführung und Anwendung von technischen Überwachungseinrichtungen

Erfordert die Erfassung der Arbeitszeit das Einführen von Zeiterfassungsgeräten, so ist dies nach § 87 Abs. 1 Nr. 6 BetrVG mitbestimmungspflichtig.

F. Altersteilzeit

I. Der Begriff „Altersteilzeit"

Mit dem Gesetz zur Förderung eines gleitenden Übergangs in den Ruhestand vom 23.7.1996[637] wurden für Arbeitgeber und Arbeitnehmer neue Rahmenbedingungen für Vereinbarungen über Altersteilzeitarbeit geschaffen. Es löste das Altersteilzeitgesetz aus dem Jahre 1988 ab, das sich weitgehend als wirkungslos erwiesen hatte.

Das Gesetz von 1996 ist bereits mehrfach geändert worden, die Grundstrukturen blieben allerdings unangetastet[638]. Zu erwähnen sind die Angleichungen an die Neuregelungen des Rechts der Arbeitsförderung im Arbeitsförderungs-

---

636 *Richardi*, BetrVG, § 87 Rn. 455; *Wiese*, GK-BetrVG, § 87 Rn. 427.

637 Gesetz zur Förderung eines gleitenden Übergangs in den Ruhestand v. 23.7.1996, in Kraft getreten am 1.8.1996, BGBl. I S.1076 ff.

638 *Rittweger*, Altersteilzeitgesetz, 1999, AtG vor § 1 Rn. 15.

Reformgesetz (AFRG) vom 24.3.1997[639] und im SGB III, die zum 01.4.1997 bzw. zum 01.1.1998 in Kraft getreten sind sowie die Änderungen durch das Flexi-Gesetz vom 06.4.1998[640] und durch Art. 1 des Gesetzes vom 27.6.2000[641]. Das Modell der Altersteilzeit – als Unterfall der Teilzeitarbeit – erlaubt dem älteren Arbeitnehmer, in einem gewissen zeitlichen Rahmen zu bestimmen, wann er die erwerbswirtschaftliche Arbeit einstellen will[642]. Das Arbeitsamt fördert hierbei die Teilzeitarbeit von Arbeitnehmern, die ihre Arbeitszeit nach Vollendung des 55. Lebensjahres auf die Hälfte vermindern. Zweck der Arbeitszeitverkürzung ist die Förderung der Einstellung von bisher Arbeitslosen und die Ermöglichung eines gleitenden Übergangs vom Erwerbsleben in die Altersrente.

Das ursprüngliche Leitbild des Gesetzgebers sah für die arbeitsvertragliche Altersteilzeitarbeit die klassische Teilzeit, also Halbtagsbeschäftigung vor. Nur so ist auch ein gleitender Übergang in den Ruhestand möglich. Mittlerweile wurden die Möglichkeiten der Altersteilzeit erweitert; jetzt gibt es die Altersteilzeit in halbwöchentlichen, halbmonatlichen bis hin zu halbjährigen Teilzeitmodellen. Nach der geltenden Rechtslage ist sogar eine Verblockung von bis zu 10 Jahren möglich.

Man hat sich inzwischen weit von den ursprünglichen Vorstellungen hinsichtlich der Altersteilzeit entfernt. Bemerkenswert am Flexi-Gesetz ist vor allem, daß es in den neu geschaffenen Bereichen der Arbeitszeitflexibilisierung keinen Tarifvorbehalt eingeführt hat. Ob das Gesetz einen Beitrag zur besseren Verteilung der Beschäftigung in Deutschland und zum Abbau von Arbeitslosigkeit leisten kann, hängt von dessen Annahme in der Praxis ab, wobei diesbezüglich positive Prognosen abgegeben werden[643].

II. Gesetzliche Grundlagen und Gestaltungsmöglichkeiten bei Altersteilzeit

Seit 1984 wurden die gesetzliche Grundlagen für die Altersteilzeit mehrmals geändert.

---

[639] BGBl. I S. 594.

[640] BGBl. I S. 688.

[641] BGBl. I S. 910; siehe zur Rechtslage nach der Änderung vom 27.6.2000 *Gaul/Cepl*, Wichtige Änderungen im Altersteilzeitgesetz, BB 2000, 1727 ff.

[642] Bundesministerium für Arbeit und Sozialordnung, Presse, Öffentlichkeitsarbeit und Information, Altersteilzeit ab 55, Arbeit in Alters-Teilzeit – Förderung durch das Arbeitsamt – Übergang zur Rente, 2000, S.4.

[643] Eine positive Prognose gibt diesbezüglich *Gaul* ab: Das Gesetz zur sozialrechtlichen Absicherung flexibler Arbeitszeitregelungen, BB 1998, 1634 (1638).

1. Gesetzliche Grundlagen

Das Gesetz zur Förderung von Vorruhestandsleistungen (Vorruhestandsgesetz – VRG) vom 13.4.1984[644] wollte eine vorzeitige Pensionierung der Arbeitnehmer ermöglichen, dadurch beschäftigungspolitische Anreize schaffen und die sog. 59er-Regelung verteuern, um eine Verbesserung der Altersstruktur in den Betrieben auf Kosten der Solidargemeinschaft der Sozialversicherungspflichtigen zu verhindern. Das VRG ist durch das Gesetz zur Förderung eines gleitenden Überganges älterer Arbeitnehmer in den Ruhestand, das in der 9. Novelle zum Arbeitsförderungsgesetz vom 20.12.1988[645] enthalten ist, ersetzt worden. Es folgte das Altersteilzeitgesetz vom 23.7.1996[646], nach dem die Altersteilzeit eine Arbeitszeitform ist, bei der der Arbeitnehmer aufgrund einer Vereinbarung mit dem Arbeitgeber verkürzt arbeitet, nämlich nur die Hälfte der tariflich vereinbarten oder sonst üblichen[647], regelmäßigen Wochenarbeitszeit (§ 2 Abs. 1 Nr. 2 AtG).

Mit dem Inkrafttreten des Gesetzes zur Förderung eines gleitenden Übergangs in den Ruhestand am 1.8.1996 trat das Altersteilzeitgesetz vom 20.12.1988 außer Kraft. Das Altersteilzeitgesetz (AtG) vom 23.7.1996 hat zwischenzeitlich Änderungen erfahren. So ist es durch Art. 7 des Gesetzes zur sozialrechtlichen Absicherung flexibler Arbeitszeitregelungen vom 6.4.1998[648] in seinen §§ 1, 2, 3, 8, 10, 12, 16 geändert worden. Die Änderung trat rückwirkend zum 01.01.1998 in Kraft[649].

Bereits durch Gesetz vom 21.7.1999 wurde das Altersteilzeitgesetz infolge der Änderung des Dritten Buches Sozialgesetzbuch und anderer Gesetze erneut geändert. Zuletzt erfolgte eine Änderung durch Gesetz vom 26.6.2000[650]. Die Förderung von Altersteilzeit durch Zuschüsse der Bundesanstalt für Arbeit wurde 1998 um drei Jahre bis zum 31.7.2004 und im Jahre 2000 nochmals bis zum 31.12.2009 verlängert (§§ 1 Abs. 2 , 16 AtG). Da es sich auch bei der Altersteilzeit um eine flexible Arbeitszeitregelung handelt, gelten, soweit nicht Son-

644 BGBl. I S. 601.

645 BGBl. I S. 2343.

646 BGBl. I S.1078; das Gesetz zur Förderung eines gleitenden Übergangs in den Ruhestand sollte eine sozialverträgliche Alternative zur bisherigen Praxis der Frühverrentung zu Lasten der Solidargemeinschaft schaffen.

647 Vgl. § 6 Abs. 2 Nr. 2 AtG.

648 BGBl. I S. 688 ff.

649 Art. 14 des Gesetzes zur sozialrechtlichen Absicherung flexibler Arbeitszeitregelungen (BGBl. I S. 688).

650 BGBl. I S. 910.

derregelungen des AtG einschlägig sind, die Bestimmungen des Gesetzes zur sozialrechtlichen Absicherung flexibler Arbeitszeitregelungen[651].
Die Bundesanstalt für Arbeit hat bis Anfang 1998 insgesamt ca. 9000 Anträge auf Förderleistung erhalten[652]. Dies sagt allerdings nichts über die tatsächliche Inanspruchnahme der Altersteilzeit aus, die weit höher liegen dürfte. Da die meisten Arbeitnehmer Altersteilzeit im sog. Verblockungsmodell ausüben, sind diese Fallgestaltungen derzeit statistisch als Förderfälle schwer erfaßbar. Der Grund hierfür ist, daß eine Wiederbesetzung und damit eine Förderung durch die Bundesanstalt für Arbeit erst nach Abschluß der Vollzeitphase erfolgt[653].

2. Voraussetzungen der Förderung der Altersteilzeit

Voraussetzung der Förderung, die bis längstens sechs Jahre in Anspruch genommen werden kann (§ 4 Abs. 1 AtG), ist gemäß §§ 2 Abs. 1, 5 Abs. 1 Nr. 1 AtG, daß der Arbeitnehmer das 55. Lebensjahr vollendet und das 65. Lebensjahr noch nicht vollendet hat. Der Arbeitnehmer muß nach dem 14.2.1996 aufgrund einer Vereinbarung mit dem Arbeitgeber die Arbeitszeit auf die Hälfte der bisherigen regelmäßigen wöchentlichen Arbeitszeit reduzieren; dabei muß es sich (auch bei Teilzeitbeschäftigten) nach der Reduzierung immer noch um eine versicherungspflichtige Beschäftigung im Sinne des Dritten Buches Sozialgesetzbuch handeln. Für die Altersteilzeit kommen nur Arbeitnehmer in Frage, die in den letzten fünf Jahren vor Beginn der Altersteilzeit mindestens 1080 Tage eine sozialversicherungspflichtige Beschäftigung im Sinne der §§ 24 ff. SGB III ausgeübt haben. Außerdem muß der Arbeitgeber den freigewordenen Arbeitsplatz mit einem Arbeitslosen bzw. einem Arbeitnehmer nach Abschluß der Ausbildung besetzen. In Kleinbetrieben mit bis zu 50 Arbeitnehmern wird die Altersteilzeit auch dann gefördert, wenn aus Anlaß der Altersteilzeit ein Auszubildender eingestellt wird (§ 3 Abs. 1 Nr. 2 lit.b AtG)[654]. Da Teilzeitkräfte, die ihre Arbeitszeit weiter reduzieren wollen, mittlerweile auch gefördert

---

[651] S. auch *Buczko*, Zur sozialrechtlichen Absicherung flexibler Arbeitszeitregelungen, DAngVers 1999, 73 (78).

[652] *Wonneberger*, Das Gesetz zur sozialrechtlichen Absicherung flexibler Arbeitszeitregelungen, DB 1998, 982 (985); zur Inanspruchnahme der Altersteilzeit vor dem Gesetz vom 23.7.1996 s. *v. Einem*, Das Gesetz zur Förderung eines gleitenden Übergangs in den Ruhestand, BB 1996, 1883; *Müll*, Das Altersteilzeitgesetz – AtG, ZTR 1997, 305; umfangreiches Zahlenmaterial auch bei: *Diel*, Neuregelungen zur Frühverrentung, DB 1996, 1518; *Diller*, Das neue Altersteilzeitgesetz, NZA 1996, 847.

[653] *Wonneberger*, Das Gesetz zur sozialrechtlichen Absicherung flexibler Arbeitszeitregelungen, DB 1998, 982 (985).

[654] Bundesministerium für Arbeit und Sozialordnung, Presse, Öffentlichkeitsarbeit und Information, Altersteilzeit ab 55, 2000, S. 5; MünchArbR/*Schüren*, § 163 Rn. 30.

werden können, ist die Gefahr einer ungerechtfertigten Benachteiligung der Teilzeitkräfte entfallen[655].

Wenn alle diese Voraussetzungen erfüllt sind, hat der Arbeitgeber Anspruch auf Erstattung seiner Leistungen – Aufstockungsbetrag nach § 3 Abs. 1 Nr. 1 lit. a AtG und zusätzliche Beiträge zur Rentenversicherung nach § 3 Abs. 1 Nr. 1 lit. b AtG – an altersteilzeitarbeitende Arbeitnehmer durch die Bundesanstalt für Arbeit, § 4 Abs. 1 Nr. 1 und Nr. 2 AtG.

Der Arbeitgeber muß das Arbeitsentgelt mindestens um 20 % des für die Altersteilzeitarbeit gezahlten Bruttoarbeitsentgelts aufstocken. Die Aufstockung muß dabei mindestens so hoch sein, daß der Arbeitnehmer dadurch 70 % des pauschalierten Nettoarbeitsentgelts erhält, das er erhalten würde, wenn er seine Arbeitszeit nicht im Rahmen der Altersteilzeit vermindert hätte. Außerdem muß der Arbeitgeber zusätzliche Beiträge zur gesetzlichen Rentenversicherung mindestens in Höhe des Beitrags, der auf den Unterschiedsbetrag zwischen 90 % des Vollzeitarbeitsentgelts und dem Arbeitsentgelt für die Altersteilzeit entfällt, entrichten[656].

3. Gestaltungsmöglichkeiten

Der Austritt eines Arbeitnehmers aus dem Erwerbsleben erfolgt im Rahmen einer Altersteilzeitregelung schrittweise[657].

Der Arbeitnehmer hat die Möglichkeit, seine Arbeitszeit über einen längeren Zeitraum ständig zu verkürzen und damit „sanft" von der Vollarbeitszeit bis zum Ausscheiden in Teilzeit zu „gleiten"[658], wobei die Gleitphase in vielfältiger Weise praktiziert werden kann. So können ältere Mitarbeiter zum Beispiel als Teilzeitkräfte in den letzten Jahren vor ihrer Pensionierung arbeiten. Hierbei kann die Teilzeit nicht nur als Halbtagsarbeit ausgestalten werden; sondern vielmehr sind auch betriebliche Regelungen dergestalt möglich, daß in einem Monat in Vollzeit gearbeitet wird, während der nächste Monat komplett arbeits-

---

[655] MünchArbR/*Schüren*, § 163 Rn. 11; *Gaul/Cepl*, Wichtige Änderungen im Altersteilzeitgesetz, BB 2000, 1727; zur Rechtslage vor Einbeziehung der Teilzeitbeschäftigten: *Rust*, Subventionierte Arbeitszeitreduzierung nur für Vollzeitkräfte? – Benachteiligung Teilzeitbeschäftigter bei der Altersteilzeit, BB 1999, 954 ff.

[656] Für Arbeitnehmer, die von der Versicherungspflicht in der gesetzlichen Rentenversicherung befreit sind, kann der Arbeitgeber ebenfalls Leistungen zu einer Altersversorgung erbringen; es handelt sich dann um vergleichbare Aufwendungen nach § 4 Abs. 2 AtG.

[657] Zur Altersteilzeit bei VW: *Arwanitidis/Peters/Schwitzer*, Altersteilzeit, Das Modell der IG Metall bei Volkswagen, 1997.

[658] *Linnenkohl/Rauschenberg*, Arbeitszeitflexibilisierung, 1996, S. 96.

frei ist[659]. Bei der Siemens AG in München ist es bereits seit 1982 möglich, in den letzten vier Jahren bis zur Pensionierung nur noch 20 statt 40 Stunden pro Woche zu arbeiten und dafür 75% der letzten Vollzeitbezüge zu erhalten (sog. 75er-Regelung)[660].

Vor dem 01.01.1998 sah § 2 Abs. 2 S. 1 Nr. 1 AtG grundsätzlich einen Ausgleichszeitraum von maximal einem Jahr vor. Dieser Ausgleichszeitraum ist durch Art. 7 Nr. 2 des Gesetzes zur sozialrechtlichen Absicherung flexibler Arbeitszeitregelungen (sog. „Flexi-Gesetz"[661] vom 06.04.1998) rückwirkend zum 01.01.1998 auf drei Jahre erweitert worden. Dadurch ist es insbesondere möglich, daß der Altersteilzeit-Arbeitnehmer zunächst eineinhalb Jahre voll beschäftigt wird und im Anschluß daran eineinhalb Jahre überhaupt nicht[662]. § 2 Abs. 2 S. 1 Nr. 1 AtG erlaubt jetzt eine Ausdehnung des Ausgleichszeitraumes durch Tarifvertrag auf bis zu sechs Jahre. § 2 Abs. 2 S. 3 und S. 4 AtG stellen zudem sicher, daß auch nicht tarifgebundene Arbeitgeber durch Betriebsvereinbarung oder Einzelvertrag tarifvertragliche Regelungen übernehmen können[663].

§ 2 Abs. 3 AtG enthält eine weitere neue Gestaltungsmöglichkeit: soweit die Voraussetzungen von § 2 Abs. 2 AtG erfüllt sind, kann es zu einer Vereinbarung der Altersteilzeit über einen Zeitraum von bis zu zehn Jahren kommen, wenn der Eintritt in die Altersteilzeit bei Vollendung des 55.Lebensjahres (absolute Eintrittsaltersgrenze) erfolgt[664].

Die wöchentliche Arbeitszeit im Durchschnitt eines Zeitraums von sechs Jahren, der innerhalb des Gesamtzeitraums der vereinbarten Altersteilzeit von bis zu zehn Jahren liegt, darf die Hälfte der tariflichen wöchentlichen Arbeitszeit nicht überschreiten und der Arbeitnehmer muß versicherungspflichtig im Sinne

---

[659] So z.B. bei IBM Deutschland Informationssysteme GmbH, Stuttgart; die Aufteilung in Arbeits- und Freistellungsphasen wird "Verblockung" genannt.

[660] *Linnenkohl/Rauschenberg*, Arbeitszeitflexibilisierung, 1996, S. 97.

[661] BGBl I S. 688; auf die gesamte arbeitsrechtliche Problematik bei der Einführung flexibler Arbeitszeitmodelle (durch das ArbZG vorgegebener Rahmen, Tarifverträge, Mitbestimmungsrechte des Betriebsrats, Erfordernis von Änderungskündigungen bei Scheitern einer einzelvertraglichen Vereinbarung etc.) hat das Flexi-Gesetz keine Auswirkungen; es verbessert lediglich die sozialversicherungsrechtliche Absicherung flexibler Arbeitszeitregelungen.

[662] *Diller*, Das neue Gesetz zur Absicherung flexibler Arbeitszeitregelungen, NZA 1998, 795, 796.

[663] *Diller*, Das neue Gesetz zur Absicherung flexibler Arbeitszeitregelungen, NZA 1998, 792 (796); *Wonneberger*, Das Gesetz zur sozialrechtlichen Absicherung flexibler Arbeitszeitregelungen, DB 1998, 982 (986).

[664] Es handelt sich dann um ein sog. "langfristiges Verblockungsmodell"; s. auch *Buczko*, Zur sozialrechtlichen Absicherung flexibler Arbeitszeitregelungen, DAngVers 1999, 73 (77); *Thiel*, Altersteilzeit – Gleitender Übergang in den Ruhestand oder Personalabbaumodell?, ZTR 1998, 337 (338).

des Dritten Buches Sozialgesetzbuch sein. Die Leistungen werden aber nur für einen Zeitraum von bis zu sechs Jahren und nur für den Zeitraum gewährt, in dem die genannten Voraussetzungen vorliegen[665].
Bei einer Vereinbarung der Altersteilzeit über einen Zeitraum von acht Jahren wäre es beispielsweise möglich, daß der Arbeitnehmer zunächst vier Jahre voll arbeitet und die anschließenden vier Jahre gar nicht. Vom 1,5ten bis zum 7,5ten Jahr bestünde dann ein sechsjähriger Zeitraum, in dem die Arbeitszeit im Durchschnitt 50 % beträgt. Sind die übrigen Voraussetzungen, insbesondere die des § 2 Abs. 2 AtG erfüllt, besteht innerhalb dieses Zeitraumes von sechs Jahren ein Anspruch auf die Förderleistungen der Bundesanstalt für Arbeit[666].
Die Gesetzgebung erweiterte somit die Möglichkeiten der Ausgestaltung der Altersteilzeitarbeit, so daß in Zukunft - zumindest im Blockmodell - mit einer vermehrten Inanspruchnahme zu rechnen ist[667]. Wegen der besonderen Risiken, die sich für den Arbeitnehmer im Blockmodell wegen seiner Vorausleistungen ergeben, steht die verblockte Altersteilzeit unter Tarifvorbehalt. Existiert kein Tarifvertrag, kann die Altersteilzeit grundsätzlich in einem Gesamtzeitraum von maximal drei Jahren verblockt werden. Für diesen Zeitraum können dann die Förderleistungen der Bundesanstalt für Arbeit bewilligt werden. Möglich ist also bei einzelvertraglicher Vereinbarung nur ein Wechsel von eineinhalb Jahren Arbeitsphase und eineinhalb Jahren Freizeitphase.

III. Verbreitung der Altersteilzeit

Die tatsächliche Inanspruchnahme der Altersteilzeit ist zunächst weit hinter den Vorstellungen des Gesetzgebers zurückgeblieben. Bereits gegen die Regelungen von 1988 wurden Einwendungen erhoben[668], daß die Altersteilzeit für die Arbeitnehmer wenig attraktiv sei, was dazu führe, daß sie eher zurückhaltend angenommen werde. Die Arbeitnehmer kritisierten insbesondere den Einkommensverlust bei unveränderten Fixkosten und die Gefahr des betrieblichen und sozialen Abstiegs und Ansehensverlusts. Auf Seiten der Arbeitgeber wurde ein-

---

[665] *Wonneberger*, Das Gesetz zur sozialrechtlichen Absicherung flexibler Arbeitszeitregelungen, DB 1998, 982 (986).

[666] *Diller*, Das neue Gesetz zur Absicherung flexibler Arbeitszeitregelungen, NZA 1998, 792 (796).

[667] Zur Problematik von Blockmodellen s. *Kerschbaumer/Tiefenbacher*, Altersteilzeit in "Blockmodellen", AuR 1998, 58 ff.

[668] *Pröbsting*, Die Neunte Novelle zum Arbeitsförderungsgesetz – Änderungen im Leistungskatalog und Einführung einer Altersteilzeit, Teil II, DB 1989, 724 (726); Zahlenmaterial zur Altersteilzeit vor 1996 ist zu finden bei: *Boecken*, Das Altersteilzeitgesetz –1996, NJW 1996, 3386.

gewandt, daß die meisten Arbeitsplätze unteilbar seien, Probleme beim Pairing auftreten würden und daß eine erhöhte Verwaltungsintensität mit der Altersteilzeit einhergehe[669].

In seinem 14jährigen Bestehen bis zum Altersteilzeitgesetz 1996 hatten das Altersteilzeitgesetz 1988 nur 1000 Personen genutzt, davon waren rund 500 übertariflich Angestellte. Der Gesetzgeber erwartete aufgrund des Gesetzes vom 23.07.1996 bis Ende 1997 rund 150.000 Personen in Altersteilzeit[670]. Tatsächlich gingen vom 01.08.1996 bis 31.12.1997 bei den Arbeitsämtern nach Auskunft der Bundesanstalt für Arbeit 8439 Anträge ein. Es fällt auf, daß das erst während des Gesetzgebungsverfahrens eingeflickte Blockmodell[671] sich zum „Kassenschlager"[672] der Altersteilzeit entwickelte, während die klassische Altersteilzeit - wohl auch wegen der bereits vor 1996 vorgebrachten Bedenken - kaum angenommen wird. Dabei sollte mit der Altersteilzeit gerade auch der gleitende Übergang in den Ruhestand gefördert werden, wovon bei Blockmodellen nicht die Rede sein kann[673]. Die weitere Entwicklung der Altersteilzeit bleibt abzuwarten. Es ist mit einer steigenden Tendenz zu rechnen. Seit Inkrafttreten des neuen Altersteilzeitgesetzes am 1.8.1998 sind bis Ende 1999 insgesamt mehr als 320 Tarifverträge zur Förderung von Altersteilzeit abgeschlossen

---

669 *Rittweger*, Altersteilzeit, 1999, AtG Vor § 1 Rn. 19.

670 So die Begründung zum Gesetzentwurf BR-Drucks. 208/96 S. 51.

671 *Rittweger*, Altersteilzeit, 1999, AtG § 2 Rn. 32 schreibt zum *Blockmodell*: "Im Gesetzgebungsverfahren 1996 wurde entsprechend den Empfehlungen des Ausschusses für Arbeit und Sozialordnung (BT-Drucks. 13/4877) die bis zu fünfjährige verblockte Form mit einer zweieinhalbjährigen Arbeitsphase und einer zweieinhalbjährigen Freistellungsphase eingefügt. Seit Inkrafttreten des sog. Flexi-Gesetzes vom 06.04.1998 ist die Fünf-Jahresgrenze für das tarifvertraglich geregelte Blockmodell gänzlich entfallen (§ 2 Abs. 3 AtG). Wegen des Beginns frühestens ab 55 Jahren und der Regelaltersgrenze 65 gilt de facto eine maximale Verblockung von 10 Jahren."

672 Eine hohe Erwartungshaltung auch bei *Schümann*, Betrieblicher Vorruhestand unter neuen gesetzlichen Rahmenbedingungen, DB 1997, 1330; *Wolf*, Bessere Bedingungen für Altersteilzeit, Arbeitgeber 1998, 211; *Bieback*, Übergang vom Erwerbsleben in den Ruhestand – Anmerkungen zur Diskussion der arbeits- und sozialrechtlichen Probleme auf dem 62. Deutschen Juristentag 1998, AuR 1999, 41 (48); *Rittweger*, Altersteilzeit,1999, AtG Vor § 1 Rn. 23.

673 *Bauer, J.-H.*, Rechtliche und taktische Probleme der Altersteilzeit, NZA 1997, 401 (403); *Bieback*, Übergang vom Erwerbsleben in den Ruhestand – Anmerkungen zur Diskussion der arbeits- und sozialrechtlichen Probleme auf dem 62. Deutschen Juristentag 1998, AuR 1999, 41 (48); *Schümann*, Betrieblicher Vorruhestand unter neuen gesetzlichen Rahmenbedingungen, DB 1997, 1330 (1332); *Weidinger*, Das neue Altersteilzeitgesetz kreativ umsetzen, AuA 1996, 369 (370).

worden. In den von diesen Tarifverträgen erfaßten Bereichen werden insgesamt circa 12,8 Millionen Arbeitnehmer beschäftigt[674].

IV. Individualrechtliche Grenzen bei Altersteilzeitvereinbarungen

Die Vereinbarung von Altersteilzeit bedarf zwingend einzelvertraglicher Vereinbarung[675].

§ 8 Abs. 1 AtG stellt insoweit ausdrücklich klar, daß die Möglichkeit des Arbeitnehmers zur Inanspruchnahme von Altersteilzeit den Arbeitgeber weder zur Kündigung noch zu einer Benachteiligung bei der Sozialauswahl berechtigt. Dadurch wird deutlich, daß die Altersteilzeit lediglich ein Angebot an den Arbeitnehmer sein soll. Kein älterer Arbeitnehmer soll gegen seinen Willen in die Altersteilzeit gedrängt werden. Das Verbot der Kündigung schließt damit zugleich aus, älteren Arbeitnehmern die Altersteilzeit im Wege der Änderungskündigung aufzuzwingen[676]. Zudem ist eine zwingende tarifliche oder betriebsverfassungsrechtliche Begründung von Altersteilzeit nicht möglich[677].

V. Beteiligungs- und Mitbestimmungsrechte des Betriebsrates bei Altersteilzeitvereinbarungen

Die Altersteilzeit ist gesetzlich im Altersteilzeitgesetz verankert. Dadurch sind viele Modalitäten der Abwicklung der Altersteilzeit bereits vorgegeben. Außerdem wird die Altersteilzeit einzelvertraglich vereinbart. Die individualrechtliche Vereinbarung der Altersteilzeit enthält detaillierte Regelungen hinsichtlich der Verteilung der Arbeitszeit und der Höhe des Entgelts während der Altersteilzeit. Viele Regelungen hierzu sind bereits im Altersteilzeitgesetz statuiert. Aus diesen Gründen haben die Beteiligungsrechte bei der Altersteilzeit geringere Bedeutung wie etwa bei der KAPOVAZ. Dennoch soll im Folgenden auf einige Probleme der Beteiligung des Betriebsrates bei Altersteilzeitvereinbarungen eingegangen werden.

---

674 MünchArbR/*Schüren*, § 163 Rn. 6 unter Bezugnahme auf eine Pressemitteilung des Bundesministers für Arbeit und Sozialordnung vom 3.12.1999; bis 1998 waren es 200 Tarifverträge, von denen 8,8 Millionen Arbeitnehmer betroffen waren, s. hierzu: MünchArbR/*Anzinger*, § 218 Rn. 44 unter Auswertung des im BMA geführten Tarifregisters; *Stück*, Arbeitgeberkündigung im Altersteilzeitverhältnis, NZA 2000, 749 (750).

675 MünchArbR/*Schüren*, § 163 Rn. 7.

676 *Diller*, Das neue Gesetz zur Absicherung flexibler Arbeitszeitregelungen, NZA 1996, 847(851); *Bauer, J.-H.*, Rechtliche und taktische Probleme der Altersteilzeit, NZA 1997, 401 (406); *Stück*, Arbeitgeberkündigung im Altersteilzeitverhältnis, NZA 2000, 749 (750).

677 MünchArbR/*Schüren*, § 163 Rn. 7.

1. Umfang des Mitbestimmungsrechts bezüglich Beginn und Ende der täglichen Arbeitszeit einschließlich der Pausen sowie Verteilung der Arbeitszeit auf die einzelnen Wochentage

Die Mitbestimmung über die Lage und Verteilung der Arbeitszeit (§ 87 Abs. 1 Nr. 2 BetrVG) gibt dem Betriebsrat kein Recht auf Beteiligung an einer unternehmerischen Entscheidung[678].
Daher ist die Entscheidung über das „Ob" von Altersteilzeit im Betrieb Bestandteil der unternehmerischen Entscheidungsfreiheit. Der Betriebsrat hat weder Initiativ- noch Mitbestimmungsrecht.
Es stellt sich aber die Frage, ob bei einer einzelvertraglichen Vereinbarung eines Altersteilzeitverhältnisses Mitbestimmungsrechte des Betriebsrates im Sinne des Betriebsverfassungsgesetzes zu berücksichtigen sind. Hinsichtlich der Lage der Arbeitszeit könnte ein Mitbestimmungsrecht nach § 87 Abs. 1 Nr. 2 BetrVG bestehen. Bei der Teilzeit besteht das Mitbestimmungsrecht nach § 87 Abs. 1 Nr. 2 BetrVG in demselben Umfang wie bei der Regelung der Arbeitszeit vollbeschäftigter Arbeitnehmer[679]. Die Altersteilzeit ist wegen ihrer Ausgestaltung eine an besondere Voraussetzungen gebundene, besonders geregelte Form der Teilzeitbeschäftigung[680]. Dennoch ist zu beachten, daß die Vereinbarung von Altersteilzeitarbeit eine Vereinbarung eigener Art darstellt, die sich von der Vereinbarung sonstiger Teilzeitverträge unterscheidet.
Der Arbeitnehmer der eine Altersteilzeitvereinbarung abschließt, will damit den gleitenden Übergang in den Ruhestand regeln. Daher ist die Vereinbarung auch eher mit dem Abschluß eines Auflösungsvertrages vergleichbar. Bei einem Auflösungsvertrag hat eine Mitbestimmung aber grundsätzlich nicht zu erfolgen. Das, was für die gewöhnliche Teilzeit gilt, kann also nicht ohne weiteres auf die Altersteilzeit übertragen werden.
Zunächst ist festzuhalten, daß das primäre Ziel der Altersteilzeit nicht wie bei anderen Teilzeitmodellen die Flexibilisierung der Arbeitszeit im Arbeitgeberinteresse ist, um Leerlaufzeiten zu verhindern. Ziel ist auch nicht vorrangig, den Arbeitnehmern durch eine Umgestaltung der Arbeitszeit eine attraktivere Lebensgestaltung zu bieten.

---

678 *Richardi*, BetrVG, § 87 Rn. 350.
679 *Richardi*, BetrVG, § 87 Rn. 331.
680 *Bosch, D.*, Zur Frage der Beteiligung des Personalrats bei Bewilligung oder Ablehnung von Altersteilzeit, ZfPR 1999, 104; MünchArbR/*Anzinger*, § 218 Rn. 43.

Das Altersteilzeitgesetz[681] und auch die zur Altersteilzeit geschlossenen Tarifverträge[682] wollen den Beschäftigten einen gleitenden Übergang vom Erwerbsleben in den Ruhestand ermöglichen und dadurch vorrangig Auszubildenden und Arbeitslosen Beschäftigungsmöglichkeiten eröffnen. Die Altersteilzeit kann am besten durch tarifliche Regelungen umgesetzt werden[683]; das Altersteilzeitgesetz ist aber grundsätzlich auch aus sich heraus anwendbar. Eine tarifliche Umsetzung bietet sich an, ist aber nicht obligatorisch[684]. Für die für die Arbeitnehmer meist attraktivere Altersteilzeit im Blockmodell statuiert § 2 Abs. 2 Nr. 1 AtG zudem einen Tarifvorbehalt bei Blöcken, die länger als eineinhalb Jahre sind[685]. Daher beruhen die mit der Vereinbarung von Altersteilzeitarbeit verbundenen Konsequenzen hinsichtlich der Verteilung der Arbeitszeit meist auf einer tariflichen Regelung. Ein Mitbestimmungsrecht ist insoweit dann nach dem Eingangssatz des § 87 Abs. 1 BetrVG ausgeschlossen[686].

Es wird auch vertreten, daß es sich bei der Regelung des § 2 Abs. 2 AtG um eine spezialgesetzliche Regelung der Arbeitszeitverteilung handelt, die nach § 87 Abs. 1 Eingangssatz BetrVG der in der dortigen Nr. 2 geregelten Mitbestimmungsmöglichkeit vorgeht[687]. Aus Gründen der Rechtssicherheit hätte dies aber gesetzlich ausdrücklich klargestellt werden sollen. Dieser Ansicht kann auch insoweit nicht uneingeschränkt gefolgt werden, als die Vorschrift des § 2 Abs. 2 AtG einen Regelungsspielraum läßt. Die Lage der Arbeitszeit kann nach § 2 Abs. 2 AtG durchaus noch in einem gewissen Umfang variiert werden. Die

---

681 § 1 Abs. 1 AtG.

682 Vgl. z. B. Präambel zum TV ATZ für den Öffentlichen Dienst vom 5.5.1998 i. d. F. des ÄnderungsTV Nr. 1 vom 15.3.1999, abgedruckt in: *Langenbrinck/Litzka*, Altersteilzeit im öffentlichen Dienst, 1. Auflage 1999, S. 1, 13 ebenso in: *Rittweger*, Altersteilzeit, 1999, S. 143 und in: *Spieß*, Altersteilzeit im öffentlichen Dienst, 1999, S. 78 ff.

683 *Rittweger*, Altersteilzeit, 1999, S. 127.

684 *Bauer, J.-H.*, Rechtliche und taktische Probleme der Altersteilzeit, NZA 1997, 401 (405); *Stindt*, Altersteilzeit und kollektivrechtliche Gestaltung, in: Personal und Unternehmen, Altersteilzeit – Neuer Weg in den Ruhestand, Bd. 6, 1996, S. 56 (74); u. a. wurde für den öffentlichen Dienst bereits am 5.5.1998 ein Tarifvertrag zur Regelung der Altersteilzeitarbeit, geändert am 15.3.1999 durch Änderungstarifvertrag geschlossen (abgedruckt z.B. in *Langenbrinck/Litzka*, Altersteilzeit im öffentlichen Dienst für Angestellte und Arbeiter, 1. Aufl. 1999, S. 1); MünchArbR/*Anzinger*, § 218 Rn. 44; s. hierzu auch: *Stindt*, Ziele, Anreize und Chancen des neuen Altersteilzeitgesetzes, DB 1996, 2281 (2287).

685 S. hierzu *Rittweger*, Altersteilzeit, 1999, § 2 AtG Rn. 32, 33, 40 ff.

686 *Langenbrinck/Litzka*, Altersteilzeit im öffentlichen Dienst für Angestellte und Arbeiter, 1999, Rn. 141.

687 *Bauer, J.-H.*, Rechtliche und taktische Probleme der Altersteilzeit, NZA 1997, 401 (403); *Stindt*, Altersteilzeit und kollektivrechtliche Gestaltung, in: Personal und Unternehmen, Altersteilzeit – Neuer Weg in den Ruhestand, Bd. 6, 1996, S. 56 (72); *ders.*, Ziele, Anreize und Chancen des neuen Altersteilzeitgesetzes, DB 1996, 2281 (2286).

Reichweite einer gesetzlichen Regelung ist durch Auslegung zu ermitteln. Soweit eine Regelung nicht zwingend ist und einen Regelungsspielraum offen läßt, kann sie eine Mitbestimmung nicht gänzlich im Sinne des Eingangssatzes von § 87 Abs. 1 BetrVG ausschließen[688].

Selbst wenn man ein Mitbestimmungsrecht des Betriebsrates bejahen sollte, dürfte eine Zustimmung des Betriebsrates zur Altersteilzeitvereinbarung in der Praxis regelmäßig erfolgen, da im Hinblick auf die Zielrichtung des Altersteilzeitgesetzes wohl kein Grund besteht, sich einer einvernehmlich von Arbeitnehmer und Arbeitgeber getroffenen Abrede entgegenzustellen. Betriebsrat und Arbeitgeber sollten im gemeinsamen Interesse an der Förderung der Altersteilzeit ein Höchstmaß an Individualität und Flexibilität nutzen[689]. Denn durch die Vereinbarung von Altersteilzeit wird es dem älteren Arbeitnehmer möglich, in den Ruhestand zu gehen und ein anderer Arbeitnehmer kann eingestellt werden.

2. Die Mitbestimmung über Zeit, Ort und Art der Auszahlung der Arbeitsentgelte

Bei flexiblen Arbeitszeitmodellen, bei denen sich die Frage einer kontinuierlichen oder diskontinuierlichen Entgeltzahlung stellt, hat der Betriebsrat ein Mitbestimmungsrecht hinsichtlich des jeweiligen Zahlungsmodus. Es ist der Mitbestimmungstatbestand des § 87 Abs. 1 Nr. 4 BetrVG eröffnet, weil es sich diesbezüglich um die Zeit der Auszahlung der Arbeitsentgelte handelt. Eine Mitbestimmung hinsichtlich der Zeit der Auszahlung der Arbeitsentgelt in diesem Sinne entfällt bei der Altersteilzeit, wenn der Ausgleichszeitraum – wie meist – sechs Jahre beträgt. Eine solche erweiterte Ausgleichszeit ist gemäß § 2 Abs. 2 S. 1 Nr. 2 AtG nur möglich, wenn das aufgestockte Arbeitsentgelt trotz der diskontinuierlichen Arbeitszeitverteilung kontinuierlich ausgezahlt wird, so daß gemäß § 2 Abs. 2 S. 1 Nr. 2 AtG auch während der Freizeitperioden ein entgeltliches Beschäftigungsverhältnis im sozialversicherungsrechtlichen Sinne fortbesteht[690]. Da die kontinuierliche Entgeltzahlung aber in diesen Fällen durch

---

[688] *Wiese*, GK-BetrVG, § 87 Rn. 69; *Richardi*, BetrVG, § 87 Rn. 146; im Ergebnis auch ErfK/*Preis*, § 8 AtG Rn. 9; a.A. *Bauer*, Rechtliche und taktische Probleme der Altersteilzeit, NZA 1997, 401 (403); *Stindt*, Ziele, Anreize und Chancen des neuen Altersteilzeitgesetzes – Die beschäftigungsfördernde Beantwortung der Wiederbesetzungsfrage, DB 1996, 2281 (2286).

[689] Für den öffentlichen Dienst so vertreten von *Langenbrinck/Litzka*, Altersteilzeit im öffentlichen Dienst für Angestellte und Arbeiter, 1999, Rn. 142; ebenso beurteilt von *Bauer, J.-H.*, Rechtliche und taktische Probleme der Altersteilzeit, NZA 1997, 401 (403); *Stindt*, Ziele, Anreize und Chancen des neuen Altersteilzeitgesetzes, DB 1996, 2281 (2286).

[690] S. hierzu MünchArbR/*Schüren*, § 163 Rn. 17.

Gesetz (§ 2 Abs. 2 S.1 Nr. 2 AtG) vorgeschrieben ist, entfällt eine Mitbestimmung nach dem Eingangssatz des § 87 Abs. 1 BetrVG.

3. Mitbestimmung bei personellen Einzelmaßnahmen

Arbeitnehmer und Arbeitgeber müssen immer eine einzelvertragliche Vereinbarung zur
Altersteilzeit abgeschlossen haben. Eine Einführung der Altersteilzeit durch (Haus-) Tarifvertrag oder Betriebsvereinbarung ist nicht ausreichend und kann den individuellen Änderungsvertrag[691] nicht ersetzen. Der Änderungsvertrag ist keine mitbestimmungspflichtige personelle Einzelmaßnahme im Sinne von § 99 BetrVG. Eine personelle Einzelmaßnahme nach § 99 BetrVG kommt jedoch bei der Einstellung des Stellenwiederbesetzers in Betracht. Bei der Einstellung und Eingruppierung des Stellenwiederbesetzers ist der Betriebsrat zu beteiligen. Die Betriebsräte sollten insbesondere darauf hinwirken, daß infolge der Altersteilzeit eine Einstellung von Arbeitslosen oder die Übernahme eines Ausbildungsabsolventen erfolgt[692].

4. Unterrichtung über die Personalplanung

Bei der Altersteilzeit wird die Arbeitszeit des Altersteilzeitarbeitnehmers reduziert. Das frei werdende Arbeitszeitkontingent ermöglicht die Einstellung eines Stellenwiederbesetzers. Nach § 3 Abs. 1 Nr. 2 AtG muß der Stellenwiederbesetzer aus Anlaß der Arbeitszeitminderung infolge des Übergangs in die Altersteilzeit erfolgen. Der Stellenwiederbesetzer muß auf einem in diesem Zusammenhang durch Umsetzung freigewordenen Arbeitsplatz beschäftigt werden, das heißt, die Altersteilzeit muß mitursächlich für die Beschäftigung auf dem jeweiligen Arbeitsplatz sein. Schließlich muß der Stellenwiederbesetzer beitragspflichtig im Sinne des SGB III beschäftigt werden. Bei diesen Vorgängen muß der Arbeitgeber planen, kombinieren und disponieren. Wenn er die Arbeitszeitreduzierung nicht zur Personalanpassung, z.B. zur Rationalisierung nutzt, entsteht im Umfang der Arbeitszeitverminderung eine neue Beschäftigungsmöglichkeit.
Wegen der Förderleistungen wird es in diesem Zusammenhang wohl kaum zu Rationalisierungsmaßnahmen kommen; Altersteilzeit ist zwar grundsätzlich auch ohne Wiederbesetzung möglich, die Aufstockungsbeträge gingen in einem solchen Falle jedoch voll zu Lasten des Arbeitgebers[693].

---

[691] *Bauer, J.-H.*, Rechtliche und taktische Probleme der Altersteilzeit, NZA 1997, 401 f.
[692] *Adamy*, Gleitender Übergang in den Ruhestand, AiB 1996, 518 (521).
[693] *Müll*, Das Altersteilzeitgesetz - AtG, ZTR 1997, 305 (307).

Da volumenmäßig durch die Altersteilzeit nur halbe Arbeitszeitkontingente frei werden, gibt es praktisch immer einen Dispositionszwang und die Notwendigkeit zu neuen Kombinationen. Bei der Planung der Anpassung des Personaleinsatzes infolge der Altersteilzeit ist wiederum der Betriebsrat nach § 92 BetrVG zu beteiligen. Für die Erbringung der Förderleistungen ist nach § 3 Abs. 1 Nr. 2 AtG Voraussetzung, daß die Neueinstellung in zeitlichem und ursächlichem Zusammenhang mit der Einführung der Altersteilzeitarbeit steht. Bei der Beurteilung der zeitlichen Ursächlichkeit zwischen dem Übergang in die Altersteilzeitarbeit und der Neueinstellung lassen sich Nachweisprobleme ausräumen, wenn der ohnehin an der Personalplanung nach § 92 BetrVG beteiligte Betriebsrat der Bundesanstalt für Arbeit bestätigt, daß der zeitliche und ursächliche Zusammenhang gegeben ist[694]. Da die Betriebsräte ein natürliches Interesse an der Beschäftigungssicherung und Beschäftigungsförderung haben, könnte sich die Arbeitsverwaltung damit auf den durch das Betriebsverfassungsgesetz etablierten innerbetrieblichen Interessenausgleichsmechanismus stützen[695].

[694] *Stindt*, Ziele, Anreize und Chancen des neuen Altersteilzeitgesetzes, DB 1996, 2281 (2285).

[695] *Stindt*, Altersteilzeit und kollektivrechtliche Gestaltung, in: Personal und Unternehmen, Altersteilzeit – Neuer Weg in den Ruhestand, Bd. 6, 1996, S. 56 (70).

6. Kapitel: Schlußbetrachtung

Die Vielzahl der Probleme, mit denen sich die Gerichte in den vergangenen Jahren im Zusammenhang mit Teilzeitbeschäftigung und flexiblen Arbeitszeiten zu beschäftigen hatten, zeigt, daß bei der Durchführung flexibler Arbeitszeitmodelle in Voll- und Teilzeit von Gleichbehandlung noch lange nicht die Rede sein kann. Die Rechtsprechung, das TzBfG und die Beteiligungsrechte des Betriebsrates als Interessenvertretung der Arbeitnehmer können aber helfen, die Beseitigung dieser Implementierungsdefizite zu beschleunigen.

Bei der Arbeitszeit von Arbeitnehmern, die in einem flexiblen Arbeitsverhältnis stehen, geht die Rechtsprechung von einem besonderen Schutzbedürfnis der Arbeitnehmer aus, weil durch die (meist) verringerte Wochenstundenzahl ein erhöhtes Flexibilisierungspotential entsteht, das der Arbeitgeber zum Beispiel auch dazu nutzen kann, das Entgeltrisiko auf die Arbeitnehmerseite abzuwälzen (§ 615 BGB). Nach der Rechtsprechung des *BAG* sind daher variable Arbeitszeiten, die dem erhöhten Schutzbedürfnis nicht Rechnung tragen, rechtswidrig. Mitbestimmungsrechtlich bestehen im Ergebnis keine großen Unterschiede hinsichtlich der Arbeitszeit von vollzeit- und teilzeitbeschäftigten Arbeitnehmern. Um so mehr ist es verwunderlich, daß die Rechtsprechung immer wieder speziell mit Problemen, die im Zusammenhang mit flexiblen Arbeitszeitmodellen auftauchen, bemüht werden muß[696].

Wichtig für die flexibel beschäftigten Arbeitnehmer ist, daß auch der Vorrang unternehmerischer Entscheidungen oder die Auflösung eines kollektiven Tatbestandes in scheinbar zusammenhanglose Einzelfälle die Mitbestimmung des Betriebsrates nicht pauschal ausschließen kann. Hieran ändert auch die Tatsache nichts, daß der Betriebsrat bei der Festlegung der Dauer der Arbeitszeit nicht mitzubestimmen hat. Obwohl feststeht, daß die Mitbestimmung des Betriebsrates nicht durch die Auflösung kollektiver Tatbestände in Einzelvereinbarungen umgangen werden darf, herrscht in Literatur und Rechtsprechung – wie schon seit Jahrzehnten – immer noch keine Einigkeit hinsichtlich des Erfordernisses eines kollektiven Tatbestandes für das Eingreifen der Mitbestimmung in den Tatbeständen des § 87 Abs. 1 BetrVG. Kontrovers wird auch immer noch diskutiert, wann ein kollektiver Tatbestand vorliegt und welche Rechtsfolge die Nichtbeachtung der Mitbestimmungsrechte des Betriebsrates hat. Angesichts der Schutzbedürftigkeit der Arbeitnehmer bei flexiblen Arbeitszeitmodellen, die

---

696 S. nur Fn. 11.

bei steigender Flexibilität stärker ausgeprägt ist, sollte man auch bei einer Einzelfallregelung mit kollektivem Bezug ein Mitbestimmungsrecht des Betriebsrates bejahen. Zudem sollte die Nichtbeachtung von Mitbestimmungsrechten wegen der schwächeren Ausgangssituation auf Arbeitnehmerseite bei für den Arbeitnehmer ungünstigen Regelungen mit der Nichtigkeitsfolge sanktioniert werden.

Die Arbeitszeitflexibilisierung könnte letztlich einen Beitrag zu einem ökonomischen Umstrukturierungsprozeß insoweit liefern, als daß die zu leistende bzw. zur Verfügung stehende Arbeit unter Einbeziehung staatlicher Fördermittel auf möglichst viele Schultern verteilt wird[697]. Dabei darf aber nicht übersehen werden, daß flexible Arbeitszeitmodelle oft auch nachteilige Auswirkungen für die Arbeitnehmer haben. Flexible Arbeitszeitmodelle sind meist mit einer verminderten Wochenstundenzahl verbunden. Das ist interessant für Arbeitnehmer, die Arbeitsleben und Familie miteinander verbinden wollen. Es gibt aber auch Arbeitnehmer, die auf einen vollzeitigen Lohn angewiesen sind. Für diese ist die Alternative der Teilzeitbeschäftigung zwar besser als die Möglichkeit, gar keinen Arbeitsplatz zu haben. Teilzeitarbeit bietet aber für diese Arbeitnehmer keine zufriedenstellende Lösung. Flexible Arbeitszeitmodelle führen außerdem dazu, daß den Arbeitnehmern vermehrt die Möglichkeit der freien Einteilung ihrer Freizeit genommen wird. Dies ist insbesondere bei der Abrufarbeit der Fall. Schließlich kann der Arbeitgeber das Entgeltrisiko nach § 615 BGB oftmals weitgehend auf die Arbeitnehmer abwälzen, wenn er diese flexibel beschäftigt und daher den Arbeitseinsatz in erhöhtem Maße an Absatzschwankungen ausrichten kann.

Im Ergebnis hat die flexible Beschäftigung viele Vorteile für die Arbeitnehmer, da sie nicht mehr an starre Arbeitszeiten gebunden sind und so oft leichter ihren Freizeit- und Familieninteressen nachgehen können. Flexible Arbeitszeiten bringen aber insbesondere dann, wenn das Leistungsbestimmungsrecht hinsichtlich der Lage der Arbeitszeit dem Arbeitgeber zusteht, ebenso viele Nachteile mit sich, weil die Arbeitnehmer nicht mehr frei über die ihnen verbleibende Zeit disponieren können. Diese Nachteile sind für den Arbeitnehmer auf den ersten Blick meist nicht erkennbar. Aus diesem Grund ist die Beteiligung des Betriebsrates als Interessenvertretung der Arbeitnehmer bei der Einführung und Durchführung flexibler Arbeitszeitmodelle besonders wichtig. Die Betriebsräte

[697] So auch: *Linnenkohl/Kilz/Reh*, Arbeitszeitflexibilisierung als Beitrag zum ökonomischen Umstrukturierungsprozeß in Ostdeutschland, AuA 1992, 33 ff.

sollten versuchen, mit den Arbeitgebern Betriebsvereinbarungen herauszuarbeiten, die möglichst detaillierte Regelungen über die Modalitäten der jeweiligen Arbeitszeitmodelle enthalten. So kann von vorne herein Problemen vorgebeugt werden und die Interessen der Arbeitnehmer können in die Arbeitszeitgestaltung mit einfließen.

Literaturverzeichnis

Adamski, Bernhard	Vertrauensarbeitszeit ... oder mehr Vertrauen in die Arbeitszeit, AuA 1999, 154 ff.
Adamy, Wilhelm	Gleitender Übergang in den Ruhestand – Zur Ausgestaltung des neuen Altersteilzeitgesetzes, AiB 1996, 518 ff.
Ahrend, Peter/ Förster, Wolfgang/ Rühmann, Jochen	Betriebliche Altersversorgung auch für Teilzeitbeschäftigte (?) - Zugleich eine Besprechung der Entscheidung des Bundesarbeitsgerichts vom 6.4.1982 – 3 AZR 134/79- , DB 1982, 1563 ff.
Anton, Günther Karl	Geschichte der preußischen Fabrikgesetzgebung bis zu ihrer Aufnahme durch die Reichsgewerbeordnung, Berlin 1953
Arens, Michael	Die Mitbestimmung bei der Lage der Arbeitszeit nach § 87 I Nr. 2 BetrVG, Köln 1991 (Diss.)
Arndt, Gabriele	Teilzeitarbeit, NZA 1989, Beil. Nr. 3, 8 ff.
Arwanitidis, Georgis/ Peters, Jürgen/ Schwitzer, Helga	Altersteilzeit, Das Modell der IG Metall bei Volkswagen, Hannover 1997
Bäcker, Gerhard	Teilzeitarbeit und individuelle Arbeitszeitflexibilisierung – Festschreibung der Benachteiligung von Frauen in Beruf und Familie -, WSI-Mitteilungen 1981, 194 ff.
Bauer, Jobst-Hubertus	Rechtliche und taktische Probleme der Altersteilzeit, NZA 1997, 401 ff.
Bauer, Jobst-Hubertus	Neue Spielregeln für Teilzeitarbeit und befristete Arbeitsverträge, NZA 2000, 1039 ff.

Becker, Friedrich — Arbeitsrechtliche Probleme der Teilzeitbeschäftigung, Frankfurt a. M. 1970 (Diss.)

Becker, Friedrich/ Danne, Harald/ Lang, Walter/ Lipke, Gert-Albert/ Mikosch, Ernst/ Steinwedel, Ulrich — Gemeinschaftskommentar zum Teilzeitarbeitsrecht (GK-TzA), Darmstadt 1987

Becker-Schaffner, Reinhard — Die Rechtsprechung im Bereich der Teilzeitbeschäftigung, DB 1986, 1773 ff.

Bellgardt, Peter — Flexible Arbeitszeitsysteme, Entwicklung und Einführung, Heidelberg 1987

Bieback, Karl-Jürgen — Übergang vom Erwerbsleben in den Ruhestand - Anmerkungen zur Diskussion der arbeits- und sozialrechtlichen Probleme auf dem 62. Deutschen Juristentag 1998, AuR 99, 41 ff.

Bispinck, Reinhard — Zwischen Beschäftigungssicherung und Tarifabsenkung - Eine Bilanz der Tarifpolitik in Westdeutschland im Jahr 1994 -, WSI-Mitteilungen 1995, 145 ff.

Bitzer, Walter — Teilzeitarbeit und Betriebsverfassung, BUV 1972, 293 ff.

Boecken, Winfried — Das Altersteilzeitgesetz 1996, NJW 1996, 3386 ff.

Borsig, Ernst v. — Industrie und Sozialpolitik, Das sozialpolitische Programm der Vereinigung der Deutschen Arbeitgeberverbände, Berlin 1924

Bosch, Aida/ Ellguth, Peter/ Promberger, Markus — Gleitzeit: Wieviel Zeitautonomie ist gefragt?, WSI-Mitteilungen 1992, 51 ff.

Bosch, Dieter	Zur Frage der Beteiligung des Personalrats bei Bewilligung oder Ablehnung von Altersteilzeit, ZfPR 1999, 104 ff.
Bosch, Gerhard	Das Ende von Arbeitszeitverkürzungen - Zum Zusammenhang von Arbeitszeit, Einkommen und Beschäftigung -, WSI-Mitteilungen 1998, 345 ff
Braunert, Ulrich	Schranken der kollektivrechtlichen Regelung flexibler Arbeitsverträge, Gießen 1987 (Diss.)
Brockhaus	Enzyklopädie in 24 Bänden, Band 7, 20. Auflage, Leipzig/Mannheim 1996
Buczko, Gerhard	Zur sozialrechtlichen Absicherung flexibler Arbeitszeitregelungen, DAngVers 1999, 73 ff.
Bundesministerium für Arbeit und Sozialordnung (Hrsg.)	Alters-Teilzeit ab 55, Arbeit in Alters-Teilzeit – Förderung durch das Arbeitsamt - Übergang zur Rente, Bonn 2000
Buschmann, Rudolf	Gleitende Arbeitszeit, AiB 1981, 155 f.
Buschmann, Rudolf	Mitbestimmung bei Teilzeitbeschäftigung, NZA 1986, 177 ff.
Buschmann, Rudolf	Empirische Erhebung z. BeschFG, AuR 1986, 210
Buschmann, Rudolf/ Schwegler, Lorenz	Fördert das Beschäftigungsförderungsgesetz die Beschäftigung? Eine empirische Untersuchung im privaten Dienstleistungsgewerbe, BB 1986, 1355 ff.
Buschmann, Rudolf	Mitbestimmung bei Teilzeit - Entscheidungen des Bundesarbeitsgerichts vom 13.Oktober, AiB 1987, 253 ff.
Buschmann, Rudolf/ Ulber, Jürgen	Flexibilisierung: Arbeitszeit - Beschäftigung, Basiskommentar, Köln 1989

Buschmann, Rudolf	Anmerkung zu BAG vom 18.4.1989, AZ: 1 ABR 3/88, AiB 1989, 358
Buschmann, Rudolf/ Dieball, Heike/ Stevens-Bartol, Eckard	TZA, Das Recht der Teilzeitarbeit, Kommentar für die Praxis, Köln 1997
Colneric, Ninon	Aktuelle Probleme der Teilzeitarbeit, Brennpunkte des Arbeitsrechts 1995, S. 93 ff.
Däubler, Wolfgang/ Kittner, Michael/ Klebe, Thomas (Hrsg.)	Betriebsverfassungsgesetz - Kommentar für die Praxis, 7. Aufl., Frankfurt a. M. 2000
Danne, Harald Theodor	Das Job-sharing, Seine arbeits- und sozialversicherungsrechtliche Beurteilung nach Inkrafttreten des Beschäftigungsförderungsgesetzes 1985, Darmstadt 1986
Dersch, Hermann	Anmerkung zu BAG vom 7.9.1956, AZ: 1 AZR 646/54, DB 1956, 895
Diel, Udo	Neuregelungen zur Frühverrentung - Das Gesetz zur Förderung eines gleitenden Übergangs in den Ruhestand -, DB 1996, 1518 ff.
Diller, Martin	Das neue Altersteilzeitgesetz sowie die begleitenden Änderungen im Rentenrecht, NZA 1996, 847 ff.
Diller, Martin	Das neue Gesetz zur Absicherung flexibler Arbeitszeitregelungen, NZA 1998, 792 ff.
Doost, Jürgen	Jahresarbeitszeitmodell in einem Serviceunternehmen, Von der Zeit- zur Aufgabenorientierung, PersF 1999, 48 ff.
Dräger, Thomas	Beteiligung des Betriebsrats bei der Einführung flexibler Arbeitszeitsysteme, Frankfurt a. M. 1986

Eckert, Heinz	Die Gleitzeit, Motive - Erfahrungen - Perspektiven, Berichte des Deutschen Industrieinstituts, Nr. 7/1991
Ehler, Karl	Unterlassene Ausschreibung als Teilzeitarbeitsplatz, Keine Sanktion durch ein Widerspruchsrecht des Betriebsrats oder durch Entschädigung wegen mittelbarer Diskriminierung, BB 2001, 1146 ff.
Eich, Rolf-Achim	Das Job-sharing-Arbeitsverhältnis, Personalpolitische, arbeitsrechtliche und sozialversicherungsrechtliche Fragen, DB 1982, Beil. Nr. 9, 1 ff.
Einem, Hans-Jörg v.	Das Gesetz zur Förderung eines gleitenden Übergangs in den Ruhestand, BB 1996, 1883 ff.
Engelhardt, Norbert	Flexible Jahresarbeitszeit und Arbeitszeitkonten - Entscheidungsgrundlagen und Praxishinweise für betriebliche Regelungen, AiB 2000, 466 ff.
Erfurter Kommentar	Erfurter Kommentar zum Arbeitsrecht, hrsg. v. Dieterich, Thomas/Hanau, Peter/Schaub, Günter; Redaktoren: Müller-Glöge, Rudi/Preis, Ulrich, München 1998
Fabricius, Fritz	Leistungsstörungen im Arbeitsverhältnis - Eine Grundlagenstudie - , Tübingen 1970
Fabricius, Fritz/ Wiese, Günther/ Kraft, Alfons/ Kreutz, Peter	Betriebsverfassungsgesetz, Band II: §§ 74-132 BetrVG, Gemeinschaftskommentar, 6. Auflage, 1998
Farthmann, Friedhelm	Rechtsfragen zur gleitenden Arbeitszeit, WSI-Mitteilungen 1972, 109 ff.
Farthmann, Friedhelm	Die Mitbestimmung des Betriebsrats bei der Regelung der Arbeitszeit, RdA 1974, 65 ff.

Fastrich, Lorenz — Gleichbehandlung und Gleichstellung, RdA 2000, 65 ff.

Fauth-Herkner, Angela/ Wiebrock, Stefanie — Blickpunkt Arbeitszeit, Flexible Modelle – Auswahl und erfolgreiche Umsetzung, AuA 1999, 148 ff.

Feldhoff, Kerstin — Anmerkung zu BAG vom 01.11.1995, AZ: 5 AZR 880/94, AiB 1996, 627 f.

Feldmann, Gerald — Industrie und Gewerkschaften 1918-1924, Die überforderte Zentralarbeitsgemeinschaft, Stuttgart 1985

Fitting, Karl/ Kaiser, Heinrich/ Heither, Friedrich/ Engels, Gerd/ Schmidt, Ingrid — Betriebsverfassungsgesetz, Handkommentar, 20. Auflage, München 2000

Franke, Christian — Der Job-Sharing-Arbeitsvertrag, Gelsenkirchen 1983

Fritsch, Stephan — Flexible Arbeitszeitformen und Mitbestimmung, AuA 1990, 293 ff.

Fröhlich, Klaus Peter — Teilzeitarbeit - Ein wesentlicher Bestandteil der flexiblen Arbeitszeitgestaltung bei der Siemens AG, AuA 1998, 37 ff.

Fröhlich, Klaus Peter — Vertrauensgleitzeit - Wie sie bei Siemens gehandhabt wird, AuA 1999, 159 ff.

Gabler — Wirtschafts-Lexikon, 4 Bände, Band 1, Buchstaben A-E, Stichwort: Arbeitszeitflexibilisierung, 14. Auflage, Wiesbaden 1997

Galperin, Hans/ Löwisch, Manfred/ Kröger, Bernd — Kommentar zum Betriebsverfassungsgesetz, Band II: Regelung der Mitbestimmung (§§ 74-132), 6. Aufl., Heidelberg 1982

Garbers, Günter	Rechtsfragen der gleitenden Arbeitszeit, DB 1972, 1871 ff.
Gaul, Björn	Das Gesetz zur sozialrechtlichen Absicherung flexibler Arbeitszeitregelungen, BB 1998, 1634 ff.
Gaul, Björn/ Cepl, Philipp	Wichtige Änderungen im Altersteilzeitgesetz, BB 2000, 1727 ff.
Gerner, Willi	Ausbruch aus dem Zeitkorsett, Flexible Jahresarbeitszeit, PersF 1997, 991 ff.
Glaubrecht, Helmut/ Wagner, Dieter/ Zander, Ernst	Arbeitszeit im Wandel, 3. Auflage, Freiburg i. Br. 1988
Goos, Wolfgang	Der Job-sharing-Arbeitsvertrag, Vorschläge zur Arbeitsvertragsgestaltung mit Erläuterungen, DB 1980, 2339 ff.
Goos, Wolfgang	Entscheidungen des BAG zur Mitbestimmung des Betriebsrats bei der Arbeitszeit von Teilzeitbeschäftigten, NZA 1988, 870 ff.
Grabherr, Stephan	Das Washingtoner Arbeitszeitübereinkommen von 1919, Versuch einer internationalen Regelung der Arbeitszeit in Europa, Freiburg i. Br. 1991 (Diss.)
Gutzeit, Martin	Die Mitbestimmung des Betriebsrats bei Fragen der Arbeitszeit, BB 1996, 106 ff.
Hackh, Steffen	Gleitende Arbeitszeit, Voraussetzung, Planung, Durchführung und praktische Erfahrungen, München 1971
Hanau, Peter	Der Regierungsentwurf eines Beschäftigungsförderungsgesetzes 1985 oder: Hier hat der Chef selbst gekocht, NZA 1984, 345 ff.

Hanau, Peter	Befristung und Abrufarbeit nach dem Beschäftigungsförderungsgesetz 1985, RdA 1987, 25 ff.
Hardt, Helmut	Probleme der Flexibilisierung der Arbeitszeit aus arbeitsrechtlicher Sicht, 1986
Hartwig, Ina	Aktuelles zur Teilzeitarbeit, FA 2/2001, 34 ff.
Hegner, Friedhart/ Bittelmeyer, Günter/ Bruggen, Wouter van/ Heim, Günther/ Kramer, Ulrich	Erfolgsfaktor Zeit, Hrsg. Arbeitgeberverband Gesamtmetall e.V., Köln 1995
Heinze, Meinhard	Personalplanung, Einstellung und Kündigung, Die Mitbestimmung des Betriebsrats bei personellen Maßnahmen, Stuttgart 1982
Heinze, Meinhard	Flexible Arbeitszeitmodelle, NZA 1997, 681 ff.
Helmold, Eva	Möglichkeiten und Probleme des Managements flexibler Arbeitszeiten, Göttingen 1989 (Diss.)
Hermann, Roger	Mitbestimmung bei Teilzeitarbeit - Die Mitbestimmungsrechte gemäß § 87 Abs. 1 Nr. 2 BetrVG bei Teilzeitarbeit nach dem Beschluß des BAG vom 13.10.1987 - 1 ABR 10/86 -, AnwBl 1989, 28 ff.
Hermann, Roger	Rechtliche Begutachtung von KAPOVAZ-Verträgen - Unter besonderer Berücksichtigung der Regelung des Art. 1, § 4 BeschFG 1985, AnwBl 1990, 537 ff., 605 ff.
Hess, Harald/ Schlochauer, Ursula/ Glaubitz, Werner	Kommentar zum Betriebsverfassungsgesetz, 5. Auflage, 1997

Hilger, Marie-Luise — Referat zum 43. Deutschen Juristentag, Verhandlungen des Deutschen Juristentages, München, Band 2, 1960, F 5-F 25

Hillert, Alfred — Rechtsfragen der gleitenden Arbeitszeit, BB 1970, 216 ff.

Hinrichs, Werner — Die Mitbestimmung des Betriebsrats bei Arbeitszeitfragen, AiB 1995, 98 ff.

Hölting, Uta — Flexible Arbeitszeitgestaltung, Essen 1999 (Diss.)

Hoyningen-Huene, Gerrick, v. — Rechtliche Gestaltungsmöglichkeiten beim Job-sharing-Arbeitsverhältnis, BB 1982, 1240 ff.

Hoyningen-Huene, Gerrick, v. — Die Einführung u. Anwendung flexibler Arbeitszeiten im Betrieb, NZA 1985, 9 ff.

Hromadka, Wolfgang — Das Leistungsbestimmungsrecht des Arbeitgebers, DB 1995, 1609 ff.

Hromadka, Wolfgang — Das neue Teilzeit- und Befristungsgesetz, NJW 2001, 400 ff.

Kaufhold, Karl Heinrich — 150 Jahre Arbeitsschutz in Deutschland: Das preußische Regulativ von 1839 und die weitere Entwicklung bis 1914, AuR 1989, 225 ff.

Kerschbaumer, Judith/ Tiefenbacher, Torsten — Altersteilzeit in „Blockmodellen", AuR 1998, 58 ff.

Kilian, Holger — Arbeitszeit und Mitbestimmung des Betriebsrates, Köln 1981 (Diss.)

Kilz, Gerhard/ Reh, Dirk — Der Weg in die Teilzeitgesellschaft, Neue Herausforderungen für Staat und Wirtschaft, Berlin 1997

Kleinsorge, Georg — Teilzeitarbeit und befristete Arbeitsverträge – Ein Überblick über die Neuregelung, MDR 2001, 181 ff.

Klevemann, Joachim — Die Mitbestimmungsrechte des Betriebsrats bei der „Flexibilisierung" der Arbeitszeit, AiB 1984, 90 ff; 107 ff.

Klevemann, Joachim — Mitbestimmungsrechte des Betriebsrats bei KAPOVAZ- Arbeitszeitsystemen, AiB 1986, 156 ff.

Klevemann, Joachim — Der KAPOVAZ-Arbeitsvertrag - Zur Unbilligkeit arbeitsanfallorientierter Vertragsgestaltungen, AiB 1986, 103 ff.

Klevemann, Joachim — Zum Leistungsbestimmungsrecht des Arbeitgebers nach Art. 1 § 4 BeschFG 1985, AuR 1987, 292 ff.

Klevemann, Joachim — KAPOVAZ und Überstunden, BB 1987, 1242 ff.

Klevemann, Joachim — Die neuere Rechtsprechung des BAG zur Mitbestimmung des Betriebsrats über die Arbeitszeit und ihre Konsequenzen für die betriebliche Praxis, DB 1988, 334 ff.

Kliemt, Michael — Der neue Teilzeitanspruch, Die gesetzliche Neuregelung der Teilzeitarbeit ab dem 1.1.2001, NZA 2001, 63 ff.

Knauber-Bergs, Bernd — Mitbestimmung des Betriebsrats bei der Festsetzung der Arbeitszeit, AiB 1988, 151 ff.

Koeve, Dieter — Das Job-Sharing-Arbeitsverhältnis, AuR 1983, 75 ff.

Kramer, Rolf — Unternehmenspolitik und Arbeitszeit, AuA 1999, 432 ff.

Kutscher, Jan/ Weidinger, Michael/ Hoff, Andreas | Flexible Arbeitszeitgestaltung, Praxis-Handbuch zur Einführung innovativer Arbeistzeitmodelle, Wiesbaden 1996

Kutscher, Jan | Das „Jahresarbeitszeit-Modell" als Einstieg in die flexible Arbeitszeitgestaltung, BuW 1996, 717 ff.

Lakies, Thomas | Das Teilzeit- und Befristungsgesetz, DZWIR 2001, 1 ff.

Langenbrinck, Bernhard/ Litzka, Peter | Altersteilzeit im öffentlichen Dienst für Angestellte und Arbeiter, Handbuch für die Praxis, 1. Auflage, München 1999

Langholz, Bernd | Die Kontrolle der gleitenden Arbeitszeit, Überlegungen und Beobachtungen, DB 1972, 580 ff.

Langmaack, Sabine | Teilzeitarbeit und Arbeitszeitflexibilisierung, Berlin 1996

Lehnert, Markus | Die Verkürzung der Wochenarbeitszeit - Probleme aus arbeitsrechtlicher Sicht-, Jura 85, 137 ff.

Leinemann, Wolfgang | Kasseler Handbuch zum Arbeitsrecht, Band 1, Arbeitsverhältnis und Inhalt des Arbeitsverhältnisses, Band 2, Besondere Arbeitsverhältnisse und Arbeitsverhältnisse mit erhöhtem Schutz, Kollektives Arbeitsrecht, Arbeitsgerichtliches Verfahren, Neue Bundesländer, Europarecht, Kassel 1997

Lindemann, Achim/ Simon, Oliver | Neue Regelungen zur Teilzeitarbeit, BB 2001, 146 ff.

Linnenkohl, Karl/ Bauerochse, Frank-Rüdiger | Job-sharing: Eine besondere Form der Teilzeitarbeit, BB 1981, 1845 ff.

Linnenkohl, Karl	Begriff und Bedeutung der „Arbeitszeitflexibilisierung“, BB 1985, 1920 ff.
Linnenkohl, Karl	Informationstechnologie und Mitbestimmung, Betriebsverfassungsrechtlicher Entscheidungsrahmen und Lösungswege, Neuwied/Frankfurt 1989
Linnenkohl, Karl	Rechtsfragen der Neugestaltung der Arbeitszeit, BB 1989, 2472 ff.
Linnenkohl, Karl/ Kilz, Gerhard/ Reh, Dirk	Arbeitszeitflexibilisierung als Beitrag zum ökonomischen Umstrukturierungsprozeß in Ostdeutschland, AuA 1992, 33 ff.
Linnenkohl, Karl/ Kilz, Gerhard	Mitbestimmungsrechte beim Einführen von Gleitzeit, AuA 1993, 238
Linnenkohl, Karl/ Rauschenberg, Hans-Jürgen	Arbeitszeitflexibilisierung, 140 Unternehmen und ihre Modelle, 3. Auflage, Heidelberg 1996
Lipke, Gert-Albert	Betriebsverfassungsrechtliche Probleme der Teilzeitarbeit, NZA 1990,758 ff.
Lipke, Gert-Albert	Individualrechtliche Grundprobleme der Teilzeitarbeit, AuR 1991, 76 ff.
Löwisch, Manfred/ Schüren, Peter	Aktuelle arbeitsrechtliche Fragen von Teilzeitarbeit und kürzerer Arbeitszeit, BB 1984, 925 ff.
Löwisch, Manfred	Arbeits- und sozialrechtliche Hemmnisse einer weiteren Flexibilisierung der Arbeitszeit, RdA 1984, 197 ff.
Löwisch, Manfred	Das Beschäftigungsförderungsgesetz 1985, BB 1985, 1200 ff.
Lorenz, Martin/ Schwedes, Rolf	Das Beschäftigungsförderungsgesetz, DB 1985, 1077 ff.

Lorenz, Martin	Beschäftigungsförderungsgesetz: Teilzeitarbeit, Sozialplan und die sozialversicherungsrechtlichen Regelungen, NZA 1985, 473 ff.
Malzahn, Marion	Kapazitätsorientierte variable Arbeitszeiten und Arbeitnehmergrundrechte, AuR 1985, 137 ff.
Malzahn, Marion	Das Beschäftigungsförderungsgesetz und kapazitätsorientierte variable Arbeitszeiten, AuR 1985, 386 ff.
Marr, Rainer	Arbeitszeitmanagement, 2. Auflage, Berlin 1993
May, Karl/ Mohr, Evelin	Probleme und Realisierungschancen individueller Arbeitszeitmodelle, Beiträge zur Sozialökonomik der Arbeit, Band 11, Hrsg. Bolle, Michael; Strümpel, Burkhard, München 1985
Menthe, Edith	Neue Rahmenbedingungen für die Flexibilisierung der Arbeitszeit durch das ArbZG, Aachen 1998 (Diss.)
Meyer, Hans-Jürgen	Kapazitätsorientierte Variable Arbeitszeit (KAPOVAZ), Gießen 1988 (Diss.)
Mosler, Rudolf	Teilzeitarbeit, in: Arbeitsrechts-Blattei, Systematische Darstellungen 1560, Stand 05/1995
Müll, Jens	Das Altersteilzeitgesetz - AtG, Seine Auswirkungen für Arbeitgeber und Arbeitnehmer, ZTR 1997, 305 ff.
Müll, Jens	Flexible Arbeitszeiten und ihre soziale Absicherung, ZTR 2000, 111 ff.
Münchener Kommentar zum BGB	Münchener Kommentar zum Bürgerlichen Gesetzbuch, hrsg. von Kurt Rebmann und Franz-Jürgen Säcker, Band 4, 3. Auflage, München 1997

Neumann, Dirk/ Biebl, Josef — Arbeitszeitgesetz, Kommentar, 12. Auflage, München 1995

Otto, Hans-Jörg — Mitbestimmung des Betriebsrats bei der Regelung von Dauer und Lage der Arbeitszeit, NZA 1992, 97 ff.

Peifer, Karl Heinz — Die Teilzeitbeschäftigung in der neueren Rechtsprechung des Bundesarbeitsgerichts, ZfA 1999, 271 ff.

Picker, Eduard — Arbeitsvertragliche Lohngefahr und dienstvertragliche Vergütungsgefahr - zur Wiederannäherung von Arbeits- und Zivilrecht, in: Festschrift für Otto Rudolf Kissel zum 65. Geburtstag, Hrsg. Heinze, Meinhard, München 1994

Plander, Harro — Kapazitätsorientierte variable Arbeitszeit als Gegenstand von Tarifverträgen und Betriebsvereinbarungen, AuR 87, 281 ff.

Projahn, Horst/ Roesling, Rolf — Flexible Arbeitszeiten - Chancen für betriebliche Gestaltungsmöglichkeiten, in: Festschrift für Dieter Stege, Hrsg. Landesvereinigung der Arbeitgeberverbände, Nordrhein-Westfalen e.V., Köln 1997

Preis, Ulrich/ Gotthardt, Michael — Neuregelung der Teilzeitarbeit und befristeten Arbeitsverhältnisse – Zum Gesetzentwurf der Bundesregierung -, DB 2000, 2065 ff.

Promberger, Markus — Was wird aus der Arbeitszeit, „Modernisierung“ der betrieblichen Arbeitszeiten in der Metallindustrie zwischen Verkürzung, Pluralisierung und Differenzierung, München 1993

Pröbsting, Karl — Die Neunte Novelle zum Arbeitsförderungsgesetz - Änderungen im Leistungskatalog und Einführung einer Altersteilzeit (Teile I und II), DB 1989, 678 ff, 724 ff.

Pulte, Peter/ Westphal, Regine	Teilzeitarbeit und betriebliche Mitbestimmung, Berlin 1997
Raab, Thomas	Mitbestimmung des Betriebsrats bei der Einführung und Ausgestaltung von Krankengesprächen, NZA 1993, 193 ff.
Ramm, Thilo	Die Arbeitsverfassung der Weimarer Republik, in: In memoriam Sir Otto Kahn-Freund, Hrsg. Gamillscheg, Franz/ de Givry, Jean/ Hepple, Bob/ Verdier, Jean-Maurice, München 1980, S. 225 ff.
Rauschenberg, Hans-Jürgen	Flexibilisierung und Neugestaltung der Arbeitszeit: Der arbeitsrechtliche Entscheidungsrahmen, Baden-Baden 1993
Reichold, Hermann	Mitbestimmung trotz Arbeitszeitsouveränität? Zur Anpassung des Betriebsverfassungsrechts an die Postmoderne, in: Festschrift für Günther Wiese zum 70. Geburtstag, Hrsg. Hanau, Peter, Neuwied, 1998
Reichold, Hermann	Zeitsouveränität im Arbeitsverhältnis: Strukturen und Konsequenzen, NZA 1998, 393 ff.
Reichold, Hermann	Rechtsprobleme der Einführung einer 32-Stunden-Woche durch Tarifvertrag oder Betriebsvereinbarung, ZfA 98, 237 ff.
Richardi, Reinhard	Kollektivgewalt und Individualwille bei der Gestaltung des Arbeitsverhältnisses, München 1968
Richardi, Reinhard	Anmerkung zu BAG vom 31.1.1969, AZ: 1 ABR 11/68, SAE 1969, 182 ff.

Richardi, Reinhard — Die Beschränkung der Vertragsfreiheit durch das Mitbestimmungsrecht des Betriebsrats in sozialen Angelegenheiten, in: Sein und Werden im Recht, Festgabe für Ulrich von Lübtow zum 70 Geburtstag am 21. August 1970, Hrsg. Becker, Walter G./Schnorr von Carolsfeld, Ludwig, Berlin 1970

Richardi, Reinhard — Kritische Anmerkungen zur Reform der Mitbestimmung des Betriebsrats in sozialen und personellen Angelegenheiten nach dem Regierungsentwurf, DB 1971, 621 ff.

Richardi, Reinhard — Änderungskündigung und Versetzung nach neuem Betriebsverfassungsrecht (I und II), DB 1974, 1285 ff., 1335 ff.

Richardi, Reinhard — Arbeitszeitverlängerung nach der Tarifvertragsregelung in der Metallindustrie, DB 1990, 1613 ff.

Richardi, Reinhard — Kollektivvertragliche Arbeitszeitregelung – Fremdbestimmung durch Kollektivnorm oder Regelung der Arbeitsbedingungen für ein rechtsgeschäftliches Dienstleistungsversprechen? -, ZfA 1990, 211 ff.

Richardi, Reinhard — Das Gleichbehandlungsgebot für Teilzeitarbeit und seine Auswirkungen auf Entgeltregelungen, NZA 92, 625 ff.

Richardi, Reinhard — Arbeitszeitflexibilisierung – kollektive Arbeitszeitregelung und individuelle Arbeitszeitsouveränität, in: Festschrift für Franz Merz, Hrsg. Gerhardt, Walter/Hendel, Wolfram/Kilger, Joachim/Kreft, Gerhart, Köln 1992

Richardi, Reinhard — Probleme des Arbeitsentgelts bei flexibler Arbeitszeit, in: Betriebliche Altersversorgung in der Diskussion zwischen Praxis und Wissenschaft, in: Festschrift zum 60. Geburtstag von Peter Ahrend, Hrsg. Förster, Wolfgang/ Rößler, Norbert, Köln 1992

Richardi, Reinhard/ Wlotzke, Otfried — Münchener Handbuch zum Arbeitsrecht, Band 1, Individualarbeitsrecht I, 2. Auflage, München 2000; Band 2, Individualarbeitsrecht II, 2. Auflage, München 2000; Band 3, Kollektives Arbeitsrecht, 2. Auflage, München 2000

Richardi, Reinhard — Die Mitbestimmung des Betriebsrats bei flexibler Arbeitszeitgestaltung, NZA 94, 593 ff.

Richardi, Reinhard — Betriebsverfassungsgesetz mit Wahlordnung, 7. Aufl., München 1998

Richardi, Reinhard/ Annuß, Georg — Gesetzliche Neuregelung von Teilzeitarbeit und Befristung, BB 2000, 2201 ff.

Rittweger, Stephan — Altersteilzeit, Kommentar, München 1999

Roemheld, Bernhard — Flexible Arbeitszeiten, Das Beispiel Opel, WiSt 1995, 641 f.

Rose, Günter — Job-sharing - ein Beitrag zur Entlastung des Arbeitsmarktes oder ein sozialpolitischer Rückschritt?, Der Betriebsrat 1980, 499 ff.

Rosenfelder, Ulrich — Das neue Beschäftigungsförderungsgesetz, Erläuterte Textausgabe mit Regierungsentwurf und Amtlicher Begründung, München/Münster 1985

Roth, Werner — Praxis-Report Gleitzeit, Handbuch der Zeiterfassung, Vor- und Nachteile flexibler Arbeitszeiten, Villingen 1975

Rumpf, Klaus/ Boewer, Dietrich	Mitbestimmung in wirtschaftlichen Angelegenheiten und bei der Unternehmens- und Personalplanung, 3. Auflage, Heidelberg 1990
Rust, Ursula	Subventionierte Arbeitszeitreduzierung nur für Vollzeitkräfte? – Benachteiligung Teilzeitbeschäftigter bei der Altersteilzeit, BB 1999, 954 ff.
Schanz, Günther	Job Sharing Handbuch, Im Auftrage des Niedersächsischen Ministeriums für Wirtschaft und Verkehr, Hannover 1984
Scharf, Günter	Geschichte der Arbeitszeitverkürzung, Der Kampf der deutschen Gewerkschaften um die Verkürzung der täglich und wöchentlichen Arbeitszeit, Köln 1987
Schaub, Günter	Teilzeitbeschäftigung und befristete Arbeitsverhältnisse als Formen einer Personalentscheidung, BB 1988, 2253 ff.
Schaub, Günter	Die Arbeit in den verschiedenen Formen des Teilzeitarbeitsverhältnisses, BB 1990, 1069 ff.
Schaub, Günter	Handbuch des Arbeitsrechts, 9. Auflage, München 2000
Schiefer, Bernd	Entwurf eines Gesetzes über Teilzeitarbeit und befristete Arbeitsverhältnisse und zur Änderung und Aufhebung arbeitsrechtlicher Bestimmungen - oder: Überregulierung statt Deregulierung / Umverteilung statt Flexibilität, DB 2000, 2118 ff.
Schilling, Gabi/ Bauer, Franz/ Groß, Hermann	Arbeitszeiten, Arbeitswünsche und Zeitverwendung in Deutschland, Ergebnisse einer aktuellen Beschäftigtenbefragung in West- und Ostdeutschland, WSI-Mitteilungen 1996, 432 ff.

Schloßer, Philipp	Stellenausschreibung auch als Teilzeitarbeitsplatz – ein Gebot ohne Sanktion, BB 2001, 411 ff.
Schlüter, Wilfried	Die Grenzen der Tarifmacht bei der Regelung der Wochenarbeitszeit, in: Festschrift für Walter Stree und Johannes Wessels, Hrsg. Küper, Wilfried/Welp, Jürgen, Heidelberg 1993
Schmidt, Marlene	Die neue EG-Richtlinie zur Teilzeitarbeit, NZA 1998, S. 576 ff.
Schneider, Dietram	Der kapazitätsorientierte Jahresarbeitsvertrag, München 1987
Schneider, Michael	Streit um Arbeitszeit, Geschichte des Arbeitskampfes um Arbeitszeitverkürzung in Deutschland, Köln 1984
Schümann, Anja	Betrieblicher Vorruhestand unter neuen gesetzlichen Rahmenbedingungen, DB 1997, 1330 ff.
Schüren, Peter	Job Sharing, Arbeitsrechtliche Gestaltung unter Berücksichtigung amerikanischer Erfahrungen, Heidelberg 1983 (Diss.)
Schüren, Peter	Gegenseitige Vertretungspflicht der Teammitglieder beim Job Sharing, BB 1983, 706 ff.
Schüren, Peter	Arbeitszeitflexibilisierung und Sozialversicherung, BB 1984, 1235 ff.
Schüren, Peter	Neue rechtliche Rahmenbedingungen der Arbeitszeitflexibilisierung, RdA 1985, 22 ff.
Schüren, Peter	Der Anspruch Teilzeitbeschäftigter auf Überstundenzuschläge, RdA 1990, 18 ff.
Schüren, Peter	Anmerkung zu BAG vom 29.01.1992, AZ: 4 AZR 293/91, EzA § 2 BeschFG 1985 Nr. 16

Schüren, Peter — Die Gestaltungsfreiheit der Tarifvertragsparteien beim sachlichen Grund in § 2 Abs. 1 BeschFG, ZTR 1992, 355 ff.

Schüren, Peter — Überstundenzuschläge für Teilzeitkräfte, NZA 1993, 529 ff.

Schüren, Peter — Grundformen flexibler Arbeitszeitgestaltung und ihre Steuerungssysteme, in: Festschrift für Wolfgang Gitter, Hrsg. Heinze, Meinhard/Schmitt, Jochem, Wiesbaden 1995

Schüren, Peter — Arbeitszeitverkürzung und Flexibilisierung - Kostensenkung durch Arbeitszeitabbau und bedarfsorientierte Arbeitszeiten aus arbeitsrechtlicher Sicht, Brennpunkte des Arbeitsrechts 1995, S. 129 ff.

Schüren , Peter — Gleitzeitsysteme - Inhaltsschranken der „Zeitsouveränität", AuR 1996, 381 ff.

Schüren, Peter — Abrufarbeit mit variabler Arbeitszeit oder: Was steht eigentlich in § 4 I BeschFG?, NZA 1996, 1306 f.

Schüren, Peter/ Hoff, Andreas/ Weidinger, Michael — Teilzeit - Arbeiten in neuer Form, herausgegeben vom Bundesministerium für Arbeit und Sozialordnung, Bonn 2000

Schwerdtner, Peter — Die Reichweite der Mitbestimmungsrechte nach § 87 Abs. Nr. 2, 3 BetrVG bei Teilzeitbeschäftigten mit variabler Arbeitszeit, DB 1983, 2763 ff.

Schwerdtner, Peter — Beschäftigungsförderungsgesetz, Tarifautonomie und Betriebsverfassung, NZA 1985, 577 ff.

Seifert, Hartmut — Arbeitszeitkonten - Modelle für mehr Zeitsouveränität oder absatzorientiertes Zeitmanagement?, WSI-Mitteilungen 1996, 442 ff.

Seifert, Hartmut — Arbeitszeitpolitik in Deutschland: auf der Suche nach neuen Wegen, WSI-Mitteilungen 1998, 579 ff.

Seneca, Lucius Annaeus — De brevitate vitae, Kap. 1-3 zum falschen Gebrauch der Zeit, aus dem Jahre 49 n. Chr.

Senne, Holger — Flexible Arbeitszeiten und Mitbestimmung, Ein Plädoyer für betriebsnahe Regelungen, BB 1996, 1609 ff.

Siebert, Rolf — Das Abkommen vom 15. November 1918 und die Zentral-Arbeitsgemeinschaft der industriellen und gewerblichen Arbeitgeber und Arbeitnehmer Deutschlands, Jena 1932 (Diss.)

Siebert, Wolfgang — Die Deutsche Arbeitsverfassung, Hamburg 1942

Sowka, Hans-Harald/ Köster, Hans-Wilhelm — Teilzeitarbeit und geringfügige Beschäftigung, München 1993

Sowka, Hans-Harald — Teilzeitarbeit - ausgewählte Rechtsprobleme, DB 1994, 1873 ff.

Sprick, Bernhard — Arbeitszeitbegriff und mitbestimmungspflichtige Tatbestände i. S. d. § 87 I Nr. 2, 3 BetrVG, Berlin 1997

Staudinger, Julius v. — Kommentar zum Bürgerlichen Gesetzbuch, Zweites Buch, Bearbeitung von Reinhard Richardi, 13. Auflage, Berlin 1999

Stege, Dieter/ Weinspach, F.K. — Betriebsverfassungsgesetz, Handkommentar für die betriebliche Praxis, 8. Auflage, 1999

Stindt, Meinhard — Altersteilzeit und kollektivrechtliche Gestaltung, in: Personal und Unternehmen, Bd. 6, Altersteilzeit – Neuer Weg in den Ruhestand, Hrsg. Bundesvereinigung der Deutschen Arbeitgeberverbände, Köln 1996, S. 56-76

Stindt, Meinhard — Ziele, Anreize und Chancen des neuen Altersteilzeitgesetzes – Die beschäftigungsfördernde Beantwortung der Wiederbesetzungsfrage -, DB 1996, 2281 ff.

Stück, Volker — Arbeitgeberkündigung im Altersteilzeitverhältnis, NZA 2000, 749 ff.

Teriet, Bernhard — Der Jahresarbeitszeitvertrag - ein Arbeitskonzept der oder mit Zukunft?, Analysen und Prognosen 1976, 19 ff.

Teriet, Bernhard — Die betriebliche Zeitplanung - ein betriebswirtschaftliches Stiefkind?, Personal 1977, 258 ff.

Teriet, Bernhard — Job Sharing - eine neue Form der Arbeitsvertragsgestaltung, Personal 1977, 214 ff.

Teriet, Bernhard — Teilzeitarbeit - ein Problemaufriß, MittAB 1977, 311 ff.

Teriet, Bernhard — Die gleitende Arbeitszeit - Zwischenbilanz ihrer bisherigen Penetration und der dabei gemachten Erfahrungen, eine Literaturanalyse, in: Die Gleitzeitarbeit - Entwicklungsstand und Perspektiven in der Bundesrepublik Deutschland, Hrsg. BMA, Bonn 1981

Thiel, Wolf — Altersteilzeit - Gleitender Übergang in den Ruhestand oder Personalabbaumodell?, Der Tarifvertrag zur Regelung der Altersteilzeitarbeit vom 5. Mai 1998 (TV ATZ), ZTR 1998, 337 ff.

Ulber, Jürgen — Der „Job-sharing-Vertrag“, Eine Auseinandersetzung mit bisherigen Modellvorschlägen, BB 1982, 741 ff.

Ulber, Jürgen/ Kock, Klaus — Gleitzeit und Umsetzung der tariflichen Arbeitszeitverkürzung, AiB 1986, 31 ff.

Waas, Bernd — Gesetzlicher Anspruch auf Teilzeitarbeit in den Niederlanden, NZA 2000, 583 ff.

Weidinger, Michael — Das neue Altersteilzeitgesetz kreativ umsetzen, AuA 1996, 369 ff.

Werner, Heinz — Arbeitszeitverkürzung – eine internationale Übersicht, in: Institut für Arbeitsmarkt- und Berufsforschung (Hrsg.), Arbeitszeit und flexible Altersgrenze, S. 78 ff.

Wildemann, Horst — Arbeitszeitmanagement, Einführung und Bewertung flexibler Arbeits- und Betriebszeiten, St. Gallen 1992

Winterfeld, Rosemarie/ Göbel, Johannes/ Seelmann, Andreas — Beschäftigungsförderungsgesetz 1985, Köln 1985

Wolf, Roland — Bessere Bedingungen für Altersteilzeit, Arbeitgeber 1998, 211 ff.

Wonneberger, Wolfgang — Das Gesetz zur sozialrechtlichen Absicherung flexibler Arbeitszeitregelungen, DB 1998, 982 ff.

Zmarzlik, Johannes/ Anzinger, Rudolf — Kommentar zum Arbeitszeitgesetz, Heidelberg 1995

Zmarzlik, Johannes — Arbeitszeit, in: AR-Blattei, Systematische Darstellungen 240, Stand 05/97

FSC
www.fsc.org
MIX
Papier | Fördert
gute Waldnutzung
FSC® C083411

Kolibri 360 GmbH
Ferdinand-Jühlke-Straße 7
99095 Erfurt, Deutschland
produktsicherheit@kolibri360.de

Druck:
CPI Druckdienstleistungen GmbH
im Auftrag der
Kolibri 360 GmbH
Ferdinand-Jühlke-Str. 7
99095 Erfurt